法国对撒哈拉以南法语非洲国家的军事合作研究

刘夫香·著

时事出版社
北京

序

　　法国与撒哈拉以南法语非洲国家的军事合作源远流长，始于殖民时期，延续至今。这些法语非洲国家在取得独立后，虽然摆脱了殖民统治，但与法国在政治、经济、军事、文化等方面的联系依然十分紧密。这使得合作非但没有中断，反而不断呈现出新的特点和发展趋势。在军事领域，法国与这些国家的合作形式多样、内容丰富，在一定程度上维护了其安全稳定，同时也为法国维护在该地区的战略利益提供了有力保障，更是为自认为"中等强国"的法国追求世界大国地位奠定了坚实基础。

　　笔者系法语科班出身，一直对法国相关问题，特别是法国对非洲的军事安全政策有着较为浓厚兴趣，因此深知这一课题的重要性和复杂性。在此，笔者试图以学术视角，在力求客观、公正的基础上，全面梳理法国与撒哈拉以南法语非洲国家的军事合作发展历程，分析其背后的政治、经济、战略动因，以及这种合作对非洲，特别是对法国大国地位的意义和影响，以期为相关领域的研究提供有益借鉴。

　　本书共分为五章，分别对法国对撒哈拉以南法语非洲国家军事合作的形成、发展、改革尝试与新发展进行了深入剖析，对法国在该合作中的成败得失进行了总结，并在此基础上对其面临的挑战和未来的发展前景进行了展望。在研究过程中，笔者力求做到以下两点：一是参考资料尽量丰富。本书参阅了大量中英法三语文献，特别是将法语义献、新闻报道、学术论文及法国国会报告、领导人讲话等作为一手资料，力求为读者呈现一幅全面、立体的法国对非军事合作画卷。二是观点力求贴近现实。本书在分析法国对非军事合作时，力求摆脱传统思维框架，从法国战略文化出发审视这一现象，提出一些具有启发性的观点。

　　在撰写本书的过程中，笔者力求遵循学术规范，力求客观、公正地分析法国与撒哈拉以南法语非洲国家军事合作这一现象。然而，鉴于军事合作的敏感性和复杂性，再加上笔者学识和能力有限，本书仍存在一定的局限性和不足之处。在此，笔者诚挚地希望学界同仁和广大读者批评指正，共同推动这一领域的研究不断深入。

此外，由于种种原因，本书研究止步于马克龙总统第一任期前半段，对此后的研究尚未涉及，实属憾事，日后仍需继续跟踪并对本书补充完善。历史的车轮滚滚向前，法国对非军事合作是一个不断变化的课题，在百年未有之大变局的国际背景下，其必将有所调整和变化。我们静观其变。

谨以此序。

刘夫香

2024年12月16日，于百望山下

目 录

绪 论 …………………………………………………（1）

第一章 法国对非洲军事合作的形成
（1958—1972 年）…………………………（27）
    第一节 法国对非洲军事合作的理论框架 …………（27）
    第二节 法国对非洲军事合作的制度安排 …………（35）
    第三节 法国对非洲军事合作的主要内容 …………（42）

第二章 法国对非洲军事合作的发展
（1972—1994 年）…………………………（47）
    第一节 法国对非洲军事合作调整的背景 …………（48）
    第二节 法国对非洲军事合作的政策调整 …………（51）
    第三节 法国对非洲军事合作的主要内容 …………（53）

第三章 法国对非洲军事合作的改革尝试
（1994—2008 年）…………………………（62）
    第一节 法国对非洲军事合作调整的背景 …………（63）
    第二节 法国对非洲军事合作的政策调整 …………（69）
    第三节 法国对非洲军事合作的具体做法 …………（80）

第四章　法国对非洲军事合作的新发展（2008年至今） ………… (100)
   第一节　法国对非洲军事合作调整的背景 ……… (101)
   第二节　法国对非洲军事合作的政策调整 ……… (105)
   第三节　法国对非洲军事合作具体做法的变化 …………………………………………… (113)
   第四节　马克龙上台以来法国对非洲军事合作发展趋向 ……………………………… (127)

第五章　法国对非洲军事合作效果评估 ………… (143)
   第一节　法国对非洲军事合作调整的动因分析 …………………………………………… (143)
   第二节　法国对非洲军事合作的特点 …………… (151)
   第三节　对法国对非洲军事合作的评估 ………… (156)
   第四节　法国通过法非军事合作追求大国地位路径选择的成败得失 ……………………… (170)
   第五节　法国对非洲军事合作的启示 …………… (180)

结　论 ……………………………………………………… (191)

附　录 ……………………………………………………… (193)

参考文献 …………………………………………………… (203)

后　记 ……………………………………………………… (227)

绪　　论

一、问题的提出、概念的界定与研究意义

（一）问题的提出

非洲是法国世界大国地位的基础性战略依托，法国介入非洲有利于维护其世界大国地位。从某种程度上讲，法国在国际上的地位主要得益于其在非洲危机和冲突管理中的核心作用。直至今日，法国在非军事存在仍然庞大且在追求大国地位中发挥着关键作用。法国对非军事合作依托法国与独立之初的非洲国家签署的防务协议或军事合作协议展开，这些协议大多涉及法国曾经长期殖民过的西非和中非地区，都位于撒哈拉以南，官方语言以法语为主，也即本书所研究的撒哈拉以南法语非洲国家。法国与这些国家的军事合作是如何形成和演变的？军事合作是否实现了法国追求大国地位的战略目标？这一合作对中国有哪些可供借鉴的经验与教训？这些都是本书试着回答的问题。

（二）概念的界定

1. 撒哈拉以南法语非洲

撒哈拉以南法语非洲地区是法国的战略纵深。如果说欧洲是法国全球外交战略的基础，那么该地区则是其基础的基础。要了解该地区对于法国的重要性，就必须要区分"非洲"的概念，以明晰法国如何划分非洲以及对于非洲不同地区的态度。历史上，法兰西殖民帝国版图从北向南包括三大块非洲地区：一是马格里布地区；二是法属西非地区；三是法属赤道非洲，即中非地区。此外，还包括东非"非洲之角"的吉布提，以及马达加斯加岛。撒哈拉以南法语非洲地区对于法国具有极为重要的战略价值，特别是西非、中非和东非地区，这里很多国家都曾是法国的前殖民地国家，独立后仍与法国保持着千丝万缕的联系，也是法国历届政府高度关注的地区。很多人都认为，非洲是"黑非洲"的代名词，特指撒哈拉以南法语非洲国家。这些国家与英语国家，特别是马格里布地区，都被法国

仔细区分开来。这个概念的含义是，尽管法国坚持发展与撒哈拉以南非洲其他国家的经济关系，然而，只有在讲法语的"黑非洲"国家（少数例外）内，法国才得以保持其无可争议的影响力和主导地位。[①] 加蓬历史学家奥瓦耶将非洲描述为"前殖民宗主国法国军事保护伞下的防务体系"，[②] 可见法属"黑非洲"对法国的重要性。

  撒哈拉以南法语非洲国家主要包括两类共计 26 个国家。第一类是法兰西殖民帝国体系中分布在法属西非和法属中非的 17 个国家，分别是贝宁、布基纳法索（独立时称"上沃尔特"）、喀麦隆、中非共和国、科摩罗、刚果共和国［也称刚果（布）］、科特迪瓦、加蓬、几内亚、马里、马达加斯加、吉布提、毛里塔尼亚、尼日尔、塞内加尔、乍得和多哥。法语非洲网[③]在词条"黑非洲"下，将从非洲西海岸一直到大湖地区沿线上的 17 个国家确定为撒哈拉以南语非洲国家，这 17 个国家跟上述第一类国家完全吻合。这些国家都曾加入了法国积极推动成立的文化技术合作局，该局后来更名为"法语国际组织"，从而这些国家都成为了该组织的成员国。第二类是后来作为讲法语的非洲国家并入该体系的卢旺达、布隆迪、刚果民主共和国［也称刚果（金），独立时称"扎伊尔"］、佛得角、几内亚比绍、毛里求斯、圣多美和普林西比、塞舌尔 8 个国家，这些国家现在也都已加入法语国家与地区国际组织。2022 年 11 月 29 日，法国国家统计与经济研究所在法国统计网上公布了一份法语非洲国家在撒哈拉以南总人口中的占比示意图[④]，将赤道几内亚也纳入统计范围。综合考量各种因素，本书将赤道几内亚也一并归入第二类。本书重点研究法国与第一类 17 个国家的军事合作，兼论与其他 9 个国家共计 26 个国家的军事合作。为便于论述，下文将"撒哈拉以南法语非洲"简称为"非洲"。

---

  ① 国内外很多学者都持有这一观点。张宏明在《大国经略非洲研究》（上册）第一章"法国对非政策及中法在非关系"中多次提及这一观点。Emeka Nwokedi, "France's Africa: A Struggle between Exclusivity and Interdependence", "R. I. Onwukaet-al", (eds.), Africain World Politics, Shaw 1989.

  ② J. F. Owaye, "Afrique, Continent Barrière", Cahier d'Histoire et Archéologie, No. 1, Libreville, 2000.

  ③ "L'Afrique Noire…", https://www.afrique-francophone.com/afrique-noire.html.

  ④ "Part de Francophones Par Rapport à la Population Totale de Chaque Pays d'Afrique Subsaharienne en 2022", Par Pays, https://fr.statista.com/statistiques/1047526/distribution-francophones-afrique-subsaharienne-pays/.

2. 法国对非洲军事合作

法国对非军事合作是在法非深厚的历史联系中建立起来的，具有非典型性、特殊性和不平等性。要定义和理解法国对非军事合作，就必须首先了解传统意义的军事合作与国际军事合作的概念。对于国际军事合作的定义，张英利认为，"国际军事合作主要是指一国与其他国家在军事安全领域开展的合作，目的在于促进相互间军事安全利益的实现。其主要形式是国际军事援助、国际军事贸易、国际军事科技合作、国际军工合作、多边安全对话与合作、国际军事情报合作等"。[①] 他认为，国际军事合作属于军事外交范畴，军事外交主要有两层含义，"一是军事外交应是带有军事性质或涉及军事安全的外交活动；二是以军事力量从事外交活动，或以军事力量通过外交的手段来实现国家利益，维护国家安全"。[②] 郭新宁的研究指出："军事外交主要是指主权国家的国防部门和武装力量及经两者授权的团体或个人旨在增进和实现国家利益和国家安全，尤其是以国防安全为目标，与其他国家、国家集团或国际组织的相关部门进行的交往、交涉和活动，是一国对外关系和总体外交的重要方面和组成部分，同时又是该国国防政策在对外关系中的体现。"[③]《中国军事百科全书》（第二版）学科分册《国际军事关系》为军事外交进行了更为全面的定义："国家或军事集团间在军事及相关领域所进行的外交活动的总称。以维护、实现和扩大国家利益为根本目的，直接服务于国防建设和军事战略。它是国家总体外交的重要组成部分，服从并服务于国家的总体外交，是国家外交在军事领域的具体体现，是国防政策的对外延伸。军事外交在平时与战时、友好与对抗等不同类型的国家关系中，发挥相应的作用。其主要任务是：贯彻执行国家的外交战略、方针政策以及军事外交的政策原则，建立并发展同其他国家或国家集团的军事关系，同外国国防机关和武装力量保持接触、开展对外军事交往，处理国际军事矛盾和争端，塑造国际安全环境，扩大国家的对外影响力。"[④] 2022年《中国大百科全书》（第三版）（网络版）将国际军事合作定义为，"国家或国家集团之

[①] 张英利主编：《军事外交学概论》，国防大学出版社2009年版，第41页。
[②] 张英利主编：《军事外交学概论》，国防大学出版社2009年版，第15页。
[③] 郭新宁：《论军事外交与当代中国实践》，国防大学出版社2011年版，第94页。
[④] 顾德钦主编：《中国军事百科全书》（第二版）学科分册《国际军事关系》，中国大百科全书出版社2007年版，第14页。

间在军事领域针对某个问题或完成某项任务而互相配合、共同进行的活动,是军事外交的重要内容①。由此可知,首先,国际军事合作是国家的外交活动,发生在主权国家之间,是两个国家在独立自主、平等协商基础上的活动。其次,国际军事合作是国家行为,其实施主体范围宽泛,不仅包括军事人员,还包括国家领导人与政府官员。再次,国际军事合作实施的对象范围较广,不仅包括国家和国家集团,还包括国际组织。最后,国际军事合作是国家总体外交的组成部分,服务于国家总体战略目标的实现。合作要实现的国家利益较为宽泛,不仅包括国家的军事安全利益,还包括国家的软实力利益,有利于树立国家的良好形象,促进国家利益的拓展。

法国对非军事合作主要通过20世纪60年代法国与新独立的非洲国家签署的相关协定得以实现。对于法国与非洲国家之间的军事类协定,《中国大百科全书》(第三版)(网络版)给出了如下界定:"军事方面,分两种情况。一是签订防务协定,规定法国在缔约国保留军事基础、驻扎军队以及可应缔约国政府邀请进行军事干预等;其附件还规定了法国控制对铀、钍、锂等战略物资的勘探、开发和销售的机制。二是签订军事技术合作协定,法国承诺为缔约国组建国家军事和警察提供顾问、教育和装备。"②

法国对非军事合作不同于一般意义上的合作关系,是一种非常特殊的存在,有必要对其属性进行辨析。首先,法国对非洲的军事合作是殖民主义的产物,它继承了殖民主义的衣钵,是法国在非洲独立后维系对非控制的手段和方式。基于殖民历史的考察,法国与非洲国家的关系是一种不平等、不对称、被附属、依赖与被依赖的复杂关系。军事关系不仅从属于法非整体关系,而且是法非特殊关系的核心组成部分。因此,在法非双边关系中,法国往往是施动者和主导方,非洲国家则是受动者和接受方。从这个意义上讲,法国对非军事合作更多地出于法国国家利益的考量,法国在非洲的经济和战略利益是法国对非洲的军事合作的出发点和归宿。在合作中,

---

① 为他国提供军事基地和陆海空通行便利是指,军事强国获得他国军事基地的使用权或获取在他国的陆海军通行便利,可以拓展自己的战略空间,优化自己的战略部署,并为军事行动创造有利条件。弱小国家通过提供军事基地或通行便利,争取获得相应的军事和经济利益。详见《中国大百科全书》(第三版)(网络版)官网,https://www.zgbk.com/ecph/words?SiteID = 1&ID = 166245&Type = bkzyb&SubID = 87027。

② 《中国大百科全书》(第三版)(网络版)官网,https://www.zgbk.com/ecph/words?SiteID=1&ID=183331&Type=bkzyb&SubID=51482。

法国力求实现自身利益的最大化，非洲的利益往往退居从属地位，有鉴于此，从独立至今，非洲国家的安全问题此起彼伏，并未从根本上得以解决，非洲乃至国际社会对双方合作的质疑声也从未间断，成为法国历届政府都要直面的一大问题。

其次，法国对非军事合作是一种军事援助，是法国对非援助母体系中的一个子体系，也是最重要的一个子体系。在《拉鲁斯法汉双解词典》对"合作"词条的解释中，有一条指出，合作特指法国对特定发展中国家的援助。在西方，援助被认为是"现代社会外交实践的一项创造"[①]，"一种控制和发展影响力的圆滑手段"[②]。有美国学者甚至进一步提出，"应将对外援助与其国际影响力、国际投票权结合"[③]。这与法国力求通过对非政治、军事、经济和文化合作（援助）维持其在非影响力，进而维护和拓展其全球影响力的做法如出一辙。军事手段作为最有力的国家机器无疑是最重要的工具。法国历来高度重视军事力量在维系法非关系中的作用，不断对军事合作的职能和作用进行定义和再定义，以适应不断变化的国内外环境。

最后，尽管法国对非军事合作是法国主导下的不对称合作，但它仍然具有国家与国家之间的外交属性。冷战期间，法国把对非洲的军事合作作为国家内部事务来对待，采取高度集权的管理模式。后冷战时期，迫于形势的压力，法国不断放权。至少从表面上，法国不断重申把非洲作为平等的合作伙伴来对待，并通过一系列机构调整改革双边关系。从这个意义上讲，法国对非洲的军事政策具有现代意义上的外交内涵，它从属于法国的外交战略，具有外交属性，是实现法国全球外交战略目标的工具之一。

本书所研究的军事合作是指以戴高乐总统确立的以对非军事合作制度安排为基础的军事合作。军事合作是戴高乐对非合作总体系的子体系与核心内容。根据戴高乐的设计蓝图，法国对非军事合作

---

① Hans Morgenthau, "A Political Theory of Foreign Aid", American Political Science Review, Vol. 56, No. 2, 1962, p. 301. 转引自余南平：《法国在南部非洲国家的影响力塑造——以法国对非洲援助为视角》，《欧洲研究》2012年第4期，第90页。

② Steve Weissman, "In the Trojan Horse: A Radical Look at Foreign Aid", Ramparts Press, 1975. 转引自余南平：《法国在南部非洲国家的影响力塑造——以法国对非洲援助为视角》，《欧洲研究》2012年第4期，第91页。

③ Larry Diamond, "Foreign Aid In the national Interest: The Importance of Democracy and Governance", in Louis Picard eds., Foreign Aid and Foreign Policy: Lessons for the Next Half Century, M. E. Sharpe, 2008. 转引自余南平：《法国在南部非洲国家的影响力塑造——以法国对非洲援助为视角》，《欧洲研究》2012年第4期，第91页。

主要有两种形式，即结构合作和行动合作。对于结构合作，我们可以参照2017年12月14日欧盟首脑峰会签署的"永久结构性合作"协议。"永久结构性合作"协议是欧盟的框架性协议，旨在共同发展防务能力、投资防务计划及提高军事实力，合作内容涉及军事培训、网络安全、后勤支持、救灾和战略指挥等多个方面。[1] 由此，我们可以认为，结构合作是指有计划、有组织进行的合作，即通过特定的组织结构、社会规范，将相关个人、群体或组织联系起来完成既定任务，各国政府根据协议构建合作框架和结构，在相关领域进行长期稳定的双多边合作。具体而言，合作内容包括对非洲的军事培训、军事研讨与交流、派遣军事顾问、武器和装备援助、缔结并组织实施防务合作协议等，现由法国外交部防务与安全合作总局负责。行动合作则是与法军对外军事行动相关的合作，包括联演联训、国际反恐、人道主义救援、联合国维和行动等诸多方式，由法军总参谋部和内政部国际警察技术合作处负责。需要指出的是，法国对非洲的行动合作是在法非特殊关系框架下的产物，与传统的行动合作相比既有共性又有特殊性。其特殊性在于，法国对非洲军事干预行动尽管广为国际社会质疑和批判，但从法国与非洲的特殊历史关系背景来看，此类行动应被视为双方合作的一部分，上述各种形式的军事行动都属于法国对非军事行动范畴，是法国对非军事存在的一种特殊表现形式，是法国对非军事合作的主要内容。从法国对非洲的结构合作与行动合作各自的内容与职能机构来看，法国对非军事合作体现了外交与军事的辩证关系，外交与军事相互依赖、相辅相成。结构合作属外交范畴，为法国对非军事合作制定法律框架、创设合作机制、提供人员培训与交流等必要条件；行动合作由军队负责实施，既担负实现国家军事安全利益的天职，又具有实现国家总体外交目标的职责。正是通过外交与军事的配合，法国才得以成功维系其对非强大影响力，一步步推进法国大国战略目标的实现。

3. "中等强国"

国际关系中尚未形成能够被广泛接受的"中等强国"的定义。"中等强国"的概念可以追溯到16世纪后期，意大利政治思想家波特罗将世界划分为三种国家：帝国、"中等强国"和小国。[2] 1919年的巴黎和会是第一次评估各国在现实世界政治中相对地位的全球性

---

[1] "Consolidated Version of the Treaty on European Union", Official Journal of the European Union, 2012.

[2] "Middle Power", https://military-history.fandom.com/wiki/Middle_power.

尝试。二战后，在旧金山会议上，国际关系中的"中等强国"概念引发争论。加拿大、澳大利亚、新西兰和其他一些国家主张"中等强国"在联合国的作用和权利。自称"中等强国"的代表利用这一概念将本国与其他小国区分开来，都认为本国是世界政治中更强大、更有影响力的参与者。加拿大总理路易斯·圣劳伦特就称加拿大是"中等强国"，因为"它是更大联盟（如北约）的基础性伙伴，积极参与解决本地区以外的争端（如苏伊士运河危机）；不是一个前殖民大国，因此在反殖民斗争中保持中立；在联合国积极工作，代表较小国家的利益，并防止超级大国的统治（通常由于这些原因被选为联合国安理会成员），参与了世界各地的人道主义行动和维持和平的努力"。[①] 哈尔布拉德根据人口和国民生产总值将日本、英国、加拿大、法国、意大利和巴西等 18 个国家列为"中等强国"。[②] 还有一些研究采用了客观指标和其他因素相结合的方法，例如，里德尔用"中等强国的规模、物质资源、承担责任的意愿、影响力和稳定性"[③] 来定义"中等强国"。维基百科也给出了"中等强国"的定义："中等强国是一个国际关系领域和地缘政治概念，特指那些尽管不是大国，但在国际社会中具有一定程度影响力的国家。这意味着，作为一个中等强国，它可以通过发挥外交优势并运用有限军事力量在世界大国的冲突中发挥调解作用。"[④] "中等强国"是一个不断发展的概念，《中国大百科全书》（第三版）（网络版）将其定义为"二战时期用来表述像加拿大这样具有中等或较大影响力和国际认可度而又非超级大国的国家"。[⑤] 这难免显得不够全面，因为二战后国际上对"中等强国"概念的争论没有停止，并取得了进一步的发展。冷战期间，加拿大在 20 世纪 50 年代苏伊士运河危机中提出构建维和行动，这是一次重大的外交成功，改变了国际社会对"中等强国"作用和形象的认知。冷战之前，"中等强国"主动寻求其在国际体系中的权力和地位，冷战结束后，日本、印度等国因为其在地区事务中作用凸显而取得了国际社会的认可，进入"中等强国"行列。

---

① "Middle Power", https：//military‐history.fandom.com/wiki/Middle_power.
② Carsten Holbraad, "Middle Powers in International Politics", Palgrave Macmillan, 1984, pp. 89 – 90, https：//doi.org/10.1007/978‐1‐349‐06865‐4.
③ R. G. Riddell, "The Role of Middle Powers in the United Nations", Statements and Speeches 48, 1948, p. 40.
④ "Moyenne Puissance", https：//wikimonde.com/article/Moyenne_puissance.
⑤ 《中国大百科全书》（第三版）（网络版）官网，https：//www.zgbk.com/ecph/words? SiteID = 1&ID = 207909&Type = bkzyb&SubID = 51424。

法国建构主义理论学者倾向于将本国界定为"中等强国"。基欧汉将大国定义为对国际体系有着决定性影响力的国家①。理想主义流派认为，以中小发达国家为主的"中等强国"被称为"国际好公民"，其特征包括：遵守国际法，奉行多边主义，追求人道主义，支持基于规则的国际秩序，具有国际身份与国内政策的一致性。② 由此，如果"中等强国"想成为大国，就必须首先满足其固有的特征属性。建构主义流派将"中等强国"的身份建构划分为两种类型。第一种是国家固有的、原生的"内在身份"，如"中等强国"的内在身份包括实行西方式民主政体、强调人道主义和奉行多边主义等"国际好公民"具备的道德特质。第二种是由国家间互动产生的"关系身份"，这是一种社会性、观念性的身份，由自身持有的观念和他者持有的观念共同建构。③

综上，尽管国际学界和国际关系领域都没有就"中等强国"给出一致的定义，然而从以往和现有的争论中，我们可以这样认为，"中等强国"是指那些出于本国资源的限制，难以像大国一样在国际上发挥作用，但它们在国际上仍有一席之地，仍可以通过"国际好公民"、斡旋者、调停者的身份，在特定领域发挥其国际影响力的国家。在外交战略取向中，"中等强国"往往偏好"影响力战略"，积极参与国际组织并加以利用，实现国际政策与国内政策的统一，其最终目标是提升本国国际影响力，跻身世界大国行列。这符合法国的外交选择。

4. 世界大国

跟"中等强国"一样，国际关系理论对"世界大国"也有着不同的定义。国际关系中的许多理论研究试图解释有影响力的"大国"行为体。例如，摩根索提出的"权力平衡"是理解大国政治平衡和国际秩序框架的概念。其他学者，如肯尼思·华尔兹和约翰·米尔斯海默，并不关心中小型国家。山崎道在其论文中认为，"大国"一词可以指霸权国家、冷战时期的两个超级大国和联合国安理会常任

---

① Robert O. Keohane, "Lilliputians Dilemmas: Small States in International Politics", International Organization, Vol. 23, No. 2, 1969, pp. 291–310.

② Abbondanza Gabriele, "Australia the Good International Citizen? The Limits of a Traditional Middle Power", Australian Journal of International Affairs, Vol. 75, Issue 2, 2021, pp. 178–196. 参见沈陈：《超越西方语境下的"中等强国"：模糊性、特征化与再定位》，《太平洋学报》2022年第4期，第1—15页。

③ 沈陈：《超越西方语境下的"中等强国"：模糊性、特征化与再定位》，《太平洋学报》2022年第4期，第1—15页。

理事国。从广义上看，所有"在执行本国的国际政策方面受影响比其他国家小，而对其他国家的国际政策影响比其他国家大"的国家都可以被认为是大国。① 巴里·布赞认为，大国"不只是国家对自己和他人的评价，而是它们在更广泛意义上的行为方式，以及这种行为如何被他人对待"。上述观点印证了山崎道关于大国的三种分类标准，他认为，"第一种也是最基本的分类方法是基于数据的国家权力，第二种是基于国际制度的分类，第三种是基于政策实践者和民众的认知和认同"。② 他还认为，大国权力往往有三个基本形式：一是能力，是指包括军事力量、经济力量、人口和自然资源在内的权力资源。权力资源是影响他人行为的手段。二是影响力，是在行为体之间的关系中行使的权力。三是结构力，是指决定事情应该如何做，以及塑造国家执行国际政策框架的权力。③ 第一种形式是硬实力，是可以量化的；第二种和第三种则是无形的、难以估量的，是约瑟夫·奈所说的软实力。

法国国际地位处于不断变化中。在殖民帝国时期，法国是一个无可争议的世界大国。二战后，鉴于法国跟英国、中国、美国和俄罗斯都是公认的核大国，且在联合国安理会拥有常任理事国席位，法国理应被列于大国行列。然而，这在法国存在一些争议。法国学者普遍认为，1939 年以前，法国的确是一个世界大国，这一点无可辩驳。1945 年以后，一种观点认为，"从 1945 年开始，法国就不再是一个世界大国了"④；而另一种观点认为，法兰西第五共和国时期戴高乐治下的法国是一个殖民帝国，因而是一个世界大国，但"从 1962 年开始，法国开始走下坡路，并开始将欧洲作为其大国地位的

---

① Michi Yamasaki, "A Study of Middle Power Diplomacy: As a Strategy of Leadership and Influence", Thesis Presented to the University of Waterloo for the Degree of Master of Arts in Political Science, Waterloo, Ontario, Canada, 2009, p. 100.

② Michi Yamasaki, "A Study of Middle Power Diplomacy: As a Strategy of Leadership and Influence", Thesis Presented to the University of Waterloo for the Degree of Master of Arts in Political Science, Waterloo, Ontario, Canada, 2009. p. 100.

③ Michi Yamasaki, "A Study of Middle Power Diplomacy: As a Strategy of Leadership and Influence", Thesis Presented to the University of Waterloo for the Degree of Master of Arts in Political Science, Waterloo, Ontario, Canada, 2009, p. 100.

④ Maurice Vaîsse, "Une Puissance Moyenne?", in Bertrand Badie et al., La France, Une Puissance Contrariée, La Découverte, Etat du Monde, 2021, pp. 95 – 102, https://www.cairn.info/la-france-une-puissance-contrariee---page-95.htm.

倍增器",① 暗含法国丧失其大国地位,沦为一个"中等强国"。尽管戴高乐执着地坚持着法国的大国梦,然而,瓦莱里·吉斯卡尔·德斯坦上位后却无奈地承认法国是一个"中等强国",之后法国历届政府都致力于恢复法国的"伟大",即法国的大国地位。对此,张宏明认为,争取法国的大国地位始终是法兰西第五共和国外交战略的核心目标。②

法国对于世界大国的定义并非一成不变,而是一个动态的概念。2011年,著有《二十一世纪的大国：世界各国的新定义》的法国地缘政治学家皮埃尔·比勒认为："随着信息革命的出现,大国的标准已经变了,变得更加强调质量（特别是软实力）而非数量（领土、人口和资源等）。"③ 为此,皮埃尔给"大国"下了一个新定义,"'大国'属于那些懂得规则、懂得如何整合资源并将其打造成工具以及懂得重新设计形式和模式的国家"。④ 法国外交部长洛朗·法比尤斯认为,法国作为一个有世界影响力的大国具备八个特点,即拥有联合国安理会常任理事国席位、具有核大国地位、是世界第五大经济体、有2亿世界人口讲法语（到2050年估计高达7亿人,其中主要是非洲人）、具备强大的文化辐射能力、拥有世界对法国的积极认知、维护特定的人权理念以及独特的法国历史。⑤ 这与结构现实主义大师肯尼思·华尔兹对大国的三个维度认知是基本吻合的。肯尼思·华尔兹认为,大国应符合五个标准：人口和领土、经济能力、资源禀赋、政治稳定与能力以及军事实力。五个标准涵盖三个维度：实力维度、空间维度和地位维度。在洛朗·法比尤斯列出的上述八个特点中,既包含了法国的经济军事实力要素,又包括了法国在非洲乃至世界的空间能力要素,还包括了法国的地位要素。其中,从

---

① Maurice Vaïsse, "Une Puissance Moyenne?", in Bertrand Badie et al., La France, Une Puissance Contrariée, La Découverte, Etat du Monde, 2021, pp. 95 – 102, https://www.cairn.info/la-france-une-puissance-contrariee---page-95.htm.

② 张宏明主编：《大国经略非洲研究》（上册）,社会科学文献出版社2019年版,第2页。

③ ANTEIOS, "Prix Anteios Livre Géopolitique à Pierre Buhler et Olivier Zajec", Diploweb.com: larevuegeopolitique, 23 mars 2012.

④ ANTEIOS, "Prix Anteios Livre Géopolitique à Pierre Buhler et Olivier Zajec", Diploweb.com: larevuegeopolitique, 23 mars 2012.

⑤ B. Erforth, "Contemporary French Security Policy in Africa", The Sciences Po Series in International Relations and Political Economy, https://doi.org/10.1007/978-3-030-17581-8_1, p. 13.

空间维度看，法国对非洲的殖民历史以及非洲庞大的法语人口等因素使得法国具备参与非洲地区事务，进而实现其在该地区利益的能力。从地位维度看，应从主客观两个层面去认知大国地位。客观上，法国的大国地位允许法国在国际和地区事务中发挥重大作用和影响力，这反过来有利于促进法国被国际社会认可，从而进一步加强其世界大国地位。主观上，法国是否希望自己能够以大国的姿态在国际上行动的意愿对实现法国大国地位有着重要影响，这一点往往为世人所忽视。法兰西在殖民帝国时期的辉煌随着二战的结束开始走下坡路。当时戴高乐深知法国的实力已不能跟超级大国相媲美，法国甚至已从大国行列中被除名，尽管如此，他依然怀有大国梦与追求。以其预言式作品《当中国觉醒时，世界将为之颤抖》在中国享有高知名度的法国著名政治家、戴高乐执政时期的部长阿兰·佩雷菲特曾经问过戴高乐对"伟大"的看法，戴高乐回答，"（伟大是）法国为超越自我而要走的路"，是法国应为之付出努力的目标追求，强调过程而非结果，是法国想"做某种大事的努力和意志"。[①] 而这个伟大梦想的意志，在同为法国现实主义大师雷蒙·阿隆和法籍美国政治家、国际关系理论家斯坦利·霍夫曼看来，是"法国想做行为者而非臣民的意志、想做玩家而非棋子的意志"。[②] 由此，实现法国的世界大国地位既是法国作为"中等强国"孜孜以求的目标，又是法国为成为名副其实的大国不断创新和探索新路径的过程。

5. 影响力：法式软实力

外交的主要功能之一在于塑造国家的全球影响力，军事外交作为外交的一个领域，其功能也不例外。军事外交是外交的军事方面，可以通过软实力和硬实力的综合运用去发挥更大作用。这就涉及军事外交与公共外交互相作用的问题。军事外交与公共外交同属于国家总体外交的有机组成部分，理应在发挥好各自优势的前提下，围绕国家总体外交战略目标进行相互配合，以达到最佳外交合力，即提升国家的国际影响力和国际地位。20世纪90年代以来，冷战的结束与全球化的发展带来了一些新问题和新趋势，以"权力转移"为

[①] Maurice Vaîsse, "Une Puissance Moyenne?", in Bertrand Badie et al., La France, Une Puissance Contrariée, https://www.cairn.info/la-france-une-puissance-contrariee---page-95.htm.

[②] Maurice Vaîsse, "Une Puissance Moyenne?", in Bertrand Badie et al., La France, Une Puissance Contrariée, https://www.cairn.info/la-france-une-puissance-contrariee---page-95.htm.

核心特征的国际政治结构日益崭露头角。所谓"权力转移",李华认为,国际政治权力更加关注政治上的影响力、普世文化与国际制度等无形软实力资源。① 这不仅推动了国际关系理论的发展,而且深刻影响着外交的形式与内容。在这一背景下,公共外交成为传统政府外交的有力补充和"实施国家整体外交战略的软性推手"。② 国家总体外交通过政府之间的外交互动实现国家的战略利益,而公共外交的主要目的则在于"对他国公众进行观念上的培植,提升本国的国家形象,服务国家利益的实现"。③ 公共外交的本质在于通过细水长流式的长期工作,让本国的对外政策、价值观念和国家形象能够被国外民众所理解、认可和接受,实现本国外交战略目标水到渠成的效果。西方国家较早地意识到公共外交的重要作用,美国、法国、加拿大和德国等国早就将公共外交作为基本的对外战略模式。

法国追求影响力的做法之一就是使"软实力"概念"法国化",法国要在全世界尤其在法语非洲地区维护和提升其软实力。20世纪80年代,约瑟夫·奈"软实力"概念的提出为研究外交政策提供了新的理论视角,依托国际组织开展公共外交来提升本国软实力日益成为大国博弈的新目标。国家的软实力建设依赖国家的主观能动性,要求国家进行自我设计和塑造。除通过机构设置和制度构建在国内运作以外,国家还需要在国际舞台上努力建构,开展国际组织外交就显得很有必要。国际组织外交具有鲜明的公共外交色彩,李华认为,在国家间的博弈中,国际组织可以担负起"权威和价值观念的主导者、灌输者和塑造者"的重任。④ 换言之,国际组织已成为主权国家开展国际交流与合作的新载体,这在后冷战时期表现得尤为明显。

(三) 本书的理论意义和现实意义

本书选择法国对非军事合作为研究对象。从现有的学术成果看,国内关于法非军事合作的成果尚不多见。因此,本书不仅可以补充国内相关研究的空白与不足,还具有学术理论和实践价值。

本书的理论意义主要体现在对军事外交理论研究成果的实证和补充上。法国的军事合作与军事外交可谓别具一格,既能体现军事合作与军事外交的一般性规律,又有鲜明的法国特色。本书将通过

---

① 李华:《国际组织公共外交研究》,时事出版社2014年版,第1页。
② 李华:《国际组织公共外交研究》,时事出版社2014年版,第91页。
③ 李华:《国际组织公共外交研究》,时事出版社2014年版,第91页。
④ 李华:《国际组织公共外交研究》,时事出版社2014年版,第120页。

法国对非军事合作的历史和现实实践来证实现有军事合作与军事外交理论的相关研究成果,总结其一般性和特殊性规律,并尝试对军事合作与军事外交理论的新发展作出一点理论贡献。

本书的现实意义主要有三点。

一是更好地理解法国乃至欧洲对非关系。通过对法非军事合作的历史研究,寻找法国对非军事合作的动机,分析影响法国对非军事合作的法国因素、非洲因素和国际因素,评估法国对非军事合作的效果及其对非洲国家的影响,为理解当前法非军事关系作一些贡献。从法非军事合作的历史来看,由于法国的大国地位与其在欧盟内的影响力和主导力息息相关,冷战结束后欧洲在其中一直是一个不可或缺的存在,且在法非军事合作中的地位日益上升,因此,本研究也可为理解当前欧非关系作出一些贡献。

二是更多了解法非军事关系,以及法国在非洲军事和安全问题上的政策和做法。由于历史原因,法国在非洲安全治理方面具有丰富的经验和优势,例如法国在及时捕捉非洲国家和地区安全诉求后快速做出反应、具有对非安全议程的塑造能力、能够巧用国际机制和规范实现本国战略目标、通过整合国内各种资源和力量塑造对非军事合作以实现对非控制并提升其国际影响力等,这些都彰显了法国显著的军事外交优势,不能否认"法国的军事外交实践在很大程度上是成功的"这一客观事实。为此,法国在通过军事与外交相互配合实现国家对外战略方面有不少可供参考的经验和教训,具有较大的研究意义和价值。

三是更好地了解非洲,尤其了解非洲国家对外军事交往的看法和做法。非洲在法国的对外战略中占据着极其重要的地位,在与法国长期交往的过程中,非洲逐渐学会了与法国谈判的技巧。可以说,法国对非军事合作的每一次调整,都有非洲因素的推动,都在一定程度上反映了非洲国家的诉求。这些诉求大多是非洲独立自主意识不断提升的外化。为此,在法国对非军事合作进行调整的过程中,非洲并非完全被动,其主观能动性在推动法国对非政策的演变中发挥着不容忽视的作用。非洲在地区国际关系格局中的地位和作用是现有研究往往忽略的一个方面,国内外研究大多关注域外因素对非洲的影响,却较少关注非洲对域外国家对非政策取向的影响。有鉴于此,从非洲视角研究法国对非洲的军事合作,对于提升我国对非洲的军事合作具有一定的启示和借鉴意义。

二、国内外文献综述

(一) 国内研究现状

国内研究者普遍关注法国在经济、文化方面的外交行动，对安全和防务方面的外交行动关注相对较少，从军事外交角度进行的研究则更是罕见。中国知网关键词检索结果显示，现有中文研究成果中，关于法国对非合作的文献较为丰富，其中，从历届总统角度评述法国对非洲合作政策的研究成果较多，主要集中在密特朗时期和奥朗德时期，反映出法国对非合作政策的阶段性特征较为明显。相关学术文章与其他几个总统执政时期不成比例。就现有成果而言，国内学者关注法国对非军事、防务与安全领域合作的成果甚少，专门论述更为稀少。从文献搜索结果可以看出，国内学者研究法非关系关注合作或者从合作角度研究得少，多以领域或专题划分，其中安全领域803篇，超过军事领域（696篇）和防务领域（103篇）的总和。

表 0-1 有关法国与非洲合作的中文文献情况

检索关键词	文献数量（篇）
法国　撒哈拉以南法语非洲　合作	0
法国　非洲　合作	1308
法国　非洲　军事合作	0
法国　非洲　防务合作	1
法国　非洲　安全合作	2
非洲　军事合作	3
法国　军事合作	6
非洲　防务合作	4
法国　防务合作	28
法国　非洲　军事	696
法国　非洲　防务	103
法国　非洲　安全	803
法国　非洲　军事干预	80
法国　非洲　军事培训	1
法国　非洲　维和	3

注：笔者自制，数据来源于中国知网。

表0-2 关于法国历届总统对非洲合作政策的中文文献

检索关键词	文献数量（篇）
法国　非洲　合作　戴高乐	47
法国　非洲　合作　密特朗	856
法国　非洲　合作　希拉克	93
法国　非洲　合作　萨科齐	31
法国　非洲　合作　奥朗德	612
法国　非洲　合作　马克龙	64

注：笔者自制，数据来源于中国知网。

总体而言，国内关于法国对非军事合作的专题论文较少，且相当分散，难以成体系。根据学界关注的内容来看，现有成果主要关注以下几个方面。

第一，关于法国对非军事合作背景的历史和理论文献。相关研究成果散见于一些历史类著作中，如李安山的《非洲现代史》[1]，艾周昌、陆庭恩主编的《非洲通史》，中国非洲史研究会编著的《非洲通史》等著作都对了解历史上法国与非洲的军事关系和军事活动有很大帮助。张锡昌、周剑卿著的《战后法国外交史（1944—1992）》对1944—1992年，即从法兰西第四共和国时期到密特朗的第二任期内法国历任政府的对非军事政策进行了梳理和分析，为了解法国对非军事外交的历史背景提供了重要参考，但涉及法国对非军事合作的内容较少。崔建树、李金祥编著的《法国政治发展与对外政策》是国内将法国国内政治及其对外政策综合论述的重要参考著作，该著作对法兰西第五共和国时期历届总统对非洲的外交政策进行了总结和概括，缺点是框架过于宽泛，内容虽然面面俱到，但缺乏深入研究。吴国庆著的《法国政治史（1958—2017）》[2] 梳理了法兰西第五共和国时期历届政府的内政、外交和防务等领域的政策，对掌握法国对非军事合作的历史脉络提供了非常重要的参考。张宏明主编的《大国经略非洲研究》（上册）[3] 是中国学界研究世界主要国家（法国、英国、德国、美国、日本、印度、巴西和俄罗斯）对

---

[1] 李安山：《非洲现代史》，江苏人民出版社2021年版。
[2] 吴国庆：《法国政治史（1958—2017）》，社会科学文献出版社2017年版。
[3] 张宏明主编：《大国经略非洲研究》（上册），社会科学文献出版社2019年版。

非洲政治、经济、军事、文化等各领域政策的基础性参考,特别是对法国与非洲的全方位合作关系论述的相关章节较其他章节更为全面和深刻,不仅梳理了法国对非政策的历史沿革与特点,还从法非合作体系的整体角度对法国对非军事合作进行了论述,是国内为数不多的重要研究成果。此外,冯亮著的《法兰西战略文化》①虽然没有关于军事合作的专门章节,但对从根本上了解和认知法国对非军事合作提供了重要理论基础。该著作是国内首部,也是目前仅存的分析法国对非政策决策理念的著作,对于把握法国对非洲的军事外交政策延续和传承的深层次原因具有重要参考价值。

第二,关于法国对非合作政策的研究。关于法国对非军事合作的研究相对较少,大多散见于法国对非洲的有关合作的政策研究中。一些研究成果虽并非直接涉及军事合作,但这些成果可以使我们从合作的总体分析角度对合作的实质窥见一斑。鲁仁的《"法非合作"源流探析》②是国内学术界较早关注法非合作问题的论文。作者论述了"法非合作"的缘起,详细论述了戴高乐合作政策提出的国际和法国国内历史背景及其战略意义,认为合作是"非殖民化"的根本点,戴高乐通过一系列政治、军事、经济和文化合作协定构建了一个完整的法非合作体系,取代了之前的殖民体系,逐步实现了"非殖民化"进程,这是戴高乐时代的一个创举,对研究法国对非洲的军事合作提供了有益参考。齐建华在其文章《冷战时期法国对非洲政策的演变分析》③中指出,冷战时法国对非政策经历了演变,以"合作"为中心的非洲政策既有继承性也有新发展,随着时间的推移,利益的转移与非洲领导人的更替引发了合作政策的发展与变化。法国学者玛丽-阿尔巴纳·德叙尔曼的文章《法国在西非的合作:"发展"与后殖民时期的连续性(1959—1998)》④,通过研究法国合作部的诞生、发展和衰落过程,分析了法国对非援助的特点、在非合作援助人员的诸多活动,以及法国相关职能部门之间的关系等,得出法国对非合作政策应该"被视为一种非正式的帝国主义工

---

① 冯亮:《法兰西战略文化》,社会科学文献出版社2014年版。
② 鲁仁:《"法非合作"源流探析》,《西亚非洲》1984年第4期,第35—43页。
③ 齐建华:《冷战时期法国对非洲政策的演变分析》,《商丘师范学院学报》2008年第4期,第61—64页。
④ [法]玛丽-阿尔巴纳·德叙尔曼,王吉会译:《法国在西非的合作:"发展"与后殖民时期的连续性(1959—1998)》,《法语国家与地区研究(中法文)》2018年第1期,第12页。

具,或者一种'软实力'工具",①因为用合作政策代替原先的殖民统治,有助于减轻法国对非洲的财政负担与压力。

第三,关于法国对非军事援助的研究。张丽春在其论文《冷战后法国对非军事援助研究》中,在回顾了从非洲国家取得独立到冷战结束期间法国对非军事援助情况的基础上,对冷战后法国对非军事援助政策的调整和改革进行了梳理和总结,认为冷战后因法国无法继续推行其传统对非军事援助政策,从而对其军事合作机构、在非军事部署、对非军事干预政策等进行了大刀阔斧的改革,努力实现对非军事援助的"非洲化"和"多边化",对于了解冷战结束后法国对非军事合作具有重要参考价值。

第四,关于法国对非军事外交的研究。张嘉资的文章《冷战后法国对非军事外交研究》中,在对冷战后法国对非军事外交的战略背景和具体实践进行梳理和总结的基础上,对这一时期法国对非洲的军事外交进行了效益评估与分析,是国内少见的相关专题研究,对于研究和把握法国在非洲的军事外交实践具有重要参考价值。还有学者从国别角度进行了研究,白琰媛和张皓在其文章《法国对喀军事外交政策演变析论》②中,以法国与喀麦隆两国签订的主要军事协定文本为研究对象,梳理了法国对喀麦隆军事外交的实践内容,认为两国外交经历了从直接强硬的单边干预到趋向平等的双边合作再到灵活多样的多边协作三个阶段的演变。

第五,关于法国对非军事政策的演变。此类研究从法国历届政府对非政策角度研究的成果较多,例如崔建树和李金祥编著的《法国政治发展与对外政策》对二战后法国外交政策的演变进行了回顾,并对不同时期法国的非洲政策进行了梳理,如戴高乐的"非殖民化"政策、希拉克的新型合作伙伴关系、萨科齐的新非洲政策等,对了解法非关系发展脉络具有重要意义。周国栋的《变"父子"为"兄弟"关系——析法国对非洲政策的变化》③详细论述了希拉克时期法国意欲改革对非军事政策的新思维,包括停止对非军事干预、减少在非军事存在、帮助非洲建立维和部队,并将对非单边军事干预

---

① [法]玛丽-阿尔巴纳·德叙尔曼,王吉会译:《法国在西非的合作:"发展"与后殖民时期的连续性(1959—1998)》,《法语国家与地区研究(中法文)》2018年第1期,第12页。
② 白琰媛、张皓:《法国对喀军事外交政策演变析论》,《法国研究》2021年第4期,第59—75页。
③ 周国栋:《变"父子"为"兄弟"关系——析法国对非洲政策的变化》,《国际展望》2000年第4期,第14—15页。

转化为欧盟框架下的多边行动等。鉴于萨科齐执政时期恰逢法国对非政策转型的关键期，国内学界也及时捕捉到这一点，对萨科齐时代的非洲政策研究颇多，其中较有代表性的有李洪峰的《萨科齐时期的法国对非政策：难以实现的"决裂"》①，文章认为，尽管萨科齐提出变革法非关系，应与过去的做法决裂，然而，不论是言语还是行动上，其政策都受到传统殖民思想的束缚。彭姝祎的文章《从戴高乐到马克龙：法国的非洲政策变化轨迹与内在逻辑》② 进一步指出，60多年来，法国对非洲的政策有法非特殊关系的延续，也有寻求向"正常化"的转变。马克龙政府的非洲政策尽管取得一定突破，聚焦安全、经济和青年等议题，但总体而言，仍然属于戴高乐外交政策的延续。还有学者从双边层面分析法国对非军事外交政策的演变。

此外，部分学者关注三方合作问题，例如智宇琛的文章《法国对非军事政策演变对中法非和平安全合作的启示》③ 分析了法国对非军事政策的发展演变、突出特点和主要作用，还指出了其中的不足，并就中法非三方合作的可能性进行了分析和评估。

第六，关于法国在非洲的军事存在与军事干预的研究。孙德刚在《安全认知的变化与法国在非洲军事基地的战略调整》文章中，在分析法国对非洲的安全认知以及军事基地在法国对外战略中基础性地位的基础上，论述了2007年萨科齐执政以来法国在非洲的军事基地调整方面的主要做法和特点，认为法国对非关系是趋于平等的伙伴关系，呈现出机动化、欧盟化、地方化、公共化、集中化和新型化六大特点。④ 在法国对非洲的军事干预方面，范郑杰在其论文《冷战后法国对法语非洲军事干预的演变及其影响》中详细阐述了冷战结束后法国对法语非洲军事干预的演变历程、主要影响及评估，

---

① 李洪峰：《萨科齐时期的法国对非政策：难以实现的"决裂"》，《国际论坛》2012年第4期，第6页。
② 彭姝祎：《从戴高乐到马克龙：法国的非洲政策变化轨迹与内在逻辑》，《西亚非洲》2019年第2期，第26页。
③ 智宇琛：《法国对非军事政策演变对中法非和平安全合作的启示》，《国际展望》2016年第6期，第20页。
④ 相似文献还有：孙德刚：《法国非洲战略中的海外军事基地：一项历史的考察》，《同济大学学报》（社会科学版）2012年第2期，第55—64页。

认为法国对非军事干预的根本出发点是法国的国家利益。①

第七，关于法国对非政策中的欧盟因素的研究。例如宋瑶在其论文《欧盟框架下当代法国对非洲政策研究》中认为，由于法国在非洲的影响力有所下降，在法国内忧外困的背景下，为重振法兰西的繁荣，自 2007 年以来，法国调整了其与欧盟的对非政策，正式开启欧非关系从依附走向平等的时代。为此，2007 年以来，学者们对法国对非军事政策欧盟化的研究有所加强。段明明、王战的文章《法国对非军事干预欧盟化策略透析》② 认为，21 世纪的第一个十年，为改变在非洲行动单打独斗的局面，法国成功推动欧盟参与到对非军事行动中。然而，由于英德两个大国的掣肘，对非军事干预欧盟化进程缓慢。英国"脱欧"、特朗普上台为法国推进该策略提供新的机遇，只有实现欧盟共同安全与防务，法国才有望实现对非军事干预的"欧盟化"。此外，还有学者进行了比较研究，从海外利益保护角度，关注法国与其他欧洲国家在非洲军事干预问题上的异同比较。

第八，关于海外利益保护方面的研究。杨娜在其文章《欧洲大国的海外利益保护论析——以法国、英国和德国在非洲的利益保护为例》③ 中认为，尽管法国与英德在海外利益保护方面具有一些共性，然而，受地缘环境、历史经历、国家实力、国际分工及产业结构等因素影响，三国海外利益保护方式和侧重点各有不同。本书认为，与英德两国的和平方式不同，法国注重通过驻军、投资、货币挂钩等途径在经济、贸易和金融领域保持对非全面影响，确保海外利益最大化。

（二）国外研究现状

相比之下，国外学者关于法国对非军事合作的研究建树较多。虽然没有办法对现有文献进行量化分析，但从笔者查询结果来看，国外学者关于法国对非军事合作的研究领域广泛，既涉及了国内研

---

① 相似研究还有：卢东：《法国在非洲的军事干预政策与行动特点》，《现代军事》2013 年第 11 期，第 4 页；陈波：《减少干预决不退出——法国改革对非防务政策》，《世界知识》1997 年第 19 期，第 3 页；宋倚星、孔刚：《法国出兵马里意图及前景》，《国际研究参考》2013 年第 3 期，第 5 页；杨勉、刘影：《法国出兵马里的原因和马里危机的背景》，《哈尔滨学院学报》2014 年第 2 期，第 7 页。

② 段明明、王战：《法国对非军事干预欧盟化策略透析》，丁一凡主编：《法国发展报告（2019）》，社会科学文献出版社 2018 年版，第 186 页。

③ 杨娜：《欧洲大国的海外利益保护论析——以法国、英国和德国在非洲的利益保护为例》，《世界经济与政治》2019 年第 5 期。

究所关注的各个领域，也涉及了一些国内学者没有关注到的领域，且在研究的广度和深度上也较国内研究更加深入。此外，法国对非军事政策的官方文件是了解法国对非洲的军事合作的一手素材。这些文件包括法国高层领导人在相关领域的重要讲话，法国1972年以来的《国防白皮书》[①]、军事规划法，负责对非军事合作的相关职能机构，如外交部及其下属机构、国防部及其下属机构、国会等发布的刊物、咨询报告、研究报告、情况介绍等，以及法国驻外机构，特别是驻国际和地区组织的高级代表的一些文章和讲话都会对了解法国对非军事合作具有较大参考价值。按照研究的专题领域划分，国外关于法国对非军事合作的研究主要关注以下方面。

第一，关于法国对非军事合作政策的研究。一是关于法国对非军事合作的由来方面，较有代表性的文献包括两部专著和一篇学术论文。第一部专著是阿尔贝·布尔吉于1979年出版的《法国在非洲的合作政策》，该书主要从法国对非《合作法》中的军事合作规定以及法国对非军事合作政策的具体内容两个层面进行了论述。第二部专著是帕斯卡尔·谢尼奥于1984年出版的《法国对非军事政策》，这是这方面较早的研究成果。作者在分析法国对非政治、经济和机构合作制度架构的基础上，对法国对非军事政策的整体战略和局部设计以及法国对非直接干预政策的行动等方面进行了详细论述。两部专著都对了解法国对非军事合作政策提供了非常有价值的参考。在论文方面，卡米尔·厄夫拉尔在其文章《回顾法非军事关系的建立》中，分析了从戴高乐时期"法兰西共同体"统一军队的失败到法非共同防务概念的失败再到法国与非洲签署的一系列双边防务协议的发展历程，论述了法非军事技术合作如何成为法国在非洲维持军事影响力的主要工具。[②] 二是关于法国对非军事合作发展方面的研究层出不穷。安德雷·杜姆林在其1998年出版的《军事法国与非洲：合作与干预的现状研究》中，详细论述了法非军事合作的现状、主要行为体、合作的主要内容以及合作的趋势。皮埃尔·帕斯卡隆在2004年编著的《法国对非安全政策》一书中，从不同维度对冷战

[①] 自1972年至今，法国共发布了1972年、1994年、2008年和2013年四版《国防白皮书》。马克龙上台以来，虽然没有发布新的白皮书，但先后发布了有关国家防务与安全的三个文件，分别是《2017年国防安全战略评估》《2021年战略调整报告》《2022年国家战略评估》。

[②] Camille Evrard, "Retour sur la Construction des Relations Militaires Franco – Africaines", Relations Internationales, Presses Universitaires de France, 2016/1 No.165, pp. 23 – 42.

结束后前十年法国对非军事合作政策的演变进行了详细论述，从冷战后非洲地缘政治价值的变化、冷战后对法国对非军事政策改革的呼声、法国对非军事干预政策在冷战结束后出现的变化、冷战结束后法非军事安全合作内容的变化，以及对冷战结束后法国改革对非军事政策初期的评估等不同方面进行了详细论述。有的学者注重从地缘政治视角分析法国对西非地区的防务与安全合作。奥斯瓦尔德·帕多努在其文章《法国在西非的防务与安全合作：后殖民时代法语非洲的地缘政治》中，从地缘政治角度详细分析了法语非洲对于法国的地缘战略地位，从法国对非洲的地缘政治定位以及非洲与法国的战略相互依赖关系两个方面进行了论述。曾任加蓬国防部和平与冲突研究与资料中心研究员的迪波·斯特凡纳·波西欧在其2007年著作《法国在非军事合作中的最新演变》中，通过对法非军事合作的历史梳理，提出法非军事合作演变的方向主要取决于三个方面，非洲自身安全能力的发展、多边主义和地区一体化进程。类似研究还有阿布代拉曼·穆扎里的专著《法非防务合作》，[①] 该书先是分析了法非防务合作的缘起及其冷战结束后出现的新殖民主义特征，然后论述了法非防务合作演变的新内容、新机构和新特点，作者试图回答法非防务合作被批判的缘由，合作的特殊性、模糊性及其相互依赖性等问题。法国学者雷奥纳尔·科伦巴－裴腾在其专著《法非军事合作：复杂的重塑（1960—2017）》中，从社会建构主义角度对法非军事合作的变迁历程展开论述，着重分析了合作演变与调整的动因，并对合作进行了评估，作者认为实现"再合法化"是重塑的重要理由。

第二，关于法国对非军事政策改革的研究。首先是法国官方发布的一些有关军事合作改革的文件，其中较有代表性的是2001年11月20日法国国会通过了时任法国国防与武装力量委员会贝尔纳·卡泽诺夫提交的关于军事合作改革的咨询报告，报告对21世纪法国改革军事合作的必要性，合作部、外交部、国防部相关职能机构如何跟进调整等问题进行了详细论述，并提出了一系列可行性建议和意见。2011年3月30日，法国国会公布了第3195号法案，通过了法国国防与武装力量委员会菲利普·维泰尔提交的关于修订《法兰西共和国与加蓬共和国防务伙伴关系协定》的咨询报告，报告首先分析了根据法国总体外交战略调整法国在非洲军事存在的必要性，其

---

① Abderrahmane M'ZALI, "La Coopération Franco – Africaine en Matière de Défense", Paris, L'Harmattan, 2011.

次论述了法国与加蓬防务协议在法国重大战略区域首屈一指的重要性以及防务协议的相关内容。有学者关注改革的效果,雷切尔·厄特利在《"不是做得更少,而是做得更好……":法国在非洲的军事政策》中认为,法国对非军事政策发生了一系列变化,例如减少驻军、关闭部分基地、减少单边干预和武力使用等。但作者认为,虽然法军在数量上有所减少,但其寻求的是以更高效的方法维持其在非洲的影响力和大国地位。

第三,关于法国在非洲军事存在的研究。官方文件中,较有代表性的有,2014年7月9日,法国国会通过了法国国防与武装力量委员会伊夫·弗洛米翁(女)和根达尔·卢亚尔提交的关于法国在非洲军事部署的发展与现有军事行动跟踪的第2114号咨询报告,报告长达297页,分析了法国在非洲预部署力量重新整编的相关情况,以及法国在非洲军事存在和军事干预行动中存在的不足。学者们也从不同层面论述了法国在非洲的军事存在。有的关注法国在非洲军事存在的历史与现状。肖恩·格雷戈里在其文章《法国军队在非洲:过去和现在》中认为,1994年卢旺达大屠杀悲剧事件以来,法国对非军事政策开始发生转变,作者剖析了转变的原因并预测了法军在非洲军事政策的发展趋势。有的学者关注法国在非洲军事存在的使命。让-菲利克斯·翁谷亚在其文章《法国在非洲的军事存在》[①]中,在论述军事政策既是法国对非外交的工具,也是法国对非经济渗透的工具的基础之上,进而论证了法国在非洲部署军队并开展军事干预的做法。拉斐尔·格朗沃德在其著作《法国军队在非洲干什么?》中总结了冷战结束后20年间法国军队在非洲的行动,深入分析了法国军队在非洲的部署及其使命。还有的学者关注到法国在不同历史时期军事存在任务使命的转变。扎弗瑞恩·法里德在其专著《法国在非洲军事存在的演变:从殖民后托管到国际维和使命》[②]中,回顾了"非殖民化"时期法非合作总体框架、法非双边军事和民事合作、法非防务协议的内容及其影响,在此基础上,论述了21世纪法国在非洲维持军事存在的缘由及其调整的原因,并对未来军事存在的发展趋势进行了展望。

[①] Jean-Félix Ongouya, "La Présence Militaire de la France en Afrique", Présence Africaine, Editions Présence Africaine, 1980/4 No. 116, pp. 43–63.

[②] Zafrane Farid, "Les Avatars de la Présence Militaire Française en Afrique: de la Tutelle Postcoloniale aux Missions Internationales du Maintien de la Paix", Saint-Esteve: Editions les Presses littéraires, 2017.

第四，关于法国在非洲军事干预的研究。法国国会发布了一些有关军事改革的咨询报告等材料，较有代表性的有：2012年11月14日，法国国会通过了外交部居伊-米歇尔·邵弗和埃尔维·盖马尔提交的题为《介入与外交：何种军事干预学说》的咨询报告，在回顾了法军对外军事干预50年实践经历的基础上，分析了干预的决策和理念机制，进而提出了进一步完善和改进干预政策的思考建议。学者们较为关注法国对非军事干预的合法性问题，例如非洲学者吉比·索在其著作《法国对马里军事干预的合法性》中，对法国如何获得联合国安理会合法性授权，通过法非双边防务与军事技术合作协议、"集体安全理论"、"保护的责任"等塑造和实现法国对马里军事行动的合法性和正当性进行了分析和论述，认为所有这些共同构成了法国在非洲反恐行动的法理基础。布鲁诺·夏尔博诺在文章《制造（不）安全与法国在撒哈拉以南非洲安全政策的再合法化》中通过分析法国对非安全政策从殖民地时期到冷战时期再到21世纪的历史演变得出，法国对非洲的安全政策可以被认为是造成非洲不稳定的因素，是法国重塑"非洲对法国的依赖、法国对非洲的控制以及维持法非主仆从属关系"的手段，而全球化为法国实现对非军事政策再合法化提供了新的机遇。

第五，关于法国对非军事外交的研究。我们可以从法国一些驻外机构代表发表的署名文章中窥见法国对非军事合作的思想与方法。例如，法国驻欧洲安全与合作组织特派团副团长法比亚尼在文章《防务外交与预防性外交》中提出，法国防务外交主要包括驻外军事存在与预部署兵力、参加国际安全机制、开展军事合作等方面，并指出法国防务外交的主要方向在非洲。

第六，关于法国对法非防务与安全合作内容的研究。法国外交部下设的防务与安全合作总局曾牵头主办的一个名为《防务安全伙伴》的杂志，刊发了大量有关法国防务与安全合作的具体内容，其中大多数内容都涉及法非合作。比如2012年第268期的主题是法国在非洲开办的地区学校，主要分析了此类学校的办学理念、学校对非洲和平稳定与安全的贡献、综合类与专业类军事培训、军事医疗培训、维和培训等内容。2012年第270期主要介绍法国对非维和行动的合作，包括法国对非洲的维和支持、帮助非洲武装力量参加维和行动的举措、法国为支持和巩固非洲和平举办的八国集团专家会谈、国际法语组织对法语非洲维和能力建设的贡献、法国防务与安全合作总局对非维和支持的相关项目等。2013年第273期是关于非洲和平与安全的特刊，主要介绍了法非的双多边防务合作、法非结构性军事合作、法国与非洲的双多边安全合作等相关政策和做法。2015年刊发的第276期主题是"结构性合作的支柱：高等军事教育"，主要介绍了法国在非洲地区学校的几个模范案例，以及法国在萨赫勒地区的跨境安全合作计划、萨赫勒五国集团的概况等。遗憾的是，该杂志于2016年已停刊，但其留下的珍贵史料为研究法非军事合作提供了许多一手宝贵资料。

综上所述，尽管国内外现有研究成果都或多或少涉及了法非军事关系、法国对非军事政策和军事合作等相关内容，但大多数停留在法国对非洲的总体外交中，对军事领域的分析浅尝辄止，往往注重从宏观上把握相关问题，对中观和微观层面的问题研究较为缺乏，且论述不够系统、全面和深入，难以认知法国对非军事合作的规律和特点，难以把握法国对非军事合作的特有范式和特有做法，预判更是无从下手。主要不足和缺陷有：一是研究缺乏系统性论述，较多关注某个阶段或某任政府，难窥法国对非总体外交和军事战略意图，从而难以发现其演变规律，捕捉不到其演变规律的深层逻辑。二是现有研究大都忽略了对非洲的界定，往往以"撒哈拉以南法语非洲""黑非洲"，甚至"非洲"等宽泛的概念加以描述，这忽视了法国对非军事合作的优先项，是不合理的。本书将通过分析来论证，法国对非政策的关注重点历来集中于撒哈拉以南法语非洲地区和国家。三是国内外研究大多只是从宏观上描述法国对非军事政策的演变，很少有研究从微观上阐述政策演变的过程及其影响因素，从而忽视了外交如何服务于军事进而实现国家利益的过程。四是针对法国对非军事合作的法理基础问题，现有研究大多集中在法国取得合法性干预授权结果方面，忽视了法国如何取得合法性授权过程的研究，而这一点对于理解法国争取世界大国地位又是非常关键且重要的一点。五是很多研究只关注到法国对非军事政策的"欧洲化"一面，强调欧盟政策对法国的影响，鲜有关注到另一面，即法国与欧盟的非洲政策之间存在密切关联，是相互塑造的关系，法国的非洲政策也塑造了欧盟对非军事政策，并表现出很大程度的"法国化"特点。六是绝大多数研究都没有关注到"非洲化"和"非洲问题非洲解决"两个概念的区别。这些不足将是本书要解决的问题。

三、主要研究思路

本书的基本假设是，从戴高乐的军事合作制度产生以来，尽管世界风云变幻，但法兰西第五共和国制定的战略目标没有改变，依然是保护法国独立自主的大国地位和影响力，改变的只是法国根据变化了的形势对非军事合作政策的调整。虽然军事合作的调整在不同阶段有不同表现，但其内在变化的逻辑是清晰的。法国对非军事合作政策始终贯穿两条线：法国的欧洲政策和法国的非洲政策。两者相互照应、相辅相成，使得法国对非军事合作成为一个相互构建与塑造的动态演进过程。在历史演变的过程中，法国始终能够围绕其独立自主的大国战略目标较为合理地安排其外交和军事工具，表现出巧妙的外交与军事力量运用艺术，进而不断推进国家战略目标实现的进程。

本书试图回答以下问题：法国对非军事合作是如何形成和演变的？合作的方式、内容以及行为体在历史演进中有何种变化？合作是否实现了法国的既定目标？合作对非洲的自主安全能力建设有何种影响？未来合作将面临哪些挑战？合作走向如何？

四、主要研究方法、创新与不足

本书拟采取的研究方法包括文献研究法和历史分析法。文献研究法，即通过大量阅读和研究汉语、英语、法语三种语言的官方文献和报告、协议文本、学界权威资料和各智库研究报告，注重用丰富、可靠的文献资料支撑本书的观点。法国与非洲军事关系源远流长，形成了一套复杂的运作系统。以史为鉴可知兴替。本书力求对相关历史进行梳理，以了解事情的来龙去脉和深层根源，并在此基础上研究未来走向。

本书的特色和创新点主要体现在以下三个方面：一是选题新。国内有关法国与非洲军事合作方面的专门研究较为少见，缺乏系统性梳理，本书试着补充和弥补相关领域学术成果方面的不足，为学界深入研究拓宽视野。二是方法论新。本书运用军事合作、军事外交、防务外交等理论对法非军事合作机制进行阐述，并结合军事与外交、软实力与硬实力、双边与多边、政府与社会、国内政治与国际政治等多组互动关系的论述，深入解构军事工具如何服务国家对外战略和政策，以此丰富学界对法国对非军事与安全政策研究以及大国外交与军事战略等相关研究。三是立意新。本书是国内为数不多地从法国与欧盟互动角度探索大国地位与军事合作关系的研究成果。法国在寻求大国地位的路径选择中，重视通过外交与军事手段发挥对欧盟、联合国、非盟及其次地区组织的塑造作用。本书将着重论述法国在其中体现的巧妙外交艺术。

本书难免存在一些不足之处。法国对非军事合作研究是一个庞大且复杂的课题，一是由于军事领域的敏感性，很多相关资料难以获取，这对真实、全面还原法国对非军事合作的研究造成较大制约和困扰。二是由于笔者学术水平有限，难免会对一些问题的理解不够全面和深入，甚至对某些环节的研究有所疏漏，也是本书的缺憾之一。无论如何，法国对非军事合作的课题值得进一步跟踪和研究。

第一章　法国对非洲军事合作的形成（1958—1972年）

1958年法兰西第五共和国成立，戴高乐成为第一任总统。当时正值非洲国家民族独立运动如火如荼之时。为防止非洲彻底摆脱法国控制，戴高乐总统对已实现政治独立后的非洲国家的法非关系做出了特殊安排。他用合作模式取代了殖民模式，通过一系列合作协定与条约对法国与非洲的政治、经济、军事、文化等多个领域的关系进行了规制，确立了一整套完备的合作体系。每一个子体系都是该合作母体系的有机组成部分，同时又各自成体系，既各自独立又相互联系。法国对非军事合作体系是整个合作体系的核心，既担负着与其他子体系相同的使命，即维系法国在非洲的影响力，服务于法国总体外交战略目标的实现，又为政治、经济、文化等领域的合作保驾护航，提供支撑和依靠。

第一节　法国对非洲军事合作的理论框架

法国世界大国的地位离不开非洲。法国曾是非洲大陆最大的殖民国家。殖民地丰富的自然资源、原材料和商品历来被认为是法国维系其世界大国地位的重要保障。为维持法国在非洲的影响力，戴高乐创造性地构建了一套对非合作体系，涉及政治、经济、军事和文化四个领域，各个领域既相互联系，又各自独立，自成系统，为法兰西第五共和国时期法国对非政策提供了总体指导框架。

法国对非军事合作涵盖了合作的法理基础、职能机构设置和军事力量的相应部署，构成了法国对非军事政策的整套做法。军事手段是实现国家利益的基础性工具，法国对非军事合作既为法国对非政治、经济和文化提供安全保障，又自成体系，为实现法国的对外战略目标发挥着独特作用。法国对非军事合作既体现了戴高乐对非洲的军事政策，又作为一种制度被法国历届政府所继承和发展，为法国实现本国战略目标发挥了基础性作用。本节将在简要回顾法国对非合作体系产生的基础上，重点论述法国对非军事合作的由来、制度安排和主要内容。

一、对非州军事政策的历史演进

军事一直作为法国维护对非垄断和控制的基本手段，在法国对非政策的演变中发挥着举足轻重的作用。法国对非军事政策可以追溯到殖民时期，法国先是依靠其强大的军队打开非洲大门，开启了殖民统治时代，随后在"非殖民化"过程中逐渐形成了对非军事合作制度。法国对非军事合作是整个合作体系的组成部分。要把握法国对非军事合作，就有必要首先了解法国对非总体政策的历史演进过程。

早期殖民地时期。法国与非洲的关系可以追溯到法国的殖民统治时期。从17世纪中叶开始，法国就在非洲进行殖民活动。19世纪末20世纪初，西方殖民列强完成了对非洲的瓜分，法国的殖民地范围主要集中在西部和中部非洲地区。到一战结束时，法国已成为非洲大陆的第一大殖民帝国。

二战时期。虽然法国对非洲的殖民政策有所调整，但并未从根本上动摇与非洲殖民地之间的关系。调整分为两个阶段，第一阶段以《法属赤道非洲新土著政策》为开端。1940年10月27日，流亡在英国的戴高乐将军宣布成立法兰西帝国国防委员会，旨在从各个领域统一指导战争。戴高乐领导的"自由法国"在法语非洲立足后，1941年6月，费利克斯·埃布埃总督颁布了《法属赤道非洲新土著政策》。该政策的核心内容是革新法国与非洲殖民地国家的关系，特别是主张总督与土著首领共同治理殖民地。这一主张得到戴高乐的认可，但由于种种原因，该政策未能付诸实施。第二阶段以1944年1月底2月初召开的布拉柴维尔会议为标志。二战结束德军投降之时，法军正面临着新的任务，即"维持法兰西帝国的内部秩序"。[1]戴高乐授意殖民地专员普利文主持召开布拉柴维尔会议，主要讨论法属非洲殖民地在法国未来新政体中的地位。

法兰西第四共和国时期（1946—1958年）。法兰西第四共和国于1946年成立，当时正值冷战初期，在美苏两极对立的形势下，法国艰难应对殖民地国家的独立诉求。非洲历来是法国大国地位的基

---

[1] Jean Dois et Maurice Vaisse, "Diplomatie et Outil Militaire: Politique Étrangère de la France 1871–2015", Paris, Editions du Seuil, 2015, p. 481.

第一章　法国对非洲军事合作的形成（1958—1972年）

础性支撑，然而，这一基础性支撑却在法兰西第四共和国时期面临着"非殖民化"带来的严峻考验。二战结束后，法国力求维持其世界大国地位，其"最主要的筹码被史无前例地押注于其殖民帝国上"。[1]法国认为，只有保住"殖民帝国"，法国才能成为一个世界大国，而不仅是一个欧洲大国。然而，殖民地国家要求民族独立的呼声不断高涨，法国面临着巨大压力。法国一边残酷镇压一边寻找变通的方法。1946年10月，法国通过新宪法，法兰西第四共和国成立。根据新宪法，"法兰西殖民帝国"改称为"法兰西联邦"，法国在海外的殖民地更名为"海外领地"，隶属"法兰西联邦"。尽管依据新宪法，非洲享有了一定程度的参政权，但非洲仍归法国管辖这一事实并没有改变。此后发生的一个事件，迫使法国改变其殖民地政策。1954年，法国在奠边府战役中惨败，失去了其在东南亚的殖民地。在这样的历史背景下，法国在非军事存在的使命和任务相应发生了转变。传统上，在非法军的主要任务是"维护非洲国家内部秩序，保障殖民地人民的安全"，而在"非殖民化"过程中，在冷战背景下，法国政府将军队的首要任务确定为"尽全力保证法兰西联盟内领土的统一"。[2]经过一段时间的努力，法国逐渐意识到，单靠镇压难以结束殖民地内部的动乱局势。为避免失去整个非洲，最大程度地保住法国在非洲的主要利益，法国于1956年通过一项法律框架，决定设立法属西非和法属中非自治政府，成立独立选举团，让殖民地国家以一种新的形式纳入法国管辖范围。法国在两个自治政府中分别设立防御区，并分别设有一个高级委员会代表法国政府予以监管。时任法军战争部部长的保罗·科斯塔-弗洛雷认为，法国当时也是无奈之举，法军已然溃败，只要能够为占领区提供警备并维持本土和海外领地的秩序就可以了。[3]法国通过政策变通，调整了军队的部署及其职能任务，做出了艰难让步，保住了法国对非洲地区的控制。这为后来法非合作制度的产生埋下了伏笔。

二、对非洲军事合作的由来

1958年，法兰西第五共和国成立，戴高乐重新掌权，着手应对

---

[1] Jean Doise et Maurice Vaisse, "Diplomatie et Outil Militaire: Politique Étrangère de la France 1871–2015", Paris, Editions du Seuil, 2015, p. 543.

[2] Jean Doise et Maurice Vaisse, "Diplomatie et Outil Militaire: Politique Étrangère de la France 1871–2015", Paris, Editions du Seuil, 2015, p. 497.

[3] Jean Doise et Maurice Vaisse, "Diplomatie et Outil Militaire: Politique Étrangère de la France 1871–2015", Paris, Editions du Seuil, 2015, p. 500.

非洲的"非殖民化"问题。在"非殖民化"过程中，为防止非洲国家彻底摆脱法国控制独立出去，继续保持法国对非洲的影响力，戴高乐政府意图建立一个"法兰西共同体"，将法属殖民地国家纳入其中统一管理。为此，法国制定了《法兰西第五共和国宪法》，并于1958 年 9 月组织各海外领地对宪法举行公投，由各海外领地"自行"决定去留：要么选择加入"法兰西共同体"成为"自治共和国"，要么选择脱离法国立即独立。所有"法兰西共同体"成员国里，只有几内亚独立了出去，其他国家都投了赞成票。然而，根据该宪法规定，外交、防务、货币、经济和金融以及战略性原材料政策均由"法兰西共同体"负责，即由法国与非洲共同管理。这与殖民地时期并无二致，从而引发各"自治共和国"要求实现真正独立的浪潮。1959 年 12 月，塞内加尔和法属苏丹（今马里）组成的"马里联邦"第一个要求真正独立，其他国家纷纷效仿。这对当时忙于应付阿尔及利亚战争的法国来说无疑是雪上加霜，为避免彻底失去非洲，戴高乐被迫再次让步，同意非洲有条件独立，规定非洲要想取得独立，就必须要与法国签署一系列合作协议，独立和合作同时生效，缺一不可。1960 年，法国重新修订宪法，规定"法兰西共同体"成员国可以成为独立国家而不必脱离共同体。作为独立的条件，法国于 1960 年 4—11 月，先后同非洲国家签署了近 200 份合作协议，法非关系开启合作时代。[①]

取得独立后，非洲国家都制定了本国宪法，它们本应拥有内外事务自主权，并有权根据自身需求设计本国军队，然而，各国并未建立自己的军队。法国提议在"法兰西共同体"框架内建立统一军队，"以便不受新独立国家防务部署的影响并能根据行动需要适时调整"。[②] 法国顺应了非洲国家独立的诉求，非洲从名义上实现了独立，法国也再次通过政策变通成功维持了殖民地时期法国对非防务体系的基本做法，牢牢把控着法国对非洲的军事控制。

统一军队是在法属西非和法属中非范围内混编而成，来自不同国家，实行轮换制，这对部队指挥造成了不便，于是法国开始考虑为各国组建军队，并为这些军队提供军事培训。法国对非洲的军事

---

① 有关内容详见张宏明：《论法国对非"合作"政策产生的背景》，《西亚非洲》1987 年第 3 期。

② Camille Evrard: "Retour sur la Construction des Relations Militaires Franco – Africaines", Relations Internationales, Presses Universitaires de France, 2016/1 No. 165, pp. 23 – 42.

第一章 法国对非洲军事合作的形成（1958—1972年）

培训是一个渐进的过程，是伴随着"法兰西共同体"统一军队和非洲国家军队相互分离的过程进行的。"法兰西共同体"原有部队仍由法国和非洲共同管理，新组建的部队主要来自原先对"法兰西共同体"部队贡献小的国家，并接受法国的管理。由此，法非共同安全与防务体系逐渐由宪法规定的共同体模式向合约制模式转变，从而为后来法非一系列双边协定的产生奠定了基础。

为顺应非洲国家的要求，法国决定在各国设立一个高级委员岗位，直接代表"法兰西共同体"领导人对共同体事务和各国事务进行管理。高级委员职权范围非常大，"原则上只负责非军事领域的防务，如对外安全、国内电信与运输等，但事实上却扩大到帮助非洲政府协调民事防务措施以及共同安全与防务"，[1] "还干预各国运用武装力量维护公共秩序的决策，以及通过私人影响力保障地方政府与军队之间的联系与沟通"。[2] 由此可见，法国依然把控着新独立非洲国家的内政、外交和防务等各个领域，这也为后来非洲民族的第二次觉醒埋下了伏笔。

为保持对非洲的军事影响力，戴高乐在宪法上对总统保留的军事权力作出了特别规定。法国根据《法兰西第五共和国宪法》的模式帮助非洲国家制定了宪法。各国宪法存在一项共同条款，即第16条，规定各国政府机构或国家领土受到严重侵犯时，总统保留特殊权力。法国和非洲国家的宪法都赋予了总统在对外政策中的极大权力，这至少有两大好处：一是为法非双边领导人交流创造了便利，正是有了这种便利，才有了"福卡尔关系网"。二是为法国对非洲的军事合作决策提供了高效灵活的保障。一旦非洲国家发生动乱或遭遇威胁，非洲国家元首可以直接向法国总统提出干预需求，法国总统则能根据具体情况迅速作出军事干预或不干预的决策。这些都为法非特殊关系的顺畅运行打下了基础。

除了从宪法上将非洲元首与法国总统特权统一外，在军事方面，戴高乐政府还在宪法中规定了军队的职能，并规定"法兰西共同体"负责防务的军队只有一个，接受统一指挥。在"法兰西共同体"成

---

[1] Camille Evrard, "Retour sur la Construction des Relations Militaires Ffranco – Africaines", Relations Internationales, Presses Universitaires de France, 2016/1 No. 165, pp. 23 – 42.

[2] Camille Evrard, "Retour sur la Construction des Relations Militaires Ffranco – Africaines", Relations Internationales, Presses Universitaires de France, 2016/1 No. 165, pp. 23 – 42.

员国元首的请求下，法国可以派出军队帮助维护公共秩序。于是，1958年的宪法事实上将非洲国家的防务变成戴高乐直接领导下的特权领域，使其有权设计这些国家的防务与安全政策。勒克姆认为，如此做法"一来可以保证非洲国家，特别是非洲国家领导人的安全；二来可将非洲军队置于法国的地缘政治和地缘战略规划中"。[①] 根据1960年法国对宪法所作的修改，新独立的非洲国家继续归属"法兰西共同体"管理。修改后的宪法中有关共同防务的条款到1995年才予以废除。理论上，非洲国家的军队主要负责维护国内秩序，法国负责各国防务。然而，在实践中，想分清非洲国家内部与外部安全的难度是非常大的。

1960年，戴高乐创造性地提出了一套完整的对非合作体系，同意让殖民地独立出去，但条件是，想获得独立就必须与法国签订一系列合作协定。在戴高乐的眼里，非洲是法国再次走向全球性影响力大国不可或缺的基础性支撑，"失去非洲，法国将不再是法国"，"失去非洲，法国将沦为二流或三流国家"。正是基于这一背景，法国对非洲的合作政策应运而生。该政策目标十分明确，即继续维持法国对非洲的政治、军事、经济和文化等各领域的优先特权和排他性影响力，同时作为"回报"，法国通过一系列合作协议对非洲政权提供防务和军事技术等各种援助。

三、对非洲合作体系架构

二战结束以后，法国在非洲的统治开始出现松动。为避免法国在非洲的殖民体系彻底瓦解，力求把民族解放运动对法国在非利益的潜在影响降到最低，法国被迫直面"非殖民化"问题，开始着手调整其非洲政策。1958年，法兰西第五共和国成立，作为"非殖民化"进程的延续，戴高乐决定以"合作"代替"殖民"，即为避免完全失去对非洲的控制，法国避重就轻、巧妙设限，迫使其非洲殖民地国家与法国签署一系列双边和多边合作协定，作为允许这些国家独立的前提条件。这些双多边合作协定涉及政治、军事、经济、文化等领域，构成了一个完整的合作体系，并作为一种特定的"合作制度"得以延续。

（一）对非洲的政治合作

法非合作体系中的政治外交合作是戴高乐时期法国对非政策的

---

① R. Luckham, "Le Militarisme Français en Afrique", Revue Politique Africaine, No. 2, 1982, p. 95.

亮点和特点，主要通过双方高层正式与非正式关系进行组织和实施，合作的主要内容包括政治统治、行政管理和外交政策。殖民地时期，法国对非实施直接管理，各国的政治、外交、军事等关键领域都由法国人把控。由于治理理政经验匮乏，这些非洲国家独立之初均面临着国家治理方面的难题，在国家机构设置、政治制度选择等方面大都以法国为蓝本，例如很多国家的宪法都直接照搬了《法兰西第五共和国宪法》。为此，很多非洲国家都与法国一样实行总统制，这些国家也借鉴法国模式，总统在外交领域处于至高无上的地位。这一时期，由于缺乏干部储备，法国根据协议向非洲国家派遣了大量行政人员、技术人员、教师、医生等合作专员，这些人员在非洲国家经济、军事、文化等机构的关键岗位上担任要职，名义上为非洲国家提供专业指导，实则按照法国意图实施变相控制。

在外交领域，法国非常重视与非洲国家之间的沟通与磋商，官方和非官方的高层人文交流成为法非关系的主要特征之一。在官方层面上，法国有两个行政部门专门负责非洲事务。第一个部门是法国合作部，它是戴高乐总统为维系法国与非洲国家之间的特殊关系而特别设置的职能机构，前身是海外部，主要负责法国与非洲之间的双边事务。这一机构设置体现了两层含义：一是非洲国家虽然独立了，但法国仍然将非洲事务看作其内部事务，非洲仍然是"法国的非洲"；二是这也恰恰说明了法非关系的特殊之处，处理国家间关系本应是外交部的职权范围，但当时，非洲事务显然不是由法国外交部负责的。第二个部门是非洲与马尔加什事务处，隶属法国总统府爱丽舍宫，它是法国总统对非决策机构，直接听命于总统本人，是总统个人的智囊团，不受外交部和法国总理约束。

（二）对非洲的经济和货币合作

法国与非洲的经济合作领域广泛，涉及贸易、投资、援助与工程承包等诸多领域。根据法国与新独立的非洲国家签署的双边合作协定，法国将为非洲国家提供发展本国工农业生产和基础设施建设所需的部分财政援助，向非洲国家派遣相关领域的技术合作人员，承担对非洲国家的相关技术与人才培训义务，并在必要时向非洲转让生产技术。直到冷战结束，非洲国家仍然是法国发展援助的主要受惠国，这一点无可争议。

在货币方面，法国是唯一将本国货币与前殖民地国家货币相关联的国家。① 这一体制以非洲法郎为基础，主要在撒哈拉以南法属西非（除几内亚）和法属中非国家适用，分别涉及西非经济货币联盟与中非关税和经济同盟两个货币区，均由法国主导。自创设以来，法郎一直与法国货币（先是法郎，后是欧元）挂钩。依据法国与上述两个货币联盟签署的货币合作协议，这一安排由法国财政部牵头，并由法国中央银行提供担保。法国在西非和中非货币区内都用法郎结算，且自由流通不受限制，但转移至区域外需由法国中央银行批准。此外，法国中央银行还统一管理两个货币区内的黄金与外汇储备。法国通过与非洲的经济和贸易合作牢牢把控着非洲的经济命脉。

（三）对非洲的军事合作

非洲国家独立之时，法国与前法属非洲国家（除几内亚）签署了一系列军事技术援助与军事合作协议。按照协议规定，法国须向前法属非洲国家派遣军事合作专员，帮助非洲国家组建军队，并为各国培训军事人员。作为"回报"，非洲国家应优先向法国出口用于军品生产的战略性原材料，并优先向法国采购武器装备。在这一时期，法国每年培训700—800名非洲军人，派往非洲当地的军事合作专员近1800人，法国为非洲提供的武器装备价值占整个非洲大陆进口总量的近70%，其中占象牙海岸（今科特迪瓦）、塞内加尔、上沃尔特（今布基纳法索）、多哥、乍得、达荷美（今贝宁）等法语国家进口总量的近100%。②

法国还与加蓬、科特迪瓦、塞内加尔、多哥、马尔加什（今马达加斯加）、达荷美（今贝宁）、刚果（布）、乍得、中非共和国、毛里塔尼亚和尼日尔签订了防务协议。根据协议，非洲国家允许法国在非洲设立军事基地并允许法国在非驻军。1960年，法国在非洲的驻兵总量约为6万人，1964年裁减后仍有2.3万人左右。③ 根据双边防务协议，非洲国家在遭遇外来侵略或威胁时可向法国发出请求，法国可视情决定是否对非洲国家出兵干预。

（四）对非洲的文化合作

法国与非洲之间的文化交往关系源远流长，到法兰西第五共和

---

① B. Hibou, "Politique Économique de la France en Zone Franc", Politique Africaine, No. 58, juin 1995, pp. 5 – 40.

② 张宏明主编：《大国经略非洲研究》（上册），社会科学文献出版社2019年版，第14页。

③ 张宏明主编：《大国经略非洲研究》（上册），社会科学文献出版社2019年版，第14页。

国时期，二者之间的文化关系被文化合作取代。直至今日，法国政府与高层领导人总是不断强调法国与非洲之间存在的相似性。这种相似性与殖民时期法国对非实行"文化同化"政策有很大关系，这是法非关系区别于其他大国与非洲关系的重要方面。相似的文化传统与共同的语言有助于法国与非洲彼此之间建立一种稳固持久的联系。戴高乐本人深以为然，并始终将文化合作作为法非合作的优先项。

法国与非洲的文化合作领域主要包括紧密的教育合作和丰富多彩的文化交流。非洲国家独立之初，法非文化合作的重点在于教育合作。根据双方签订的一系列协议，法国有义务向非洲国家派遣文化合作专员组织与开展对非教育援助，帮助非洲国家发展初、中、高级教育和职业教育。此外，法国还在本土为非洲国家的教师提供培训。

第二节　法国对非洲军事合作的制度安排

1958 年戴高乐重新掌权，首次提出"国防"的理念，并对国防组织办法进行了规制。法国国防理念经历了一些演变。冷战时期，以苏伊士运河危机为界，法国的国防政策分为 1945—1956 年和 1957—1989 年两个时期。法国于 1948 年签署《布鲁塞尔条约》，于 1949 年签署《北大西洋公约》，而后加入北约，后于 1952 年推动构建欧洲防务共同体，结果遭遇失败。后来，苏伊士运河危机对法国两极世界的战略构想产生了重大影响。从那时起，法国一心谋求退出以美国为首的北约组织。终于，在法国的努力下，1958 年，法国地中海舰队退出北约一体化军事指挥结构，美国撤出其在法国本土部署的核武器。1959 年 1 月 7 日的《国防组织法》首次涉及国防总体组织，并首次定义"国防"，即"在任何时候、在任何情况下防止任何形式的侵略，确保领土的安全和完整以及人民的生命"。[1] 在冷战背景下，法国对"国防"的定义不仅包括在战时和平时保卫国家领土，还包括在全球保护国家利益免受军事和非军事威胁。1960 年 2 月，法国成功爆炸了第一颗原子弹，由此具备了核威慑能力。

---

[1] Fabio Liberti and Camille Blain, "France's National Security Strategy (WP)", Security and Defence Working Paper, 3/2011, Elcano Royal Institute, Madrid – Spain, http：//www.realinstitutoelcano.org/wps/portal/rielcano_eng, p. 2.

法国还通过了第一部《军事规划法（1960—1964年）》，保证其战略自主。1966年，法国退出北约一体化军事指挥结构，与此同时，法国决定重启欧洲一体化进程，以实现相对于美国的独立。

为维持和加强法国在非洲地区的影响力，法国力求通过其军事优势，不断致力于发展与相关国家的新型关系，以取代之前的殖民与被殖民关系。大多数非洲国家在独立后仍然通过国防和安全等协议与法国保持联系，而这些协议往往包括允许在这些非洲国家建立军事基地，塑造和训练非洲安全部队，以及确立法国使用军事力量干预非洲国家内政的权利。[1] 有鉴于此，戴高乐从法理基础、职能机构设置和军事部署三个方面，精心设计了一套完整的对非军事合作制度。

一、构建法理基础

为继续合法地在非洲维持其影响力，法国将其对非军事合作政策纳入国际法体系，与非洲签署了一系列协议。协议主要有两大类：一类是防务协议，另一类是军事技术援助协议。跟上述两类协议同时签署的，还有关于维护内部秩序的协议以及关于后勤保障的协议。通过这些协议，原先部署在非洲的法国殖民军队将不再具有主权属性，而是作为法国在非洲的军事存在继续留在非洲。马丁认为，这样做是为了"建立能够与法军密切合作的非洲军队，并使非洲军队有效充当法国军队的海外分支"。[2] 巴黎政治学院教授皮埃尔·达贝泽认为，戴高乐的高明之处就在于，"通过协议允许非洲独立，这为法国（独立地）向非洲进行能力转让提供了可能性。不仅使法国（对非洲）的基本理念得以保全，而且使非洲军队按法国模式进行组建"。[3]

（一）防务协议

法国于1960年6月4日进行了国内宪法改革，规定非洲国家在签署加入新共同体的条件下可以获得独立。然而，非洲国家拒绝加

---

[1] Olawale Ismail and Elisabeth Skons (Edited), "Security Activities of External Actors in Africa", SIPRI, Oxford University press, 2014.

[2] Martin, "Francophone Africa in the Context of Franco – African Relations", Africa in World Politics, Westview Press: Boulder, CO, 1995, J. W. Harbeson and D. Rotschild eds, p. 178, cited in N' Diaye (note 5), p. 10.

[3] Pierre DABEZIES, "La politique militaire de la France en Afrique noire sous le général De Gaulle", La politique africaine du général De Gaulle (1958 – 1969), Paris, Editions A. PEDONE, p. 235.

第一章　法国对非洲军事合作的形成（1958—1972年）

入新共同体，法国被迫与非洲国家重新谈判。最终，1960—1961年，法国与新独立的非洲国家签署了一系列双边防务与军事技术援助协议，作为法非军事合作的法理基础。其中，法国与11个非洲国家签署了防务协议，成为法国对非洲的军事合作体系的支柱，作为军事合作的特殊组成部分，防务协议"具有较为深刻的司法含义，其对协议双方的事实性和法律性约束，比一般的联盟条约还要大"。①

防务协议分双边和多边两种形式。大多数防务协议均为法国与单个非洲国家签署的双边协议。多边防务协议一般是指地区性防务协议和集体安全类防务协议。例如，法国与和解委员会的三个成员国科特迪瓦、尼日尔和达荷美（今贝宁）签署的协议。1960年6月21日，法国与中非地区四国［中非共和国、刚果（布）、乍得、加蓬］签署了四方协议，规定各国有义务在政治、军事和经济上相互协调与援助。还有两个特例，一是上沃尔特（今布基纳法索），法国没有与之签署防务协议，只签署了军事技术援助协议以及关于法国对非军事干预时提供军事便利（例如飞越领空等）的协议；二是喀麦隆，法国与喀麦隆也没有签署防务协议。

我们对防务协议的详细内容无从知晓，只能从一些研究中窥见一二。法国与非洲签署的双边防务协议规定了法国对非军事干预的部署。一是关于维护内部秩序方面的军事部署。非洲国家内部秩序一般由非洲各国政府负责，在非洲国家提出要求的情况下，法国可以破例提供帮助。同时，法军有义务负责非洲国家的总体防务和技术合作，在当地发生外来入侵或叛乱时，法军可以充当非洲安全力量的补充。二是关于国防的部署。这包括两类：一类是法军在非洲当地的力量，另一类是位于法国本土的直接干预部队。

（二）军事技术援助协议

为维护法国在非洲国家的影响力，兼顾非洲国家独立后渴望建立本国武装力量的现实需求，法国与非洲国家还签署了一些军事技术援助协议。军事技术援助包括三个方面：一是对非军队人员的培训，可在非洲当地或法国本土培训；二是为非洲国家提供相关财政支持；三是为非洲国家提供后勤援助，包括武器装备援助及其维修保养等方面的技术援助。卡米尔认为，"军事技术合作是20世纪60年代法非防务合作的核心，它不仅帮助非洲组建了国民军队，也提

---

① 上述十一国均为前法属西非和法属赤道非洲的国家，只有几内亚、上沃尔特（今布基纳法索）和喀麦隆三个国家拒绝与法国签署防务协议。

高了法国在国际上的地位和作用"。① 她还认为，"法国通过军事合作重构法非后殖民联系非常具有特色，主要体现在两个层面：一是政治层面，福卡尔秘书处的产生尽管一度造成三军参谋部、外交部和合作部之间的不和，但通过它可以与爱丽舍宫直接联络；二是军事层面，法军可以通过军事合作使团、顾问和教官向非洲国家提供军事技术援助"。②

需要指出的是，法国在要求非洲国家签署上述协议时，不得不面对非洲国家的独立地位，非洲国家在签署协议时并不是完全被动的。卡米尔认为，"主权转让与军事合作协议签署之间的时间间隔体现了法非谈判的难易程度有所区别"。③ 加蓬和马达加斯加在迅速获得独立后加入了法非新共同体，并与法国签署了防务协议与军事技术援助协议。经过八个月的谈判，科特迪瓦拒绝签署防务协议，但接受军事技术援助协议。马里脱离"马里联邦"后，断然拒绝向法国进行军事妥协。1960 年 9 月，马里总统凯塔要求法国撤出在其境内的所有法军，同年 10 月，法军停止了对马里军队的财政和技术支持，并于 1961 年 9 月完全退出马里。

二、设置职能机构

戴高乐时期，对非军事合作的职能机构主要有法国总统、法国合作部、非洲与马尔加什事务处以及多家驻外机构等。

（一）法国总统

法国对非军事政策决策集中于法国总统。《法兰西第五共和国宪法》赋予总统在外交领域的绝对特权，外交决策高度集权在总统一个人手里。亚的斯亚贝巴安全研究所高级研究员贝鲁克·麦思凡认为，法国的外交政策决策只集中在一个人手中，即总统。法国总统外交决策垄断权的形成主要由三个因素促成：一是法国政治制度的本质，《法兰西第五共和国宪法》规定了一个超级总统制度，授予总

---

① Camille Evrard, "Retour sur la Construction des Relations Militaires Franco – Africaines", Relations Internationales, Presses Universitaires de France, 2016/1 No. 165, pp. 23 – 42.

② Camille Evrard, "Retour sur la Construction des Relations Militaires Franco – Africaines", Relations Internationales, Presses Universitaires de France, 2016/1 No. 165, pp. 23 – 42.

③ Camille Evrard, "Retour sur la Construction des Relations MilitairesFranco – Africaines", Relations Internationales, Presses Universitaires de France, 2016/1 No. 165, pp. 23 – 42.

第一章 法国对非洲军事合作的形成（1958—1972年）

统近乎绝对的特权。二是宪法对与外交相关的其他部门施加了诸多限制。总理对总统言听计从，国民议会对外交政策既不知情也无控制权，外交部长也仅处于总统决策的从属地位，法国公众和媒体对此都漠不关心，这一切都进一步加强了总统对外交的掌控。三是部门间合作顺畅，有利于总统高度个性化的决策实践。上述部门可以通过密切合作，为总统提供第一手信息和咨询建议，使其能够进行独立研判并作出决策。正因为如此，法国总统是法国整个外交体制架构的核心支柱，集防务、安全与外交决策权于一身，总统本人的政策偏好、个性特点、私人友谊等因素在法国对非洲的军事合作决策中发挥着首要作用和直接影响。他认为，1958—2008 年，历届法国总统都最大限度地使用了其在外交事务中的特权。这意味着总统本人的个性、理念和态度等因素直接作用于对外决策本身。①

（二）法国合作部

为了推进和实施法国对非洲的合作制度，1961 年，法国设立一个负责合作的专门职能机构，即合作部，以取代独立之前的海外部，负责向非洲各国派遣合作专员或法国顾问。1965 年 1 月 1 日，法国设立了军事合作特派团，授权驻地大使的军事合作专员为当地政府提供军事援助，既作为法国军队和其被指派协助的非洲军队之间的联络人，履行特派团赋予的军事顾问职责，又与外交部非洲事务部和国防部直接联系，负责军事合作事宜。

（三）非洲与马尔加什事务处

鉴于法国总统在法国外交决策中具有独立决策权，非洲部政府还专门设立了总统个人顾问团，即"非洲与马尔加什事务处"。该机构不仅负责协调法国总统与法国国内相关非洲事务机构以及总统与法国驻外相关机构之间的事宜，还负责筛选和整合上报给总统的信息，并准备其演讲内容和国事访问等相关事务。该事务处享有极大的独立和自由权，只对总统个人负责，不受法国总理和外交部长等约束。

戴高乐政府还进行了积极的私人外交努力，以加强巴黎与亲法非洲领导人之间的直接联系，其中最为人所知的当属"福卡尔关系网"，法语单词"foccartisme"（福卡尔主义）就是由此而来。雅克·福卡尔是戴高乐总统的私人顾问，任期是 1960—1974 年，人称

---

① Berouk Mesfin (2008), "Only a Folie de Grandeur? Understanding French Policy in Africa", African Security Studies, 17: 1, pp. 114 – 118, DOI: 10.1080/10246029.2008.9627463.

"非洲先生",被认为是法国体制体系内对非决策最有影响力的人物。他的职能包括对来自军方、特勤局和国防部的一手信息进行整合,向法国总统通报情况并提供对非决策意见和建议。此人深受戴高乐总统的信任,在非洲事务上拥有很多权力。"福卡尔关系网"——"游离于法国驻外使馆之外,是连接法国外交、非洲国家独裁政权以及法国埃尔夫石油公司和道达尔石油公司等跨国公司之间的纽带和桥梁"。[1] 在军事领域,福卡尔的权力也非同一般。他负责为法国对非军事干预提供合法性,并负责根据非洲当地的情况对总统提出干预或不干预的建议。例如,出于亲法非洲政权安全的考虑,更是为了防止法国在非洲利益受到地区大国的威胁,法国曾在福卡尔的建议下,暗中支持了尼日利亚的比夫拉叛乱分子。比夫拉于1967年宣布独立,受到尼日利亚政府的镇压。法国依托其在加蓬和科特迪瓦的驻军,为比夫拉叛乱分子组织了军事训练,并提供了武器装备方面的支持。可以说,在很大程度上,福卡尔成就了法国"非洲宪兵"的称号。

(四) 驻外机构

为保障法国对非军事合作的顺利进行,法国分别在非洲单个国家、次地区和地区层面构建了一些多边协调机制。法国驻非洲国家大使馆设立了混合委员会,下设防务办公室,由一名法国高级军官、一名非洲军官和法国驻非洲的一名或几名行政人员组成,其负责人是法国海外部前部长。在次地区层面,法国与非洲国家签署了一些多方协议,根据协议,各方组建国防委员会,由非洲国家元首、法国总理以及法国驻非部队司令官共同构成。在地区层面,尽管法国设立了一些国家元首和政府首脑会议,但由于国家元首拥有其他定期会晤机制,非洲地区层面的元首会议并没有启动。

总之,法国就是通过官方和非官方渠道相结合的方式,开展对非洲的军事合作,维系在非洲的影响力。

三、部署军事力量

(一) 军事存在

法国在非洲的军事存在有两种类型。第一种是永久性军事存在,也就是法国在非洲的军事基地。法国的海外基地历来是维系其世界大国地位和全球影响力的战略性工具。学者孙德刚称之为"法国国

---

[1] Alice Pannier, "La Relation Bilatérale", in Thierry Balzacq et al., Manuel de Diplomatie, Presse de Paris, Sciences Po, 2018, pp. 23–41.

际地位和民族尊严的外化"①，他把法国在非洲的军事基地网络归纳为"十字形"军事基地体系，横轴是从塞内加尔首都达喀尔一直到非洲最东部吉布提的东西线，纵轴是从阿尔及利亚首都阿尔及尔到刚果（布）首都布拉柴维尔的南北线，东西线和南北线在非洲中部的乍得首都恩贾梅纳交汇，构成了一个陆海空兼备、结构严密的战略体系。法国在非洲军事基地驻扎军队有 8 万人左右，能确保法军在危机爆发后 24 小时内向非洲任何地点投送兵力，从而帮助其非洲友好国家政权实现国内政治稳定或国防安全。

这一时期，法国在非洲的军事存在有所微调。首先表现在法国在非洲的军事技术援助人员逐步减少。1963—1970 年，法国在非洲的军事技术援助人员从 3000 人减少到 1500 人，到 1970 年则降至 1362 人。到 1977 年，由于法国抽调大部分兵力对乍得进行军事干预，这一数字直线下降至 962 人。② 以塞内加尔为例，法国在该国军事合作顾问的人数自 1961 年至 1970 年持续下滑，从 1961 年的 450 人跌至 1963 年的 200 人、1967 年的 100 人，再到 1970 年就只剩 80 人。③

第二种是临时性军事存在，主要是法军对外军事行动力量。这有着悠久的历史传统，属于法国海外军事存在的重要组成部分和表现形式之一。法国从第二帝国时期（1852—1870 年）就出现了对外军事行动，当时法国远征军曾征战墨西哥、克里米亚、黎巴嫩、阿尔及利亚等各国战场。那时候的远征作战行动也达到了法国预期效果：法国的世界大国地位得以确定，实现了技术革新，推动了法军的职业化建设等。现代意义上的法军对外军事行动始于非洲大陆，例如从 1964 年法军在戴高乐总统的授意下出兵加蓬，帮助莱昂·姆巴总统恢复政权开始，至今已有 60 年的历史。

（二）军事合作专员

法国几十年来一直将军事合作专员编入签署国的武装部队。这些军官穿着准军事部队的国家制服，融入指挥体制，积极参加非洲军队的训练、后勤、作战和指挥活动。20 世纪 60—80 年代，法国向

---

① 孙德刚：《法国非洲战略中的海外军事基地：一项历史的考察》，《同济大学学报》（社会科学版）2012 年第 2 期。

② ALBERT Bourgi, "La Politique Française de Coopération en Afrique: Le cas du Sénégal", Librairie Générale de droit et de Jurisprudence, Paris, 1979, p. 188.

③ ALBERT Bourgi, "La Politique Française de Coopération en Afrique: Le cas du Sénégal", Librairie Générale de Droit et de Jurisprudence, Paris, 1979, p. 189.

非洲派遣了1000多名军事合作专员。① 不论军衔高低,这些军事合作专员在非洲都有着非常大的行政权力和影响力。国际危机研究团队曾在其非洲报告中指出,曾于1980—1993年担任中非共和国总统军事顾问的让-克洛德·芒雄专员,尽管其头衔是"总督",但他却是中非共和国事实上的统治者,甚至掌管着中非地区的某些区域联盟。② 让努·拉卡斯将军③于1981—1989年担任防长特别顾问,负责法非军事关系,④ 对非洲事务有很强的话语权。

(三) 快速行动部队

法国在非洲安全机构还有一支重要力量,是法国本土的直接干预部队。法国在非洲的基地往往位于机场和港口附近,主要任务是在必要时为非洲提供支持,并为由法国本土投送到非洲的直接干预部队做准备。这支干预力量全称"联合干预部队",1962年组建,设于法国南部,一旦非洲发生特别紧急的危机事件或者发生法国在非洲当地的驻军难以平息的动乱等事件时,法国将快速出动地面、海上和空中力量,作为后援部队投送到非洲国家,以支援法国驻当地军事存在和非洲国家军队。联合干预部队于1983年密特朗时期更名为"快速行动部队",使命也相应发生了变化:与法国在塞内加尔、科特迪瓦、加蓬和吉布提海军陆战队共同执行维和任务,以及遂行西欧的传统防御任务。

第三节 法国对非洲军事合作的主要内容

戴高乐时期法国对非军事合作主要分为两大类型:结构合作和行动合作。其中,结构合作相当于外交层面,行动合作对应着军事层面,两种合作相辅相成,体现了外交与军事的良好互动与配合,共同促进法国对外目标的实现。

---

① 贺文萍:《西方大国在非洲的新争夺》,《当代世界》2013年第4期,第23页。
② International Crisis Group, "République Centrafricaine: Anatomie d'un État fantôme", Rapport Afrique, No. 136, 13 décembre 2007, p. 7.
③ 1981—1985年让努·拉卡斯将军在密特朗政府时期曾担任法国三军总参谋长。
④ "Site Internet Etats – Major des Armées", Les Anciens Chefs d'état – major Depuis 1962, https://www.defense.gouv.fr/ema/chef – detat – major – armees/anciens – chefs – detat – major – 1962.

第一章 法国对非洲军事合作的形成（1958—1972年）

一、结构合作

非洲国家独立后，由于不具备国家治理方面的能力和经验，不得不求助法国。法国根据双方签署的防务协议军事技术援助协议，帮助非洲国家组建军队，主要表现在以下两个方面。

（一）帮助培训军队人员

在殖民地时期，为给未来非洲国家武装力量储备后备指挥人才，法国于1956年组建了法国海外领土军官培训学校[1]。非洲国家取得独立后，原先在法国殖民军队中服役的非洲军人，被重新改编到新的军队。然而，这满足不了非洲国家需要组建本国国民军队的愿望，这些国家既缺乏指挥管理人员，又缺乏装备，组建军队非常困难。法国因而发起"合理计划"，为非洲国家培训军事人员、提供武器装备，帮助非洲国家组建部队。

在帮助非洲国家组建军队方面，最重要的形式就是培训军队人员，特别是为非洲军队培训军官干部。1960—1972年，法国对非军官干部的培训主要在法国本土各级军事院校进行，共计培训9000名非洲军官。[2] 由于培训成本高昂，再加上法国不断在非洲国家开设培训院校，从1966—1972年，每年在法国本土接收的非洲军官干部总量基本持平，每年保持在900人左右。例如法国本土接收塞内加尔军队高级军官进行培训，从1960—1974年共有2000多名军官在法国受训。

（二）提供军事技术援助

军事技术合作是法国对非军事合作的重要内容。法国与非洲国家签署的军事合作协议规定了提供军事技术援助的两种形式：一是为非洲国家提供武器装备援助；二是出于装备维修保养的考虑，为非洲国家提供军事技术人员援助。

为解决新成立的非洲军队缺乏装备的难题，法国为这些军队提供了两种选择：免费赠予陆军装备与物资，有偿租借空军和海军的装备。例如，根据1960年6月22日法国与塞内加尔的双边防务协议，法国将免费为塞内加尔提供军事设备与装备，以帮助塞内加尔组建军队。

---

[1] Ecole de Formation des Officiers Ressortissants des Territoires d'ontre-mer (efortom).

[2] ALBERT Bourgi, "La Politique Française de Coopération en Afrique: Le cas du Sénégal", Librairie Générale de Droit et de Jurisprudence, Paris, 1979, pp. 189–199.

根据法国与非洲国家签署的军事协议，在得到非洲国家承诺只向法军提出更换和维护装备的情况下，法国可帮助其对装备进行保养和更换零部件。这就产生了法国对非洲的另一种军事技术援助形式，就是为非洲提供军事技术人员援助。这种援助有两种形式：一是选拔非洲军官到法国本土军事学校接受培训；二是法国派遣军事合作专员到非洲国家开展培训，军事合作专员必须遵守非洲国家的法律法规，隶属法军军事援助办公室。

然而，帮助非洲组建武装力量必定是一个缓慢的过程，短期内非洲国家并不具备独立应对本国安全挑战的能力。他们既缺乏训练有素、经验丰富的军事人员，又缺少相应的军事装备。因此，在国内出现武装冲突或发生外来侵犯时，一些国家往往只能向法国发出请求，要求法国出兵介入帮其"灭火"。出于保护法国在非侨民、维持其在非利益的考量，法国也乐于出手相助。

二、行动合作

这一时期，非洲国家军队建设尚处于起步阶段，远未达到实现自主防务与安全的水平。与此同时，有些国家内部不断发生武装冲突。为维护自身统治，各国往往根据法非双边协议，在本国发生外部入侵或内部秩序遭遇威胁之时，请求法国出兵干预。出于在非洲利益，特别是维持对非影响力的考虑，法国愿意遵守协议，并视情况出兵干预。对非洲的军事干预是法国对非军事合作最核心的组成部分，属于行动合作层面。巴斯卡尔·谢尼奥认为，法国对非洲的军事干预有四种类型：一是通过干预让亲法政权上台；二是通过干预破坏和摧毁军事政变；三是通过干预巩固亲法政权的执政地位；四是通过干预抵御外部侵略。[1] 综合来看，这一时期法国对非军事合作的行动层面主要包括以下两个阶段。

（一）初步尝试军事干预

1960—1964 年，新独立的非洲国家大多处于政治动荡时期，鉴于法国与很多国家都签署有防务协议，法国认为可以合法出兵干预非洲事务。这些干预行动多以平息部落纠纷引发的内乱为主，例如法国于 1960—1961 年对喀麦隆进行两次干预、1960—1962 年对刚果（布）实施两次干预、1960—1963 年对乍得实施干预。这种以恢复非洲国家内部稳定为目标的干预往往是渐进的。只有在警察部队和

---

[1] Chaigneau Pascal, "La Politique Militaire de la France en Afrique", Paris, Publications de CHEMS, 1996.

宪兵难以重建秩序和稳定时，非洲国家才要求本国武装力量接管。在特别紧急的情况下，驻扎在当地的法国军队才会介入危机进行干预，防止事态蔓延与升级。

法国还通过军事干预支持亲法总统上台或重新执政，例如 1963 年法国镇压了反对尼日尔总统哈马尼·迪奥里的力量并支持他上台，1964 年 2 月通过出兵干预让加蓬亲法总统莱昂·姆巴再次上台掌权。1972 年，法国与部分国家重签防务协议以后，废除了因恢复非洲国家内部政治稳定而进行军事干预的条款，此类行动相应变为间接形式。

（二）开始尝试兵力投送

法国对非开展军事干预，单凭法国在非洲的预部署力量是不够的，这就需要法国从本土投送兵力到非洲执行干预任务。法国对非洲的军事干预并不是一有突发事件就马上出兵，而是根据事件的紧急程度来决定。在发生重大威胁、国家间冲突或外部侵略行为时，法国会视情况从本土派出军队进行干预。从本土派出的兵力往往是作为法国在非洲当地军事存在的补充和加强力量使用的。也就是说，法国驻非部队是实施军事干预的第一梯队，负责帮助控制形势，防止其升级到无法控制的程度；从本土派出的部队是第二梯队，主要任务是运用精锐部队和先进武器装备，迅速平息事件，恢复和稳定当事国的局势。这对当时的法军来说是一种新做法，需要通过开展联合演习与训练来提高法军投送和作战能力。

开展联合演习也是法国对加蓬军事干预反思的结果。1964 年 2 月，加蓬亲法政权莱昂·姆巴总统被叛变军官绑架，法国随即派出伞兵并成功实施空降干预行动，迅速解决了危机，莱昂·姆巴重新掌权。尽管在这之前，法国也曾通过军事干预恢复亲法政权，例如 1962 年法军通过干预，成功挫败塞内加尔一起旨在推翻桑戈尔总统的叛变，这些干预都是法国驻非洲部队实施的。在加蓬的反叛乱干预行动中，法国第一次从本土投送伞兵参加对非军事干预行动。当时，与法军同时参加干预的部队还有塞内加尔达喀尔陆军航空兵七团的一个连、乍得拉米堡的一个参谋部和两个连以及布拉柴维尔陆军航空兵空降连。尽管干预行动成功救出了莱昂·姆巴总统，但不幸造成两名法国军人死亡。由此，法国意识到，从本土投送兵力与法国驻非洲部队以及非洲军队之间联合行动的能力有待提升，最重要的途径就是开展联合演习。为此，1965—1972 年，法军与非洲国家开展了三次大型联合演习活动，训练法军适应非洲作战环境的能力、快速干预的能力以及海空军协同作战能力等，以此不断提高法军的作战能力和水平。

表1-1 1965—1972年法国与非洲国家之间
开展的联合演习情况

演习时间	非洲国家	演习代号	演习科目
1965年	塞内加尔	水沟-VI	法军对非自然环境的适应能力
1967年	科特迪瓦，另有三个军事观察员国家：多哥、尼日尔和上沃尔特（今布基纳法索）	短吻鳄-III	军队的快速干预能力
1972年	—	燕鸥	干预部队的空中和海上力量，检验法军舰队两艘航母的作战能力

资料来源：笔者根据 Chaigneau Pascal, "La Politique Militaire de la France en Afrique", Paris, Publications de CHEMS, 1996, p.92 内容自制。

本章小结

戴高乐领导的法兰西第五共和国通过对非洲的军事合作基本维系了在非洲的影响力。法国顺应了非洲的独立诉求，将殖民统治变通为合作政策下对非洲的控制与主导，体现了戴高乐巧妙的外交艺术。军事合作政策奠定了法非新型关系的基础，形成了法国有别于其他大国的对非政策，奠定了法国在非洲的"例外主义"传统。在与非洲的军事合作中，法国不仅在法非双边军事关系中处于绝对主导地位，而且在涉非军事合作中一直发挥着引领和塑造作用。戴高乐对非洲的政策理念促使法国对非洲采取了积极、灵活的政策，戴高乐的欧洲观及其欧洲一体化构想使得法国更加离不开非洲。由于自身能力弱，非洲需要法国的支持与援助。事实证明，这一时期法国对非洲的军事行动援助是成功的。后戴高乐时期，法国历届总统都继承和延续了这些传统做法，不断推进法国大国梦想与追求，对法国有着深远的影响。

第二章　法国对非洲军事合作的发展
（1972—1994 年）

1972—1994 年，法国对非军事合作政策进行了第一次重大调整。1972 年，法国发布了法兰西第五共和国的第一部《国防白皮书》，其中决定调整其对非洲的军事合作政策。《国防白皮书》是在苏联加大对非洲的影响、法国退出北约一体化组织、欧洲防务合作重启和非洲要求二次独立的背景下出台的，目的在于确立戴高乐的核威慑理论，为未来的国防政策奠定参考性基础。[1]

进入 20 世纪 70 年代后，随着冷战形势的变化，特别是非洲形势的变化，法国与非洲之间的信任危机日益加深，非洲国家纷纷要求二次独立。这一时期，法国对非军事合作的调整主要表现在以下几个方面。一是修改并重新签署独立之初法国与非洲签署的军事合作协议，去除先前协议中争议较大的规定。二是加大对非洲的军事干预。出于防止非洲独立呼声高涨"惊扰"苏联和美国、保护非洲友好政权稳定、维护法国在非利益与影响力等考量，法国开始担负起"消防员"的角色，哪里有"火"灭哪里。为保证军事干预的效果，法国在这一时期加大了与非洲开展联合军事演习与演练的力度，这既锻炼了非洲军队，也提升了法军远程作战能力。

---

[1] 详情可参见：Patrice Buffotot, "Les Livres Blancs sur la Défense sous la Ve République", Paix et Sécurité Européenne et Internationale, Université Côte d'Azur 2015. halshs - 03155156。该论文认为，1972 年版法国《国防白皮书》并不是时任法国总统蓬皮杜的主意，而是时任法国国防部长德勃雷执意要发布的。笔者认为，这背后并没有特殊战略考量，更多地是从政治层面考虑。德勃雷希望在蓬皮杜即将下台、德斯坦即将上台之时，将戴高乐以弱制强的核威慑理论确立下来，防止以后历任总统企图改变该理论。

第一节　法国对非洲军事合作调整的背景

1972年《国防白皮书》的发布标志着一个新时代的到来。具体而言，新时代的出现主要表现在以下三个方面。

一、苏联扩大对非洲的军事影响力

苏联扩大对非洲的军事影响力迫使法国强化对非军事合作。1974年5月，德斯坦在总统大选获胜演讲中提到，法国外交政策的核心目标首先在于维护法国的独立地位。法国逐渐意识到苏联对非洲的军事影响正在威胁着法国对非洲国家行动的"自主性"和"独立性"。

许多在非洲和亚洲遭受过殖民统治的国家都预见到了苏联和西方国家之间即将到来的斗争，并在1955年万隆会议期间提出了不结盟原则。从20世纪50—70年代，新成立的不结盟国家在整个非洲不断增加。美国和苏联随之发动了代理人战争。当时，美国正忙于防止苏联对拉丁美洲等其他地区扩大军事影响力，无暇顾及非洲。美国认为，法国是唯一有能力且有意愿维护西方集团势力范围的欧洲强国。肯尼迪政府副国务卿乔治·鲍尔在其回忆录中曾提到，他承认非洲是"欧洲的特殊责任"，就像欧洲国家应该承认"我们（美国）在拉丁美洲的责任"一样。在这种背景下，法国不断强化其对非军事干预，也因此在不经意间充当了美西方在法语非洲地区的"宪兵"。

二、法国退出北约后欲借力非洲重启欧盟

法国历来重视欧洲在其世界大国地位中的作用。20世纪50年代，法国着力推动关乎欧洲防务的两个计划，即"普利文计划"①和"富歇计划"②，但均遭遇失败。1963年法德合作为法国推动欧洲一体化发挥了重要作用。1966年戴高乐决定退出北约，重启欧洲防

---

① 1950年10月24日，时任法国总理普利文在国民议会公布了一项计划，后被称为"普利文计划"，是法国倡导早期西欧一体化的计划之一，是法国二战后初期对欧政策的重要内容。当时，美国意欲重新武装联邦德国，法国视之为安全威胁，但迫于美国的强大，法国不敢贸然反对，便提出了"普利文计划"作为妥协办法。

② "富歇计划"是由法国政治活动家富歇提出的有关欧洲共同体设立欧洲政治联盟的设想，是戴高乐欧洲联合思想的具体表现，是戴高乐试图以此分裂和削弱欧洲共同体以实现国家间合作的一个政治安排。

务。在欧洲经济和政治一体化推进的过程中，欧洲国家逐渐意识到防务与安全一体化的重要性，并在多边相互妥协的基础上，于20世纪70年代中期签订了《赫尔辛基最后文件》，明确将各国人权与国家安全联系起来，这是欧盟一体化进程的关键一步。法国著名国际关系领域专家、巴黎政治学院教授莫里斯·瓦伊斯曾经在其论文《1973年的转折》中指出，1973年，国际局势开始从缓和走向新冷战。1973年4月23日，时任美国国家安全事务助理的基辛格指出美国可能要制定一部新的《大西洋宪章》，以平衡美国与欧洲之间的防务责任。[1] 由此，法国认为，美国应担负起全球使命，欧洲事务应交由欧洲人自己负责。法国认为1973年是"欧洲年"，欧洲九国一致提出，欧洲不在美苏之间选边站队。在这种背景下，1975年欧洲安全与合作组织成立，法国意欲逐步推进欧洲防务自主来实现本国的强大，而非洲则是法国在欧洲发挥更大作用的重要保障。

三、非洲自主安全意识提高，法国被迫回应

非洲新独立国家还没有完全从非殖民化斗争中解脱出来时，美苏两极对立格局就形成了。冷战期间，许多非洲国家与世界其他发展中国家一道加入不结盟运动，力图避免被卷入东西方冲突之中。尽管如此，由于非洲国家与法国继续保持着政治、经济、安全和文化等密切联系，这些新独立的非洲国家难于幸免，几乎全部被卷入两极对抗中。美苏两大阵营都试图通过直接或间接支持和干预非洲的冲突、政变和反政变，帮助相关国家建立对其友好的政权，以提升自身对另一阵营的优势。非洲迅速成为双方的必争之地。由此可见，冷战时期，非洲的地缘战略价值被大国竞争放大了。法国作为西方集团的一员，出于维护西方共同的目标，更出于自身国家安全利益的考量，凭借其强大的军事实力，在美国的授意下，承担起了保护非洲国家的"义务"和"责任"。在当时两极格局背景下，法国认为非洲大陆上任何风吹草动都可能会招致苏联影响力的渗透和扩大，因此对非洲采取了高频度、高强度的军事干预行动。很多研究表明，法国不仅充当了美国在法语非洲地区的"宪兵"，可能还趁美国无暇顾及非洲之机，通过军事合作政策进一步巩固其在非洲的地位和利益。

这一时期，很多非洲国家开始提出修改独立之初军事合作协议

---

[1] Maurice Vaisse, "Le Tournant de 1973", Revue Internationale et Stratégique, Armand Colin, 2013/3 No. 91, pp. 81 – 87.

的要求，希望增加附加条款以赢得些许自由与灵活，例如马达加斯加和法国于1973年6月4日签署了双边合作协议，后于同年10月26日和11月5日两次提出增加附加条款的要求。非洲一些政府间组织例如非洲统一组织（以下简称"非统"），也在不同场合多次表示反对一切形式的新殖民主义，虽然没有点名，但实际上暗指对法国的批评。因为独立之后，各国逐渐发现，法国仍然从各个领域控制着这些国家的经济命脉和政府机构。在军事上，与法国签署的防务与军事技术援助协议中的一些内容极大地限制了本国的自主权，侵犯了本国主权。1972年7月开始，尼日尔、多哥、毛里塔尼亚、马达加斯加、喀麦隆等先后要求法国修改或废除协议中损害其国家主权的内容，反映出非洲国家希望掌握自己命运的独立意识正在提高。对此，法国不得不做出回应。

长期以来，非洲国家与人民深知单个国家力量太过薄弱，必须加强团结，形成合力，通过集体努力解决非洲的防务与危机问题并最终摆脱新殖民主义的束缚。早在1963年，非统便应运而生，不久后便建立了一个泛非组织机构——调停、协调与仲裁防务委员会。尽管由于各成员国之间的立场不一，该机构未能取得成功，但集体求独立自主和集体求安全的理念已深入人心。此后，各国开始了一些尝试，在西非主要出现了两大机制：一是《互不侵犯与共同防御协议》。1972年成立的西非国家经济共同体（以下简称"西共体"），首要宗旨就在于构建西非次地区国家的经济命运共同体。此后，由于西非次地区国家多次发生冲突，其任务又扩展到防务领域。成员国自身能力有限是个不争的事实，但为了实现共同安全与防务，1977年6月9日，西共体成员国在阿比让签署《互不侵犯与共同防御协议》，该协议覆盖范围相对较小，只涉及7个国家，旨在构建次地区的集体安全。协议规定，各成员国有义务贡献一部分兵力用以建立一支西非地区共同干预部队，但没有明确规定共同干预部队在何种情形下实施干预。这是西非地区同盟体系的重要尝试，体现了各国依靠非洲自身的力量来实现自身安全的愿望。二是1978年4月22日，西共体在尼日利亚首都拉各斯签署了《西非互不侵犯议定书》。尽管如此，西非国家仍继续维持与法国的双边防务协议，并把法国当成各国对抗尼日利亚这一地区大国威胁的中流砥柱。有了法国，上述协议实际上就成为次地区的一个外交调停与联通机制。在此基础上，西非国家于1981年5月29日在塞拉利昂签署了《西非防务互助议定书》，除佛得角、马里和几内亚以外，西非13个国家都被囊括其中。两份议定书均有摆脱域外大国干预的目的。此外，

第二章　法国对非洲军事合作的发展（1972—1994年）

《西非防务互助议定书》还决定要组建一支共同体联盟武装部队，并于1982年增加了与内部安全部队共享警察与安全信息的附加安全议定书。①

与西非相比，中非的集体安全意识相对较弱。1983年10月18日，中部非洲国家经济共同体（以下简称"中共体"）成立，跟西共体一样，其初衷在于谋求经济发展，实现经济独立。这为中共体此后介入地区安全事务、融入全球化经济新秩序奠定了机构基础。中共体成员国中只有喀麦隆于1986年向非统提交了一份倡导增强中共体国家间信任、安全与发展的建议计划，后于1991年被联合国大会通过，并决定于1992年3月28日设立一个中部非洲安全问题常设协商委员会，该委员会于1993年9月3日在加蓬利伯维尔通过一项互不侵犯协议。② 跟非盟一样，西共体和中共体构建集体安全机制的努力也因缺乏必要资源而没能发挥实质性作用，这为联合国与域外大国介入非洲地区安全事务创造了条件，也为此后法国对非军事合作开始重视地区组织的作用埋下了伏笔。

第二节　法国对非洲军事合作的政策调整

1972年的《国防白皮书》彰显了法国防务理念的变化。考虑到当时战略环境的变化，法国于1972年发表了第一份国防战略全球声明，即《国防白皮书》。这是法国国防进程的一个里程碑，带有冷战时代的明显痕迹。《国防白皮书》强调法国对核威慑政策的看法。1959—1972年，法国实施核计划，成为拥核国家。戴高乐卸任后，法国政府认为有必要制定一套国家使用核武器的理论，这也是1972年版《国防白皮书》的核心所在。《国防白皮书》体现了法国的防务原则、目标、能力和手段，认为国防政策是保证法国持久民族独立的必要工具，其优先项包括维护法国领土及其国民的安全、参与

---

① Thibault Stéphène POSSIO, "Mémoire de Recherche La France et la Sécurité Collective en Afrique Subsaharienne: de l'interventionnisme Militaire Systématique au Renforcement des Capacités Africaines de Maintien de la Paix", Université Lumière Lyon 2, Anne 2002 – 2003, p. 30.

② Thibault Stéphène POSSIO, "Mémoire de Recherche La France et la Sécurité Collective en Afrique Subsaharienne: de l'interventionnisme Militaire Systématique au Renforcement des Capacités Africaines de Maintien de la Paix", Université Lumière Lyon 2, Anne 2002 – 2003, p. 33.

欧洲特别是西欧安全事务、关注地中海的前沿防务与安全以及遵守法国对法语非洲国家的承诺。这不仅反映了法国的欧洲雄心，也彰显了法国对非洲的重视，欧洲和非洲同为法国的外交重点。

这一时期，法国对非洲的军事合作的政策调整主要表现在两个方面：职能机构设置及军事部署。

一、重组军事合作职能机构

德斯坦政府废除了备受批评的、象征法国新殖民主义的非洲事务处，并于 1974 年 6 月 21 日安排象征法非特殊关系的"非洲先生"福卡尔退休。然而，事实证明这只是一种障眼法，福卡尔本人始终伴随法国总统左右，帮助总统处理非洲事务。[①] 与此同时，德斯坦任用福卡尔的得力助手勒内作为其首席非洲顾问，但提出运用更加灵活和积极主动的方式来处理与非洲的紧张关系，对法郎区的行政管理进行了改革与重组，在非洲事务决策中给予非洲更大的自主权。

为消解法非双边军事合作的负面影响，法国创建了新的多边机制，即法非首脑会议。冷战期间，法国利用其影响力和地位，宣称自己是"第三世界国家"的倡导者。1973 年，蓬皮杜总统创建了法非首脑会议，每两年在法国和非洲交替举行，后来几乎每年举行一次。起初，只有少数法语非洲国家领导人出席会议，后来范围不断扩大。法非首脑会议是法国对非新的多边安排，以此加强与非洲国家领导人在某些议题上的沟通和交流，加强彼此了解，为法国对非决策、对非新政策的实施，让法语非洲国家在联合国等国际组织为法国提供外交支持等方面进行外交游说与影响。蓬皮杜、德斯坦和密特朗都坚持这一政策并将其机制化。法非首脑会议解决了法非之间的很多深层矛盾和问题，从 1977 年 4 月 20—21 日的达喀尔峰会开始，法非首脑会议的中心议题日趋聚焦非洲安全问题，军事合作也是其中的一项重要内容。

二、调整军事部署

这一时期，法国在非洲的军事存在有所微调。首先表现在法国在非洲的军事技术援助人员逐步减少，其次表现在法军军事干预部队的职能发生了调整。在乍得，法国的军事技术援助人员化身为行动顾问，穿上乍得军服加入乍得政府军，去支持法军对乍得的军事

----

① ［法］多米尼克·马亚尔：《从历史角度看法国在非洲的军事存在》，《国际观察》2013 年第 3 期，第 51 页。

干预。1972年，大约有650名法国军事技术援助人员以军事行动顾问的方式在乍得军队服役，其中85%是军衔较低的士官。[1] 这种援助形式在1975年被叫停。1977年，法国驻乍得援助人员总数为300多人，其中66名是军官，仍在法国担任军事培训教员，并为乍得政府军提供武器装备援助。

但从1978年起，法国在非洲的军事合作形式开始发生变化。法国向乍得派出一支2000人的作战部队与一支配备有"美洲虎"战斗机的空军部队。在塞内加尔也不例外，法国逐步减少了驻塞军事技术援助人员。与此同时，法国在塞内加尔的军事存在也发生了一些调整。之前法军一般被分配到总参谋部或者军事培训中心，后来这些人员更多地被分派到技术岗位，如工兵、通信兵和后勤等，担负起军事顾问、教员和技术人员的职责。

第三节 法国对非洲军事合作的主要内容

非洲国家深知依靠本国的力量难以实现自身防务与安全，非洲地区联合求安全的意识逐渐增强。如上文所述，在法属西非和中非都出现了不同程度的地区联合防务与安全举措，法国不得不认真考虑其对非洲的军事合作政策。在非洲民族自主意识提升、担心新一代领导人因没有"非殖民化"记忆而失去对法国的依赖等多重因素的影响下，法国决定以法非双边军事合作为基础和跳板，重塑对非军事合作。按照1972年版《国防白皮书》的精神，法国在这一时期的对非军事合作以继续开展对非军事技术援助和频繁开展对非军事干预为主，调整主要体现在结构合作与行动合作两个方面。

一、结构合作

这一时期，法国在非洲军事合作中的结构合作主要表现在重签法非双边军事技术合作协议、继续援建非洲军队和对非军事装备援助。

---

[1] ALBERT Bourgi, "La Politique Française de Coopération en Afrique: Le cas du Sénégal", Librairie Générale de Droit et de Jurisprudence, Paris, 1979. Thibault Stéphène POSSIO, "Mémoire de Recherche La France et la Sécurité Collective en Afrique Subsaharienne: de l'interventionnisme Militaire Systématique au Renforcement des Capacités Africaines de Maintien de la Paix", Université Lumière Lyon 2, Anne 2002-2003, p.189.

(一) 重签法非双边军事技术合作协议

在非洲国家的强烈要求下,法国被迫重新审查独立之初与非洲国家签署的防务协议与军事技术合作协议。约翰·奇普曼认为,这引发了一场"影响重大的改革,法国或者直接废除了某些协议,或者进行了一些修改,失去了多个重要军事基地"。[①] 从数量上看,到 20 世纪 70 年代,跟法国签订防务协议的国家由 20 世纪 60 年代的 11 个国家减少到 1977 年的 5 个国家(加蓬、科特迪瓦、中非共和国、塞内加尔和多哥),1977 年和 1978 年又增加了两个,分别是吉布提(前法属索马里兰)和科摩罗。从内容上看,这些协议去掉了之前有关法国出兵干预以维持非洲国家内部秩序的条款,仅保留了出兵应对非洲国家外部侵略的表述。

从地理范围上看,与法国签署军事技术合作协议的国家也有变化。自 1970 年起,法国开始向其前殖民地范围外的非法语国家拓展影响力。法国分别于 1974 年 5 月 22 日与扎伊尔 [今刚果(金)]、1975 年 7 月 18 日与卢旺达、1994 年 2 月 25 日与布隆迪签署军事技术合作协议。1960 年只有 13 个非洲国家接受了法国的援助,到 1979 年非洲已经有了 26 个国家,而法国与其前殖民地之间的定期会议已经扩大到 24 个非洲国家。通过与相关国家签署军事技术合作协议,法国获得了军事干预相关国家的通行证。

从内容上看,这一时期签署的协议类别和内容较为丰富,只保留了与喀麦隆和塞内加尔的防务协议,其他国家大多为军事技术援助或合作的协议。从表 2 - 1 来看,军事技术合作的领域有所拓展,包括军事医疗、军事邮政、军事后勤等多个领域。此外,军事技术合作还涉及"幻影"战斗机这一高性能突击装备,凸显了法国对非军事合作的新特点,符合这一时期法国对非军事干预的新要求和新做法。

---

① J. Chipman, "Ve République et la Défense de l'Afrique", Paris, éd. Bosquet, Collection Politeia, 1986, pp. 7 - 10; Thibault Stéphène POSSIO, "Mémoire de Recherche La France et la Sécurité Collective en Afrique Subsaharienne: de l'interventionnisme Militaire Systématique au Renforcement des Capacités Africaines de Maintien de la Paix", Université Lumière Lyon 2, Anne 2002 - 2003, pp. 7 - 10.

第二章　法国对非洲军事合作的发展（1972—1994年）

表2-1　1972—1994年法国与非洲国家签署的军事合作协议

国家	协议名称	签署时间
贝宁	军事技术合作协议	1975年2月27日
布隆迪	关于布隆迪武装力量的扩充协议	1974年5月31日 1974年6月5日
	军事技术合作协议	1994年2月25日
喀麦隆	特殊防务协议（秘密）	1974年2月21日
	军事合作协议	1974年2月21日
	关于法国向喀麦隆武装力量提供后勤支持的条约	1974年2月21日
中非共和国	军事技术优先援助条约	1979年8月4日
刚果共和国	关于军队干部培训与刚果国民军武器装备的合作协议	1974年1月1日
科特迪瓦	关于武器装备合作的特殊协议	1978年1月26日
	关于飞行员培训合作的特殊协议	1980年3月19日
吉布提	关于确立军事合作原则的暂时性议定书	1977年6月27日
	关于确定军事技术合作相关的税费规定（信件往来）	1978年4月28日
	关于设立军事邮件办公室的条约	1979年9月3日签署，1985年2月12日再次修订
加蓬	关于"幻影"号空军人员培训的特殊协议	1980年2月1日
几内亚	军事技术合作协议	1985年3月9日
马达加斯加	关于军事事务与技术援助的条约	1973年6月4日签署，后于1973年10月26日和1973年11月5日进行了两次修订
	关于安塔那那利佛军事医院的条约	1978年12月29日
马里	军事技术合作协议	1985年5月6日
	关于确定军事技术合作相关的税费规定（信件往来）	1986年7月8日 1986年7月27日

续表

国家	协议名称	签署时间
赤道几内亚	军事技术合作协议	1985 年 4 月 7 日
毛里塔尼亚	军事技术合作协议	1986 年 4 月 27 日
	关于确定军事技术合作相关的税费规定（信件往来）	1986 年 9 月 21 日 1987 年 2 月 19 日
尼日尔	军事技术合作协议	1977 年 2 月 19 日
扎伊尔［今刚果（金）］	军事技术合作总协议	1974 年 5 月 22 日
卢旺达	军事航空合作特殊协议 航空领域的军事技术合作安排（后又增加三个补充协议） 关于开展陆军军事技术合作的安排	1976 年 7 月 9 日
	军事技术援助特殊协议	1975 年 7 月 18 日
塞内加尔	防务合作协议 关于优先提供陆海军三军、宪兵、民事和准军事部队（总统卫队和消防部队）培训后勤支持的协议 关于军事航天器飞行安全的议定书	1974 年 3 月 29 日
乍得	军事技术援助协议	1976 年 3 月 6 日签署，1976 年 6 月 16 日增加补充协议
	关于优先向武装部队提供后勤支持的规则和条件	1976 年 3 月 6 日
多哥	军事技术合作协议	1978 年 7 月 6 日

资料来源：Ministère des Affaires étrangères, François Lamy, Député, "Contrôler les opérations Extérieures", Paris, Assemblée Nationale, 2000 (rapport d'information No 2237, 11ᵉ législature)。笔者译。

（二）继续援建非洲军队

1972 年以后，法国继续援建非洲军队。这一时期，法国与非洲在人员培训方面的合作出现了一个明显变化，即法国继续在本土为非洲军官干部提供培训的同时，逐步增加在非洲当地培训人员的数量。1974 年，共有 170 名塞内加尔军官在法国军校受训。与此同时，在法国的帮助下，塞内加尔不断开设军事培训院校：圣路易初级军事学校、达喀尔军队医疗服务学校和宪兵培训学校，这些学校为塞内加尔军队培训的人数不断增加。

（三）对非洲的军事装备援助垄断出现松动

戴高乐时期，根据法国与非洲国家之间签署的协议，非洲可向第三方购买或租借军事装备援助，但有一个条件——法国必须保持对非特权地位，实际就是一种垄断行为。法国与非洲国家在20世纪60年代签署的防务协议中，明确规定无偿对非洲国家提供军事装备援助，以帮助非洲国家组建军队。作为"回报"，非洲国家后期军事装备的采购和维护必须要由法国承担。法军向非洲国家军队免费提供或供非洲军队有偿使用的军事装备，在经过十几年的使用后开始变得老旧，因此这一时期，非洲国家对这些陈旧装备更新换代的愿望开始显露。例如，尼日尔接受了德国关于培训尼日尔首个工兵部队的建议，1962年塞内加尔与美国签署了一项关于军事装备与服务援助的合作协议。尽管这些都招致了法国的不满，但是法国也只能顺势而为，不得不对20世纪60年代协议中的相关内容做出调整。

为了维持对非军事装备的实际控制权，法国被迫做出了两个改变：一是采用折中办法，将之前防务协议中的垄断式援助原则改为优先原则，即要求非洲国家在军事装备援助方面优先考虑法国，只有当法国无法满足非洲需求时才可向第三方求助。二是法国认为自己已经没有了殖民地时期对非洲的责任，而非洲国家仍然无止境地索取。法国要求非洲国家除了向法国政府采购装备以外，还可以通过法国政府向法国合作部下属的地方社会力量（如公司、军火商）购买装备。随着非洲对军事装备需求的增加，这意味着法国需要改变对非军事装备援助的方式。有些现代化军事装备是从法国本土运到非洲的，这些新军事装备需要技术售后服务，于是法国对非军事援助开始出现短期服务援助，主要以法国对非军事技术合作的形式实现，相关任务的规划和分配由法国合作部统筹管理。临时性外派技术人员的方式因有助于减轻法国的财政负担而开始受到法军的青睐，并日益成为法国的首选方式。

二、行动合作

在行动合作方面，法国与非洲国家频繁开展联合演习与联合训练，以提高法军在海外的作战能力并达到训练非洲军队的目的，在此基础上，法国频繁对非进行军事干预行动。

（一）频繁开展联演联训

从20世纪50年代开始，法国就着力开展与非洲国家之间的联合演习。非洲国家取得政治独立以后，法国主要依托其海军力量维持其在非影响力。20世纪70年代，法军在非洲的军事力量运用理念发生了一些变化，对于开展陆海空三军联合行动的需求与日俱增。联合演习与联合训练的主要目的在于定期检验法国对外军事干预的能力和水平，查缺补漏，不断提升法军在非洲的实战能力。具体而言，法国通过组织与非洲国家的军事演习来检验法国驻非部队的训练情况，检验法国国内直接干预部队的行动能力，考察法军远程兵力投送中的运输、组织与后勤保障等问题。从表2-2来看，法国与非洲国家之间的演习注重强调空军与海军力量的运用，强调其协同能力。运用空中力量进行对非干预是这一时期的一大突出特点，空降兵、伞兵等力量机动性强，能够实现快速干预，快速压制敌人的目的，备受法国青睐。帕斯卡尔·谢尼奥认为，法非联合军事演习代表着"法非军事合作的最高水平"。[1] 通过与非洲国家组织联合演习与联合训练，法军的军事力量运用理念能够不断付诸实践并加以完善，法军的对外行动能力也不断提升。法非关系这一得天独厚的优势使得"法国逐渐成为有能力对非洲进行军事干预的第一个西方国家"。[2]

表2-2　1974—1978年法国与非洲国家之间开展的联合演习

演习时间	非洲国家	演习代号	演习科目
1974年	加蓬	赤道	检验反游击队的部署情况
1975年	科特迪瓦	不详	检验法军陆海空三军跨军种联合作战的水平
1976年	塞内加尔	迪昂布尔	检验法军陆海空三军跨军种联合作战的水平
1976年	科特迪瓦	阿比让	检验法军与科特迪瓦军之间的协同作战能力以及两军参谋部间的沟通协调能力
1977年	扎伊尔〔今刚果（金）〕	实战演习	检验法军的空中后勤支援能力

---

[1] Chaigneau Pascal, "La Politique Militaire de la France en Afrique", Publications de CHEMS, Paris, 1996, p.92.

[2] Chaigneau Pascal, "La Politique Militaire de la France en Afrique", Publications de CHEMS, Paris, 1996, p.92.

续表

演习时间	非洲国家	演习代号	演习科目
1977 年	不详	科摩让	训练第 11 空降兵部队的作战能力
1978 年	科特迪瓦	白邦达玛	检验快速空降干预的标准化水平

资料来源：笔者根据 Chaigneau Pascal, "La Politique Militaire de la France en Afrique", Publications de CHEMS, Paris, 1996, p. 92 内容自制。

（二）频繁进行军事干预

开展联合演习为军事干预做准备，频繁的联合演习是为频繁地军事干预做准备。这一时期，法国对非军事合作调整的显著特点在于军事干预次数的增加和频度的提高，或依靠自身军事力量进行单边干预，或借助盟友力量进行联合干预。由于干预频度较戴高乐时期大大提高，有时候对某一个国家可能需要持续干预（例如乍得），为此，从 1977 年开始，法国习惯给每次对非军事行动都取个代号。这一时期军事干预的目的既有延续性，即帮助非洲友好政权抵御外来侵略、平定叛乱和恢复国内政局稳定，又有新特点，即帮助欧洲国家从非洲动乱国家撤侨，后者为冷战结束后的对非军事干预行动提供了新思路。

1. 依靠自身军事力量进行单边军事干预

一是帮助非洲国家应对外来入侵。法国两次对扎伊尔［今刚果（金）］进行军事干预。1977 年，安哥拉反叛武装入侵扎伊尔［今刚果（金）］矿产资源丰富的沙巴省（前加丹加），法国出兵将其赶出该省。二是撤侨行动。1978 年 5 月，扎伊尔［今刚果（金）］发生武装叛乱，法国发起的"金枪鱼"行动中，法外籍军团伞兵空降科尔维兹市，救出了 2000 名欧洲侨民。有人认为，这次军事干预取得了三重成功：维护了法国的国际地位，尤其是法国相对其欧洲盟友的地位；挽救了蒙博托总统的政权；维护了法国的经济和政治利益。

冷战期间，法国对非洲的军事干预由少及多，特别是 1972 年以后，随着法国国防政策强调军队的威慑作用，法国对非洲的军事干预日渐频繁。1972—1992 年，法国对非进行了 14 次干预行动，近乎"系统性干预",[1] 频频使用空中打击力量进行干预外交，这一时期

---

[1] Victor – Manuel Vallin, "France as the Gendarme of Africa, 1960 – 2014", Political Science Quarterly, Vol. 130, No. 1, 2015, p. 84.

的外交政策也因此被冠以"捷豹外交"①的称号,即通过使用空降兵等突击性强的军事力量,速战速决,快速消灭敌人,达成行动目标。其间,最有名的军事干预行动是1978—1986年法国对乍得的三次军事干预行动,即1978年的"鳕鱼"行动、1983年的"魔鬼鱼"行动②和1986年的"食雀鹰"行动。此外还有1978年法国在扎伊尔[今刚果(金)]的"金枪鱼"行动和1979年法国在中非共和国的"梭子鱼"行动。关于1972—1990年法国对非洲国家的高强度干预,法国军界和学界都进行了研究和考察。法军军事力量理论中心在2015年9月发表的题为《法国在非洲50年军事行动(1964—2014)》的报告中,对这一时期的军事干预行动进行了反思。报告认为,这是法国政治史上一个非常特殊的时期,法军实施了有限作战行动,目标在于速战速决、直接消灭敌人。

2. 依靠盟友军事力量进行联合干预

法国逐渐意识到其干预部队存在一些不尽如人意的地方。一是法国外籍军团官兵的投送必须依靠美国运输机才能实现;二是由于苏联当时通过阿尔及利亚、利比亚或安哥拉向非洲游击队提供重型武器,法军认为可能会因此遭受重大损失。为此,法国必须做出政策性调整。

第一,努力让美国间接参与其对非军事干预行动。当时,法国在远程兵力投送方面确实能力不足,短时间内难补短板,唯有求助于美国。在美苏对抗不断升级的背景下,美国事实上也希望倚重法国,主要原因有两个。其一,面对苏联在非洲和印度洋不断拓展影响力的情况下,美军具有与法军合作开展联合行动的现实需求:在"非洲之角",驻索马里美军需要驻吉布提法军的支持;在印度洋执行任务的美军舰船需要法国驻马约特和留尼旺海军的援助。其二,美国逐步认识到,在西方大国中,只有法国总统能够在对外事务中拥有自由决策权,这使得必要时美国能够依靠法国的快速干预达成自身目标。出于以上考量,美国为法军提供政治、经济和后勤支持,既可以避免自己卷入其影响力并不深的法语非洲地区而难以自拔,又可以不用付出太多代价即可维护美国在非利益。这是一个一举两得、事半功倍的做法。

第二,法国开始向扎伊尔[今刚果(金)]提供军事技术援助,

---

① Victor - Manuel Vallin, "France as the Gendarme of Africa, 1960 - 2014", Political Science Quarterly, Vol. 130, No. 1, 2015, p. 84.

② 也有人将其音译为"曼塔"行动。

特别是派出军事顾问对扎伊尔[今刚果(金)]空军、坦克部队和伞兵进行培训。1972年以来,法国对非洲的军事干预也出现了一些新的变化。经过法国十几年的培训与发展,非洲国家武装力量也具备了一些军事行动能力,在发生低强度的外部侵略时,非洲国家可以在法国的支持下独立应对。这催生了法国对非军事干预的新做法,即在非洲国家向法国提出后勤援助需求的情况下,法国可为非洲军队提供武器装备,从法国本土投送兵力和物资到非洲国家。此类防务与合作援助计划可由防务委员会制定,但多数情况下,这是由法非两国领导人在法非首脑会议期间直接敲定的。尽管如此,法国仍然坚持认为,在非洲国家的法国侨民安全必须由法国来保护,这也为法国直接出兵干预非洲提供了依据和借口。

本章小结

在美苏对抗从缓和再次走向紧张的转型期,法国回应了非洲第二次独立浪潮,对法非军事合作进行了调整。在军事技术合作方面,法国继续对新独立非洲国家军队进行培训,目的在于按照法军模式培训非洲武装力量,为将来法国从非洲撤军后仍然对非发挥影响力,特别是与非洲军队协同作战做准备。在对非军事干预方面,法国表面上停止了对非内乱的干预,保留了非洲发生外部入侵时法国可应邀对非开展干预的做法。然而,随着冷战的结束,国际格局的变化势必会影响法国对非军事政策,法国将被迫做出新的调整。

随着非洲国家自主意识的不断增强,法国在非洲的直接军事干预开始收敛,主要表现在以下几个方面:一是法国在直接出兵干预方面的决策开始变得谨慎;二是法国日益重视对非洲的军事培训和军事技术援助等间接干预方式;三是法国开始试着探索与欧洲国家在非洲的合作,转移外界对法国单方面干预非洲的批评;四是法国在非军事存在也开始有意低调,开始减少以往穿着法军制服在非洲军队服役的旧做法。

第三章 法国对非洲军事合作的改革尝试(1994—2008年)

冷战结束后，西方的战略家们认为，国际战略形势已经发生了重大变化，美国一家独大，华约对西欧的军事威胁不复存在。1991年11月7—8日在罗马召开的北约峰会提出北约的新使命是为维和行动投送兵力。在这种背景下，法国根据已变化了的国际格局，适时调整了其外交和防务政策。1994年法国发布法兰西第五共和国时期第二部《国防白皮书》，标志着法国对非军事合作新时代的到来。

这一时期属于法国对非军事合作的转型期，是法国从单边到多边的尝试、试验和构建阶段。冷战期间法国对非军事合作的做法在后冷战时期难以为继。联合国在国际事务中的作用上升，各国对外军事政策必须符合《联合国宪章》和国际法的规定，否则，肆意武装干涉他国事务会让当事国付出难以弥补的政治成本。这让法国对非军事合作陷入两难，"不干涉、不漠视"的对非军事政策就是证明。然而，这一政策再加上法美两国在非洲影响力的博弈间接导致了卢旺达大屠杀的悲剧，法国的国际形象大大受损，改革其对非军事合作政策，扭转国际社会对法国的批判，恢复法国在非洲和全球的影响力成为法国的当务之急。法国开始重视联合国有关开展维和行动的呼吁，试图以此为契机改革其对非军事合作。

1994—2008年，法国对非军事合作的调整既是法国力求摆脱国内外对法国新殖民主义批判做出的反应，也是法国推动欧盟共同外交与防务的踏板。这一时期，美国一超独大，对法国在非洲和欧洲的利益均构成威胁。特别是在非洲，法国视之为其在非利益的最大威胁。因此，在调整对非政策的过程中，法国既要回应非洲再次要求独立自主的第三次浪潮，又要应对美国重返非洲带来的压力。法国唯有顺应非洲国家独立自主的呼声（"非洲化"），且拉拢欧洲加入非洲安全事务（"欧洲化""多边化"），才能继续保持对非洲的影响力，提升在欧洲的领导力，进而提升在国际社会的影响力，最终实现法国的大国地位。这一时期的调整仍是法国为实现本国战略目标的策略性调整，是对戴高乐对非军事合作理念的继承和发展。

第一节　法国对非洲军事合作调整的背景

从"非殖民化"时期到20世纪90年代中期，法国与非洲国家保持着特殊关系。冷战期间，非洲国家的防务与安全基本是依附于法国以及相关西方国家来实现。法国的外交理念，即法国本土—欧洲—法国周边国家或依附国，借助与军事同盟国家和战略基地以及法国本土与海外的预部署来实现。随着冷战结束，来自苏联的威胁不复存在，这使得法国面临的国际地缘政治与地缘战略环境发生了一系列变化，驱使法国对其军事与外交架构进行调整和重组。在探索对非新军事政策的过程中，法国进行了一些尝试，先是时任法国总统密特朗在拉博勒会议上将援助与民主挂钩，后在看到非洲发生内乱以至于国内形势几乎失控时，法国又适时放弃了其对非洲提出的一些条件，转而提出将对非援助与加入国际货币基金组织和世界银行相关联。这些探索直到1998年才逐渐清晰起来。

一、非洲国际关系格局转变

冷战结束后，国际格局发生了重大变化，法国对非传统军事合作方式与新的国际环境格格不入。冷战期间，法国作为北约的成员国和美国的重要盟友，在防范和阻止苏联一方在非洲扩大影响力发挥了不可替代的作用。很多研究表明，这并不是完全的"利他主义"，法国更多地是在加强其在非洲地区的控制力和影响力，主要工具就是基于双边军事合作和防务协议，频繁对非洲实施单边主义干预行动。冷战结束后，美国一超独霸的国际地位赋予了它可以出于国家利益在世界任何地方实施军事干预的特权，特别是当美国发现其在非洲影响力相对下降的时候，决定重返非洲，这成为冷战结束后初期影响非洲国际格局变化的重要因素。非洲地区不再是法国一家独大，美国重返非洲对法国在非利益构成重大威胁与挑战。

非洲的国际关系格局在很大程度上是由安全问题塑造的。有学者认为，"从内部看，安全取代经济成为非洲地区区域合作与一体化的主要动力。从外部看，安全成为非洲国际关系的焦点"。[①] 非洲的

[①] Olamail Iamail, Elisabeth Skons, "Security Activities of External Actors in Africa", SIPRI, Oxford University Press, 2014.

安全问题为域外大国提供了援助和干预的机会。冷战的结束改变了非洲对于域外大国的地缘战略价值和地位。如果说冷战期间超级大国之间的竞争"暂时放大了非洲的地缘战略价值",那么冷战结束后的前十年,非洲的战略价值近乎直线下降。然而,这种战略性忽视并没有持续太长时间。包括法语非洲国家在内的非洲多国都爆发了武装冲突,为域外大国介入和干预提供了口实。

针对上述变化,法国认为,如果想继续维持在非洲的影响力和地位,就必须要在非洲的大国博弈中胜出一筹。但靠法国一己之力,难以与美国抗衡,必须要联合欧洲,通过形成统一的欧洲对外政策,并将法非关系拓展为欧非关系,才能在美法涉非博弈中站稳脚跟。

二、联合国地位日益上升

法国与非洲国家的各种合作协议历来是法国认为的合法性基础,然而,这种合法性基础在冷战后却不断受到质疑和诟病。随着冷战的结束,联合国在实现国际安全事务中的作用逐渐恢复和上升,法国直接粗暴地军事干预非洲的旧做法失去了其国际合法性。为回应国际社会关于法国在非洲实行新殖民主义的批判,法国认为,如果想继续维持在非洲的影响力和地位,就必须要为其军事工具赋予新的外交职能和塑造新的合法性来源。1991年美国发动海湾战争时要求获得联合国安理会的批准,这标志着一个新干预时代的到来。从此,其他西方大国企图通过军事干预他国以追求其单方面定义的战略利益,都将被视为不合法、不符合国际规范的行为。这为法国探索对非军事新政策打开了新思路。

随着联合国地位和作用的逐渐恢复,通过维和实现非洲和平与安全日益成为国际社会所认可的主流做法。非洲成为联合国维和行动最集中的区域,这一方面与非洲因内乱导致的动荡与不稳定局势有关,另一方面也与法国从中积极运作不无关系。联合国维和特派团往往需要非洲国家和世界大国贡献维和人员,这对于因非洲政策陷入困境而迷茫的法国来说,无异于"上帝打开的一扇窗户"。

联合国在非洲的维和行动都是在多边框架下开展和实施的,由于人力、物力和财力等多种因素的限制,对非维和行动决议往往难以根据事情的是非曲直来决定,这就给那些资源和能力贡献相对较大的国家提供了可乘之机。法国通过合理运筹其在联合国等多边组织的外交资源,在获得联合国安理会对法国所主张的非洲维和项目授权方面多次取得成功。而这些维和行动由于得到了联合国安理会的授权,也因此披上了合法的外衣,从而在很大程度上减少了以往的单边主义干预所带来的批评和国内外舆论压力。

力求获取联合国安理会的授权成为法国外交优先项之一。客观上，法国在国际上发挥大国影响力的主要依托是其联合国安理会五大常任理事国的地位。主观上，法国通过在联合国等国际组织的关键岗位安排法国外交人员，部署外交人脉网络，并以此为媒介开展多边外交，辅以游说等运作手段，不仅在联合国内部宣传和实现了其外交理念和主张，而且实现了法国所需要获取的联合国安理会授权等目标，成功维护了国家利益。

三、欧盟共同安全与防务政策重启

实现欧盟共同安全与防务历来是法国大国战略的重要组成部分，是二战结束以来法国历届政府孜孜以求的宏伟目标。冷战初期，为对抗苏联，1949年大西洋联盟成立，之后，欧洲的集体安全与军事规划都交由联盟负责，欧洲各国被迫与美国保持密切关系，并依赖美国在欧洲的军事存在来实现本国安全。1952年，法国提议建立欧洲防务共同体，但因法国议会选举未能通过而夭折。在之后近50年的漫长历史中，尽管法国付出了很多外交努力，但其欧盟防务自主观却一直未能被欧盟其他国家所接受。冷战结束后欧洲一体化的发展让法国重新燃起了希望。

冷战结束后，美国对非洲的关注上升，特别是"9·11"事件后美国开始推行全球反恐战略，一些法语非洲国家日益走入美国的视野。在此背景下，法国谋求欧盟战略自主的意愿明显增强，希望推进欧盟共同外交与安全。为此，法国开始着手推动欧洲国家，特别是在非洲有殖民经历的英国、德国、比利时等国介入非洲安全事务，将法非双边合作拓展为欧非多边军事合作。法国等到了欧洲一体化重启的宝贵契机。

1991年12月，欧洲十二国国家元首和政府首脑在马斯特里赫特举行会议并签署《马斯特里赫特条约》（也称《欧洲联盟条约》），标志着欧洲一体化建设进程向前迈进了一大步。根据该条约，欧盟共同外交与安全政策将涵盖所有领域。1992年5月22日，法国总统密特朗同德国总理科尔决定在法国拉罗谢尔小城建立一支"欧洲军团"，商定该军团将由一个法国师、一个德国师和一个法德混合旅组成。"欧洲军团"的主要任务是执行集体自卫任务、维持或恢复和平、危机管理，以及人道主义行动，计划在1995年10月1日之前开始投入运行。它被视为建立欧洲军队的第一步，也是欧洲实现共同安全与防务的开端。

《马斯特里赫特条约》为欧盟共同外交与安全奠定了坚实基础，标志着欧盟国家密切加强防务合作新时代的开启。1998年12月4日，在法国担任轮值主席国期间，在其倡议下，法国与英国在圣马洛召开峰会，决定建立"防务的欧洲"。圣马洛峰会是一个具有里程碑意义的事件，标志着欧盟开始作为一个致力于推动共同安全与防务的"战略性军事行为体"。[1] 从此，欧盟共同安全与防务加速推进。1999年欧盟在克隆召开欧盟理事会，决定制定欧盟共同安全与防务政策。法国战略基金会主席卡米尔·格朗通过研究发现，1999—2002年欧盟基于危机管理设立了一些基本职能机构，并于2003—2008年在欧盟共同安全与防务政策框架下实施了一些多样化民事行动、军民联合行动和军事行动，从此，欧盟成为一个名副其实的危机管理行为体。[2]

　　冷战结束后，法国日益希望将欧盟纳入其对非军事合作框架内，加紧推动欧洲一体化，政策重心开始转向欧洲。法国认为，欧盟成为继联合国之后在政治和安全领域最重要的多边政府间组织之一，不仅可以为非洲的和平与安全行动提供人力、物力、财力支持，还可以为欧洲国家介入非洲事务提供合法性来源。为此，法国决定利用和根据马斯特里赫特会议精神加紧推进欧盟防务一体化，为欧盟加大对非军事介入创造条件，从而减少法国在非军事合作的阻力，并让欧盟国家帮助法国分担其在非洲的财政和政治负担。与此同时，非洲在法国外交中的优势地位开始下降。法国国会议员贝特朗·卡泽诺夫提交的报告印证了这一点。在提到法国对外政策的优先项时，他指出"法国已决定将中欧、东欧和巴尔干地区作为其对外军事合作的优先项，并决定随着非洲人自主行动能力的提高，法国将逐步减少对非洲的军事合作"。[3]

　　随着非洲地区的动荡与不稳定之势愈演愈烈，法国难以独立应对，越来越希望将欧盟国家纳入其对非政策框架。这一点得到了盖

---

[1] Camille Grand, "L'Europe de la Défense au Sommet de Saint Malo à la Présidence Française de l'Union Européenne: la Naissance d'un Acteur Stratégique", Questions d'Europe, No. 122, Fondation Robert Schuman, le 22 Décembre 2009.

[2] Camille Grand, "L'Europe de la Défense au Sommet de Saint Malo à la Présidence Française de l'Union Européenne: la Naissance d'un Acteur Stratégique", Questions d'Europe, No. 122, Fondation Robert Schuman, le 22 Décembre 2009.

[3] Rapport d'Information No. 3394 sur la Réforme de la Coopération Militaire, Présenté par le Député Bertrand Cazeneuve, Enregistré à la Présidence de l'Assemblée Nationale le 20 Novembre 2001.

耶将军的证实,他认为,"当前,法非军事合作的发展受两个因素的影响,一个是法国对欧洲地缘政治的关切,另一个是非洲对集体安全的期待"。[1] 在这种背景下,法国开始考虑统筹规划其欧洲和非洲政策,欧盟一体化的发展为法国重启外交的欧盟共同安全与防务政策提供了契机,而一旦这一政策顺利落实,法国就可以借力欧盟改革其对非洲的军事合作。

四、非洲集体安全意识日益增强

随着冷战的结束,国际局势得以"解冻",原先被两极对抗阴霾笼罩下的非洲国内民族主义与各种危机冲突犹如挣脱"潘多拉魔盒"般大量涌现,法国继续履行与非洲的防务协议承诺,继续使用军事手段来防止冲突的蔓延与升级。然而,非洲自身也发生了一些变化,迫使法国重新考量其对非军事合作政策。一是非洲政权的代际转换动摇了法非特殊关系的基础,非洲新一代领导人的独立意识进一步增强,要求结束法国对非洲的做法。学术界普遍认为,1994年科特迪瓦亲法总统博瓦尼的去世标志着法非特殊关系开始走向衰落,预示着法非共同体开始崩塌。新一代国家领导人的民族独立与解放意识日益增强,要求实现"非洲问题非洲解决"的呼声日渐高涨。非洲国家希望通过建设本国的武装力量,提高自主防务能力,实现国家安全。

二是非洲地区和次地区的集体安全意识增强,希望地区国家通力合作,实现自主防务与安全。非统和西共体等非洲地区和次地区组织,对安全问题的自主意识不断增强,提出要建立一支由非洲国家武装力量组成的待命部队来实现地区集体安全的意愿和想法。2002年,非盟取代非统,继承了非统的泛非主义,开始致力于解决非洲面临的安全挑战,非洲和平与安全架构应运而生,成为非洲大陆在安全领域优先选择的一个行动框架。非盟的目标在于促进整个非洲大陆的一体化,然而,非洲国家却"更倾向于本国所在的次地区经济共同体,认为它们在冲突管理中更加可靠和有效"。[2] 非盟和

---

[1] Général Babacar Gaye, "Sécurité et défense en Afrique Subsaharienne: Quel Partenariat avec Europe?", La Revue Internationale et Stratégique, IRIS Editions, Paris, No. 49, Printemps 2003, p. 19.

[2] Paul Chichlo et Laure Henicz, "La Force Africaine en Attente: Un Outil Adapté Aux Enjeux Sécuritaires Africains?", Paris, École Militaire – 26 et 27 avril 2012, p. 1.

平与安全理事会遂提出组建非洲待命部队，供五个次地区组织①在各自区域自主管理地区冲突。

非盟在大陆层面缺乏领导力，次地区组织不予以积极配合，再加上人力和财力方面的短缺，非盟的和平与安全雄心困难重重。法国及时捕捉到了这些信号，并表示愿意做出适应性调整，坚持在不违背非洲意愿的情况对非采取行动。

五、对卢旺达军事干预失败的反思

在本阶段法国政策调整之前，从密特朗第二任期（1988—1995年）开始，法国已经开始酝酿对非军事合作的改革。这一时期属于国际格局由旧及新的过渡时期，充满新旧体系的交织和碰撞，法国深知其调整对非军事政策的必要性。

冷战结束后初期，新格局的出现尚不足以完全推翻以往的军事政策，冷战期间的对非军事政策没有被完全放弃，法国对非洲的单边干预依然时有发生。这一时期法国对非军事干预政策有所收敛，既不干涉、也不漠视的过渡性做法印证了这一点。很多学者认为，1994年法国对非"不干涉、不漠视"的政策是导致卢旺达大屠杀悲剧的主要原因，法国因而招致了国际社会的强烈谴责，这大大损害了法国的国际形象和影响力。学界往往将法国在卢旺达的军事与外交失败作为法国对非军事政策的分水岭。卢旺达大屠杀悲剧成为法国的心结和噩梦，此后很长一段时间里，法国一直在思考和探索对非军事合作新政策，开始重视其在非洲军事干预的合法性问题，正视法国在非洲影响力下降的困境。法国认为，新政策既要减少单边主义干预，防止产生过高的政治成本和代价，又要符合法国对非洲的外交战略目标，即维护法国在非洲的影响力，提升法国世界大国地位。在多种因素的共同作用下，法国对非军事合作改革势在必行。唯有通过改革，法国才能维持其在非洲的影响力，继续追求其世界大国地位。

---

① 即西共体、中共体、南部非洲发展共同体、政府间发展组织和阿拉伯马格里布联盟。

第二节　法国对非洲军事合作的政策调整

法国自冷战结束后即开始着手酝酿法非特殊关系改革办法，主要表现在政治层面、发展援助层面、对非货币政策以及对非军事政策四个方面。在政治层面上，法国开始清理象征着法非特殊关系的私人关系网络，实现对非外交的正常化。在发展援助层面上，一是附加政治条件发生了两次变化。1990年在拉博勒举行的法非首脑会议上，密特朗总统提议要把发展援助与民主化挂钩。1993年，法国总理爱德华·巴拉迪尔又提出"阿比让原则"，将发展援助与加入世界银行和国际货币基金组织挂钩。二是1998年法国改革合作政策，建立了"优先团结区"，提出法国要根据受援国的贫困程度，而不是受援国与法国的历史联系来决定是否提供发展援助。三是欧盟在法国发展合作政策中的作用日益上升，法国的发展援助越来越多地通过欧洲发展基金提供。四是国际非政府组织在法国对非援助中的作用也开始上升。这些举措都弱化了法国对非援助的政治动机，减小了法国对非政策方面的舆论压力。在对非货币政策上，1994年法国决定将非洲法郎贬值，货币政策的这一变化大大降低了法国汇率安排的成本。在对非军事政策上，卢旺达大屠杀悲剧严重损害了法国的国家形象及其作为非洲"宪兵"的信誉，在法国国内外招致严厉指责与批评。法国被迫认真考虑其对非洲的军事合作政策，开始考虑减少其在非军事存在，避免直接单边干预，转而开始探索对非多边合作模式，特别是重视和强调对非洲国家、次地区和地区武装力量的培训和支持等间接办法。法国也开始重新审视对非洲的军事合作的合法性问题。法国认为，相比单边干预，依赖非盟、欧盟或联合国等多边组织争取国际社会对法国在非军事行动的支持，是追求合法性的重要途径。此外，法国还设法将其他国家引入其对非合作机制，以实现法国对非行动的"多国化"和"非洲化"。

一、转变军事合作理念

这一时期，法国对非军事合作理念发生了一些变化，分别体现在外交和军事两个层面。具体而言，法国主要依托两大机制实现对非军事合作的转型。在对非军事合作的结构合作层面，即外交层面，法国创设了一批非洲地区学校，将原先主打对非单个国家的军事培训逐渐转型为以实现地区集体安全为目标的军事培训，以提升法国与地区国家的联合军事行动能力，使之能够以共同作战理念行动，更好地实现协同作战。在对非军事合作的行动合作层面，即军事层面，法国提出"加强非洲维和能力计划"，将联合国、非洲地区和次地区组织、欧盟等多边组织纳入法国对非军事行动合作框架，并力求保持法国在行动中的"框架国"地位，即谋求法国在行动中的主导权。

（一）外交理念的变化

在外交层面，法国决定实现四个转变。

一是将法国对非军事合作纳入联合国框架。两极对立的结束改变了法国的某些认知，例如：非洲不再是法国的战略关切，而更多的是法国的国际责任；法国应重新思考法非双边防务协议在促进非洲大陆稳定方面的地位和作用。为此，法国将充分发挥其作为联合国安理会常任理事国的作用，在联合国安理会中促成符合法国利益的对非维持和平行动。对此，1994年版《国防白皮书》中指出，法国武装力量应该做好准备，通过军事合作与发展援助来防止冲突，并保持预部署力量；法军应致力于争取技术、战术和理论上的优势，以承担除保卫国家领土、领空、领海以外的更广泛的任务，包括参加国际维和行动以及多国高强度联合行动。

二是法国对非军事合作迎合非洲自主安全意识，实现"非洲化"。20世纪90年代初，法国洞察到非洲大陆自主意识的增强，整个大陆都表现出希望加强自主管理危机的能力。法国决定迎合非洲的自主意识，特别是在对卢旺达干预失败，法国受到国际社会的猛烈批判，国家形象受到极大损害之后，法国更应如此。在这种情况下，法国在欧盟发起了一项旨在帮助非洲加强自身危机干预能力的倡议：帮助非统构建冲突防范、管理和解决机制，法国率先拿出100万法郎资助非统；帮助次地区在组建联合国维和力量中作出贡献。[1]然而，法国认为，当时的非洲并没有足够的能力开展自主危机干预，法国无意以非洲动荡为代价从非洲撤军，这意味着法国仍将在非洲保留军事存在和军事干预。

三是将法国对非军事合作纳入欧盟框架，实现"欧洲化"。欧洲在法国国防战略的地位上升，为法国对非军事合作的"欧洲化"埋下了伏笔。1994年版《国防白皮书》中认为，"欧盟条约的签署将法国国防政策与欧盟共同安全与防务目标联系在一起"，"法国的世

---

[1] Louis Balmond, "Les Interventions Militaires Françaises en Afrique", Editions ADK. PEDONE, Paris, 1998, p. 40.

第三章　法国对非洲军事合作的改革尝试（1994—2008年）

界地位将在很大程度上取决于法国对欧洲建设与发展方面的影响力，即法国在欧洲大陆上的强大地位以及法国代表欧洲在世界说话的分量"，"法国在国际上的作用将最终取决于法国在欧洲影响力政策的成败"，为此，"法国国防政策一方面重视欧洲自身防务能力的逐步提升，另一方面强调法国参与欧洲大陆安全建设，今后法国的一切行动都将最经常地在欧洲盟友以及欧洲国家利益共同体的框架下开展"。为此，1994年版《国防白皮书》认为，在欧盟共同安全与防务政策形成之前，法国指定西欧联盟来制定和实施欧盟与防务有关的决策和行动。

同时，为推动欧盟共同安全与防务的发展，法国将对其合作伙伴进行区分对待。在合作伙伴的选择上，1994年版《国防白皮书》中指出，一方面，法国注重与德国的合作，根据1988年成立的法德防务与安全理事会发展关系，并将法德合作作为欧洲共同安全与防务的主要动力。另一方面，法国非常重视与英国的合作。1994年版《国防白皮书》中认为，法国和英国同为核大国，在很多问题上都存在战略性共识，特别是两国都有强大的对外行动能力和意愿，为此，法国必须适时大力提高与英国的防务合作。除此以外，法国还针对不同欧洲国家采取了不同的防务合作力度。例如：在建设"欧洲军团"和维和领域，法国强调与比利时、西班牙的合作；在武器装备领域，法国强调与意大利和瑞典的合作；在地中海安全领域，法国注重与意大利和西班牙开展合作。这些都为后来法国对非军事合作的"多国化""欧洲化"奠定了基础。

四是法国对非军事合作离不开美国与北约。欧盟共同安全与防务政策只是一个理念和框架，要真正落实需依赖美国和北约的帮助。1994年版《国防白皮书》中明确指出，西欧联盟将作为北约在危机管理与筹划领域的有力补充，北约理应促进欧洲防务的发展。为消除北约的疑虑，1994年版《国防白皮书》中还指出，西欧联盟是北约的欧洲支柱，和北约之间既不是依赖与被依赖的关系，也不是竞争关系，而只是任务分工不同，其中法国在加强西欧联盟对北约补充作用方面发挥重要作用。由此，冷战结束后初期，在非洲的军事合作中，尽管法国对美国重返非洲保持高度警惕，但由于能力不足，并未能完全排除与美国的合作，在实践中表现为"表面上不反对，内心里也不欢迎"的屈从状态。

（二）军事理念的变化

在军事层面，法国决定将"核威慑理论"和"军事干预"转变为"力量投送"。如果说1972年版《国防白皮书》的关键词是"核威慑",那么1994年版《国防白皮书》的关键词则是"力量投送",即将法国军队投送到法国本土以外执行维和任务。这是冷战结束后根据法国面临的国际战略环境以及由此产生的连带效应做出的反应。法国认为,法国领土上不可能发生重大冲突,1991年海湾战争和1999年的科索沃战争清楚地表明,冷战后世界的特点似乎是地区冲突,但可能会对法国的国家利益造成破坏性影响。为此,1994年版《国防白皮书》首次讨论了将国内安全问题纳入国防战略的想法。虽然这一想法最终遭遇舍弃,但1994年版《国防白皮书》指出,由于风险的多样化和不确定性的增加,脆弱性风险不断增加,内外部安全日益相互联系。安全威胁的核心集中于外部,因此要努力实现远程兵力投送,保护国家利益。正如法国国民教育总监、海军研究院成员特里斯坦·勒高克所说,"这一时期法国仍然处于冷战思维中,法国认为,国际战略环境的变化可能会带来美国、大西洋联盟与联合国的新型团结关系。这在法国防务政策中体现为机动、情报、规划、培训和联合作战,法国需要在威慑与行动中找到平衡"。[1] 为此,从1994年开始,法国决定在非洲继续保留永久性军事存在的同时,逐步减少其在非兵力部署,同时加大从法国本土投送兵力进行军事干预的力度。从1995年希拉克上台至2008年,法国着手调整本国军事战略,进行军事职业化改革,以适应兵力投送战略。相应地,法国在非洲的军事力量运用方面也有所调整。

第一,军事干预的模式发生四大变化。一是由直接干预为主改为间接干预为主,并逐步减少在非军事部署。军事存在的职能相应发生了变化,由直接干预转变为应急管理和培训部队等间接干预方式,当非洲国家发生危机时,预部署力量凭借其快速机动能力直接干预或者指导非洲当地军队参与危机管理,应对不力时则请求从法国本土投送兵力加以支援。而在平时,法国军队在非洲的主要任务是加强非洲国家的维和能力建设,为非洲国家提供军事技术援助和军队干部管理培训。二是军事合作偏好与非洲地区和次地区组织的合作,优先选择通过非洲次地区框架内的多边主义合作和协调来解决安全问题。三是军事合作不再囿于法语非洲国家,而是趋于向其他英语、葡语非洲国家辐射。四是行动层面,优先参与联合国框架下的维和行动以及人道主义援助行动。

---

[1] Tristan Lecoq, "La Défense Nationale des Années1970 à nos Jours, Une Lecture des Livres Blancs, de 1972 à la Revue Stratégique de 2021", Revue Défense Nationale, 2021/10 No. 845, p. 50.

第三章　法国对非洲军事合作的改革尝试（1994—2008年）

第二，军事干预地区与程度随之发生变化。1994年版《国防白皮书》认为，法国国防政策的目标在于维护两类国家利益：一类是重大利益，包括领土完整、海上和空中通道安全、自由行使主权和保护国民；另一类是战略利益，主要包括欧洲、地中海和中东的和平、能源供应安全、来自欧洲以外的进出口贸易，以及法国的国际地位，特别是法国作为联合国安理会常任理事国的责任。为此，法国将通过振兴西欧联盟、支持"欧洲军团"或在法国、西班牙和意大利之间建立空海联合部队等举措，促进欧洲层面的防务与安全。这意味着法国意欲推动欧盟共同安全与防务，这为改革对非洲的军事合作创造了有利条件。基于以上考量，1994年版《国防白皮书》概述了使用武装力量的六种不同层面、不同参与程度的情景：一是针对不会直接影响到法国安全的地区冲突，干预行动将在多国框架内进行，强调使用先进的武器以及向冲突地区远程投送特种作战部队或地面力量。二是对法国利益构成威胁的地区冲突，法国将运用常规力量和核威慑力量。三是对法国海外领土的侵略行为，无论国际社会如何反应，法国都会对此做出反应。四是针对非洲国家的情况，遵守双边防务协议，在发生危机时，法国应做出迅速而有限的军事反应，但干预期限可能容易被延长。五是对于危机管理和强制和平的情形，法国将在多国环境中针对明确目标开展行动，以避免特派团延期或扩散到其他领土。六是针对西欧的威胁虽然不太可能发生，但一旦发生这种情况，法国将采取先发制人的核威慑措施。由此可见，上述一、二、四点都意味着在事关非洲且法国国家利益受到威胁时，法国仍保留单边军事干预的选项；对于地区冲突和危机，法国将首选多边模式。

二、重组军事合作职能机构

在这一时期，法国亟须通过改革法国原有的对非军事合作职能机构与军事部署，重塑法国对非军事干预的法理基础。在法非双边合作的法理基础上，寻求对非军事合作合法化的新工具。

（一）改革相关职能机构设置

1995年希拉克当选法国总统后，为适应新的国际形势变化，积极调整法国对非政策，力图实现法国对非关系的现代化，推动合作模式的转型。为此，法国采取了两项重大改革措施：改革合作部、保留爱丽舍宫非洲事务处。

一是改革合作部。1960年，戴高乐总统在福卡尔的帮助下设立了合作部。此后直到冷战结束后的第一个十年间，历届总统都没有改革合作部的提议或愿望。1996年，法国原合作部的管辖范围由前殖民地国家调整为整个非洲地区，隶属外交部，并领导外交部负责非洲外交事务的部门，从而使得合作部与法国驻外使领馆的下设各机构建立了密切联系。1997年若斯潘担任总理，逐步实现了法国合作部的改革与重组。合作部更名为"合作与法语地区部"，由原先的合作部和负责与发展中国家合作的部门合并而成，由外交部和经济与财政部共同管理。

对非发展援助方面，法国设立国际合作与发展跨部委员会，由从经济与财政部、国防部和外交部抽调的人员构成，负责制定合作的重大原则，并负责协调涉及国际合作的各大部委之间的沟通与协调。该委员会还设有一个新的机构，即国际合作高级顾问，由来自民间社会团体的代表构成，包括一些非政府组织的负责人、各领域专家、学者、记者以及一些地区议员等。新机构的作用在当时并未奏效，然而，这对后来的法国对非军事政策产生深远影响。此外，希拉克政府设立法国发展署，统一管理原先由合作部管辖的非洲国家以及外交部管辖的其他伙伴国的援助资金。这是一个较大的变化。从此之后，"后院"概念逐渐淡出，被"优先团结区"取而代之。"优先团结区"由原先合作部下设的援助与合作基金会所援助的26个国家组成，其中大部分国家为法国的前殖民地。

二是保留爱丽舍宫非洲事务处。该事务处是20世纪60年代，法国为监督其在非洲利益而设置的一个专门团队，当时被置于"福卡尔关系网"下，负责协调相关政客、外交官以及商业大亨的活动。作为一个坚定的戴高乐主义者，希拉克在位期间仍然保留了该机构。

（二）调整相关职能机构职责

在调整法国对非军事合作职能机构的基础上，法国还调整了相关机构的任务和职责。一是宪兵部国际关系总署，其职责在于帮助应对非洲国家的国内安全问题。2002年开始，法国国家宪兵队队员开始被外派到法国驻外使馆担任国内安全专员，由国际警务合作局负责，法国驻该国大使统管。其职责有：作为法国对非军事合作的一部分，开展对非技术合作；直接参与非洲国家恢复内部稳定的行动；为非洲国家司法与内部安全系统提供后勤或行动援助。宪兵部国际关系总署能够帮助防务与安全合作总局分担有关非洲国家法治与国内安全领域的行动，并接受总局的领导与监督。宪兵合作旨在帮助非洲国家的安全部队提升安全行动能力，并保障非洲国家的法治建设。它也分为结构层面和行动层面两类合作。在结构合作层面上，宪兵部国际关系总署在法国本土为非洲提供专业培训，既包括司法警察与行政警察相关的培训，又包括国际人道主义法与国际公法领域的培训。此外，总署还为非洲安全部队的组织编制提供咨询与建议。在行动合作层面上，总署不仅为非洲安全部队提供人员、装备与资金援助，还可以直接派出宪兵部队到非洲国家提供行动援助与支持。这部分外派兵力占军事合作人员总量的20%[1]。

二是防务安保总署，即原先的军事安全局，不仅负责反间、情报侦查、反恐、反渗透、反宣传等工作，还负责保护法国国防相关人员、信息、设备与重大设施的安全。该总署隶属国防部，相关人员可外派到法国开展军事行动现场，负责情报工作，曾多次被派往乍得、科特迪瓦、中非共和国、刚果（金）、加蓬和吉布提执行任务。

三是防务与军事总局（2009年后称防务与安全合作总局）。防务与军事总局与非洲的关系源远流长，可追溯到非洲国家独立之初。为减少外界对法国新殖民主义的批判，1998年，希拉克决定取缔有着殖民地色彩的军事合作处，成立防务与军事总局。经过改革，防务与军事总局已成为负责法国对非政策的重要外交机构，参与法国对非外交政策的制定，主要负责法国对非军事合作的结构合作层面。总局下设两大机构，即军事援助处和军事合作处。

防务与军事总局隶属外交部政治与安全事务总署，负责开展法国对非洲的双边与多边军事合作。该局由高层外交官员和高级军官共同构成，与总参谋部统管的行动合作相互补充，相互配合，共同为实现国家的战略目标作贡献。此外，总局还设有一个研讨与协议办公室，负责协调政府间协议谈判（仅限于协议期限为十年以上的项目），监督协议在议会的审批。该办公室每年依托法国国防高等研究院组织四期国际研讨会，每年的国防高等研究院非洲论坛都邀请非盟各成员国、欧盟国家、北美国家和日本参会。

在双边层面上，防务与军事总局不仅面向法语非洲国家，还面向其他非洲国家。在多边层面上，防务与军事总局负责非洲的维和行动，参加"加强非洲维和能力计划"，与非盟、"优先团结区"开展合作，并负责向非洲国家销售和转让武器装备。将非洲事务纳入外交部，体现了法国至少从表面上希望"将'包办式'合作关系转

---

[1] Abderrahmane M'ZALI, "La Coopération Franco–Africaine en Matière de Défense, Paris", L'Harmattan, 2011, p. 297.

变为平等合作关系"的意愿。① 防务与军事总局的成立反映了法国外交新思想,以及军事合作工具在新外交思想中的功能和作用。防务与军事总局的改革旨在在帮助维护非洲国家维稳的基础上,积极拓展法国在非洲的影响力,其"优先项在于向非洲推广法国的军事与安全模式"。②

三、调整军事力量部署

在冷战期间,法国对非洲国家的军事政策并未出现断层。鉴于冷战结束后国际形势的重大变化,法国对其非洲军事合作政策进行必要调整,从而保持了较强连续性。1990年,密特朗在拉博勒法非峰会上提出,要将非洲国家的民主化与法国援助挂钩,但表示在军事方面不会发生改变。

1994年,法国发布《国防白皮书》,法国在非军事存在的目的发生了重大变化,不再负责保护非洲国家政权的安全及其国内维稳,而是与非洲国家军队进行合作,支持非洲建立地区集体安全机制和力量,帮助它们建设自身的危机应对能力,参与非盟或次地区主导的维和行动,并负责应对法国及欧洲的各种安全威胁。③

预部署力量相应受到法国国防机构重大变化的影响。根据若瑟林提交给国会的第324号报告,法国在非洲的军事存在包括四大类:预部署力量、主权部队、双边协议中规定的兵力和法军参与的国际行动,特别是在欧盟框架内行动的部队。④ 根据法国官方公布的数据,1995年希拉克上台时,驻非法军人数约为8350人,其中主要驻扎在喀麦隆(10人)、吉布提(3500人)、加蓬(610人)、科特迪瓦(580人)、中非共和国(1500人)、塞内加尔(1300人)以及乍得

---

① Abderrahmane M'ZALI, "La Coopération Franco – Africaine en Matière de Défense", Paris, L'Harmattan, 2011, p. 300.

② Abderrahmane M'ZALI, "La Coopération Franco – Africaine en Matière de Défense", Paris, L'Harmattan, 2011, p. 300.

③ Josselin de ROHAN, Rapport d'Information No. 324 fait au nom de la Commission des Affaires Étrangères, "De la déFense et des Forces Armées sur la Politique Africaine de la France", p. 24.

④ Josselin de ROHAN, Rapport d'Information No. 324 Fait au nom de la Commission des Affaires Étrangères, "De la Défense et des Forces Armées sur la Politique Africaine de la France", p. 23.

(850人)。① 1996年2月22日希拉克决定结束兵役制，实行军队职业化。法国在海外的军事存在力量也受到裁员的影响。1995—2010年，这一趋势更加明显，目前在非军队不足1万人，年均成本接近8亿欧元。②

（一）根据非盟未来的组织架构调整在非洲军事部署

非统自成立起就坚持根据"不干涉成员国内部事务"原则，致力于解决成员国之间的纠纷和内战，结果往往事与愿违，常常遭遇成员国批评。非统开始考虑重新评估这一原则，于20世纪80年代末放弃该原则，③并将安全概念"从国家安全拓展到人的安全"。④冷战结束后，非统希望能够担负起自主应对非洲大陆内部安全事务的责任，于1990年发起非洲安全、稳定、发展与合作会议，并于1993年6月28—30日在开罗峰会上宣布建设冲突预防、管理与解决机制。1996年，非统与联合国和法国共同建立了一个预警系统，专门负责防范可能发生的冲突并提供预警信息和开展推演，以便及时处置冲突。然而，由于缺乏足够的政治意愿，再加上物力和财力缺口过大，直到21世纪初，这些机制仍然近乎"空壳"状态。非统"最终决定把维和任务留给联合国"。⑤尽管如此，非统逐步介入地区安全事务的意愿因为非盟的成立而加快推进。

2002年非盟成立，取代非统，非盟不但继承了非统时期的冲突防范、管理与解决机制，而且允许地区和次地区组织在成员国发生危机时进行军事干预。从此，非盟及其次地区组织如西共体、中共体、马诺河联盟、东非政府间发展组织等逐渐成为联合国在非洲维和与危机管理领域的合作伙伴且日益机制化。

2002年7月9日，在南非德班举行的首次非盟国家元首与政府首脑会议上，非盟决定按照联合国安理会的模式，设立和平与安全

---

① ［法］多米尼克·马亚尔：《从历史角度看法国在非洲的军事存在》，《国际观察》2013年第3期，第51页。

② Josselin de ROHAN, Rapport d'Information No. 324 Fait au nom de la Commission des Affaires Étrangères, "De la Défense et des Forces Armées sur la Politique Africaine de la France", p. 24.

③ 莫翔：《当代非洲安全机制》，浙江人民出版社2003年版，第12页。

④ 莫翔：《当代非洲安全机制》，浙江人民出版社2003年版，第12页。

⑤ Thibault Stéphène POSSIO, "Mémoire de Recherche La France et la Sécurité Collective en Afrique Subsaharienne: De l'interventionnisme Militaire Systématique au Renforcement des Capacités Africaines de Maintien de la Paix", Université Lumière Lyon2, Anne 2002–2003, p. 30.

理事会，作为非盟危机防范、管理与解决的决策机构。这是一个完整的集体安全和快速预警系统，由委员会、智人小组、大陆快速预警系统、非洲预部署力量和一个特别基金构成。和平与安全理事会的目标在于，到2010年，非盟为各个次地区建立待命部队，以便在冲突地区实施维和行动或危机干预行动。

  法国悉知非盟的上述愿望，希望顺势调整其在非军事存在，以改变其负面国际形象，将法非关系变为平等伙伴关系。在法国对非洲的新愿景中，法国希望在遵守国际法、尊重非洲国家主权的基础上，通过支持非洲地区组织的方式实施间接干预。据此，法国围绕非洲四个次地区待命部队的部署，依托其四个非洲基地，对在非洲预部署力量进行了调整。法国在非洲的永久驻军恰好对应非洲的四个主要次地区，经过调整，法国驻塞内加尔基地支持西共体，驻加蓬基地支持中共体，驻吉布提基地支持东非政府间发展组织，以及留尼汪基地负责对南部非洲发展共同体（以下简称"南共体"）国家提供支持。从此，法国在非洲预部署力量的主要使命就是支持非洲各大次地区待命部队提升自身防务与安全能力建设，而各次地区待命部队将在非盟的统一协调下为地区维和与危机预防、管理行动作出贡献。通过这样的调整，法国有效化解了原先对非军事干预的困境，法国对非洲国家的单边干预从此变成法国支持非盟及其次地区组织对非实施干预，直接干预变成间接干预。这就是法国"加强非洲维和能力计划"的深层逻辑。尽管客观上这样的军事部署对非洲国家和地区提升维和与安全能力起到了一定推动作用，但从根本上讲，这仍然是法国维护其在非洲影响力的手段，调整是一种策略性变通。

表3-1　法国驻非洲预部署力量及其所依托国家和次地区组织对应表

法国驻非洲军事基地	所依托国家和次地区组织
法国在塞内加尔达喀尔驻军	西共体：贝宁、布基纳法索、佛得角、科特迪瓦、冈比亚、加纳、几内亚、几内亚比绍、利比里亚、马里、尼日尔、尼日利亚、塞内加尔、塞拉利昂、多哥
法国在加蓬利伯维尔驻军	中共体：布隆迪、喀麦隆、中非共和国、刚果（布）、加蓬、赤道几内亚、刚果（金）、卢旺达、圣多美和普林西比、乍得、安哥拉
法国在吉布提驻军	东非政府间发展组织、东非待命旅：吉布提、埃塞俄比亚、肯尼亚、索马里、苏丹、乌干达

第三章　法国对非洲军事合作的改革尝试（1994—2008年）

续表

法国驻非洲军事基地	所依托国家和次地区组织
法国在印度洋南部（留尼汪）驻军	南共体：南非、安哥拉、博茨瓦纳、莱索托、马达加斯加、马拉维、毛里求斯、莫桑比克、纳米比亚、刚果（金）、斯威士兰、坦桑尼亚、赞比亚、津巴布韦

资料来源：根据Josselin de ROHAN, Rapport d'Information No. 324 fait au nom de la Commission des Affaires Étrangères, "De la Défense et des Forces Armées sur la Politique Africaine de la France", p. 28 笔者自制。

（二）根据联合作战行动要求调整在非洲军事部署

法国力求实现对非军事合作的"多边化"，使法国对非洲的行动相应成为多国、多边联合行动。为此，法国在调整其在非军事部署时必须要考虑到军事行动的联合性问题。法国将其在非军事指挥进行了重新划分。由于西共体和中共体国家多为内陆国家，陆军在军事行动中作用更大。为此，法国将其在达喀尔和利伯维尔驻军的指挥机构由海军改为陆军，以便与西共体及中共体待命部队实现更顺畅的沟通与协同。

表3-2　法国海外军事存在的类型与驻军情况（2008年）

驻在地区	地域范围	驻军人数（人）	人员构成	军事存在的类型
吉布提	非洲	2000	2个团，1架运输机，10架战斗机，10架直升机，1架海上巡逻机	海外军事基地
加蓬	非洲	800	1个步兵营，2架运输机，6架直升机	海外军事基地
塞内加尔	非洲	1150	1个步兵营，1架运输机，1架海上巡逻机，1架直升机	海外军事基地
乍得	非洲	1200	6架战斗机，2架运输机，1个步兵连	海外军事基地
乍得	非洲	1500	1个保障基地，1个战术小组	参与欧盟在乍得的维和行动
留尼汪	非洲	4000	1个伞兵团，2架护卫舰，2艘巡逻艇，2架运输机，2架直升机，1050名宪兵，1150名军事训练人员	海外军事基地

续表

驻在地区	地域范围	驻军人数（人）	人员构成	军事存在的类型
几内亚湾	非洲	100	海军	海外军事基地
科特迪瓦	非洲	1850	不详	参与联合国维和行动
马约特	非洲	350	2艘巡逻艇，1个步兵支队，300名宪兵	海外军事基地

资料来源：孙德刚：《法国非洲战略中的海外军事基地：一项历史的考察》，《同济大学学报》（社会科学版）2012年第2期。

第三节 法国对非洲军事合作的具体做法

法国官方将其对外军事合作分为两类：一类是结构合作，由外交部统管，主要以传授知识为目的，为对象国提供长期军事培训；另一类是行动合作，由国防部统管，旨在通过提供短期战术性知识培训，为战术行动和任务提供援助。

一、结构合作

这一时期的结构合作主要表现在两个方面：一是积极开展国际组织外交，加强构建法国对非军事合作的法理基础；二是继续在法国本土和非洲当地开展对非军事培训。

（一）在国际层面加强构建法理基础

冷战结束后，世界各国摆脱了两极对立时期的阴霾，民族主义逐渐回潮，国家主权与领土完整意识与日俱增。与此同时，联合国在维护国际和平与安全中的作用也逐步恢复和上升，日益成为解决国家间争端与冲突的重要平台，以及为全球范围内的维和行动、危机管理行动提供合法授权的国际机构。在这种背景下，法国频繁对主权国家进行军事干预的行为变得越来越不合时宜，招致国际社会不断的质疑与批判，军事干预的政治成本出现递增趋势，法国被迫开始酝酿对非军事合作新政策，拓展对非军事合作法理基础的基本做法。

1. 以"人道主义干预"为突破口争取联合国安理会授权

20世纪90年代，有关"干涉的权力""干涉的义务"和"人道主义干预"理念开始高频度出现于法国的外交话语中。西方国家认

第三章 法国对非洲军事合作的改革尝试（1994—2008年）

为，出于人道主义原因，不干涉别国内政的原则应让位于更高的考虑。从此，国际法的这一基本原则与"人道主义干预"相平衡。根据法国外交官贝尔纳·库什内的说法，国际法原则承担着某种义务，使有条件的国家有义务能够出于人道主义原因、在任何违反人道主义法基本原则的地方、在其人民的基本权利和更基本的人权遭受践踏的国家中进行干预。按照这一概念，联合国大会于2005年批准了"保护的责任"原则，国际社会必须根据该原则采取坚决行动，保护平民并预防最严重的犯罪。法国依靠其外交官的出色工作，最终使得以"保护的责任"为理由对非洲国家开展"人道主义干预"成为联合国安理会决议的首要依据。

纵览冷战后法国对非军事干预，我们可以看出，很多时候法国都通过其强大的外交网络获得了联合国安理会的行动授权，从而使其对非洲的军事干预具备了国际合法性，降低了国际社会对法国单边干预的批判和谴责。

2. 倡议提出联合国安理会P3机制，塑造法非军事合作的合法性来源

法国对于联合国维和行动可谓情有独钟。1956年，法国与英国、埃及和以色列一起在联合国框架内成功完成了针对苏伊士运河危机的调停，从此，此类行动有了一个正式的名称：维和行动。[①] 1988年，维和部队获授诺贝尔和平奖。冷战结束后，联合国在国际安全事务中的作用逐渐恢复，在维和行动与危机管理领域作出的贡献日益突出，促使法国重新考量联合国在其非洲军事政策中的作用。1994年版《国防白皮书》中指出，"鉴于国际社会在危机应对领域越来越诉诸联合国，因此，法国应明晰其想让联合国发挥的作用"[②]，"除根据《联合国宪章》第51条有关个人或集体正当防卫规定以外，联合国安理会是有权决定对他国诉诸武力或实施限制性措施的唯一国际机构，这一点已被普遍接受，世界各国、各国际组织甚至有些民族都自然地将联合国安理会看作一个合法性来源。为此，作为联合国安理会常任理事国，法国应该在这方面发挥其影响力，承担起相应的国际责任，进而在国际社会中促进法国想要推动的法治原则"[③]。1994年版《国防白皮书》中还认为，联合国安理会目前

---

① "ORGANISATION DES NATIONS UNIES（ONU）"，https://www.universalis.fr/encyclopedie/nations-unies/3-les-missions-de-l-onu/.

② "Livre Blanc sur la Défense 1994"，p.30. 笔者译。

③ "Livre Blanc sur la Défense 1994"，p.39. 笔者译。

存在许多能力缺陷和不足，例如联合国安理会军事参谋团的建议权和支持权都没有得到发挥，未来联合国安理会和联合国大会均需要提供更多的军事智力支持，维和部队任务过于单一等。特别是在维和方面，法国认为，面对日益复杂的维和形势，维和部队的任务应跳出监督停火的范畴并实现多样化。为在联合国发挥更大的作用，法国提出三大努力方向："一是确保法国在联合国安理会政治机构中的作用，力求促成维和行动决策机构与军事力量运用决策机构之间的明确分工；二是加强法国在联合国安理会中的军事咨询与建议能力；三是将法国维和部队置于具有明确政治和编制规定的联合国行动之下。"①

为实现上述三大目标，法国在1994年版《国防白皮书》中分别提出以下对策。一是为确保法国在联合国安理会中发挥主导作用，法国应通过联合国安理会获取其对联合国维和行动各个阶段的政治控制权。它还指出，法国应促进联合国安理会在某些情况下的其他任务。例如，敦促联合国安理会授权某些地区组织如欧盟、集体安全条约组织、非统等参与危机管理的任务。二是为加强法国对联合国安理会的决策咨询和建议能力，法国建议提高联合国安理会秘书处军事顾问的职责权限、沟通机制、危机追踪和任务筹划等方面的能力，加强维和行动中的情报共享，保障维和人员的安全，提早且不间断地筹划联合国安理会及其秘书处对军事行动的授权工作，其中对维和贡献较大的国家负责完善维和任务的筹备工作以及军事力量运用的预测系统。三是法军加入联合国维和行动必须满足五个政治和军事条件，即：军事行动的总体和特殊目标必须要明确；法军根据法国的全球战略和利益优先排序决定是否加入；驻联合国军事和外交代表任务分工要明确；法国有权根据实际情况决定法军参与或退出维和行动的时间；介入规则应该在政治、国家和多国层面得到批准。这五个条件决定了法国将以本国还是以联盟或军事组织的名义参加联合国安理会决策。总之，通过将法国国内与联合国相关联，法国主动设计和塑造了本国参与联合国维和行动与危机管理行动的利己主义规则，既为法国对非军事合作提供了新的国际合法性基础，也有利于维护法国在非洲的影响力，进而提升其在欧洲和全球的影响力，可谓一举多得。

为践行1994年版《国防白皮书》中规定的目标，法国采取了一系列措施来争取联合国安理会对非决策的主导权。对此，曾任欧洲

---

① "Livre Blanc sur la Défense 1994", p. 41. 笔者译。

第三章　法国对非洲军事合作的改革尝试（1994—2008年）

外交委员会巴黎办公室主任的曼努埃尔·拉封·拉普努伊就曾直言不讳，"联合国安理会关于非洲的辩论历来由英国和法国主导，尽管这种情况正在开始改变，法国却一直是非洲国际维和行动的持久倡导者，尤其是在马里；2013年，联合国安理会支持非盟进驻中非共和国部队的决议也是法国提出的"。[①] 法国在联合国安理会寻求主导地位主要是通过法国倡议的P3机制实现的。

法英合作通过欧盟促成，是P3机制形成的基础。1998年圣马洛峰会是法英关系的转折点。会上，布莱尔、希拉克和若斯潘于伦敦会面并通过了两份文件，"一个关于欧洲社会，另一个关于欧洲防务，法英由此决定为推动北约框架下的欧盟防务继续开展战略合作关系。为此，欧盟国家应各自贡献部分军队以组建一支真正的欧洲军团，使之能够独立于北约来实现欧洲防务"[②]。在法国看来，非洲是"实现法国战略目标（使法国力量在全球范围内最大化）中'一个能够满足中小强度战争实战演练需要的理想训练场'"[③]。鉴于此，自圣马洛峰会以后，法国和英国的双边关系不断拓展，由于具有共同的殖民历史，非洲历来是双边首脑会议不可绕过的重要议题。法英还通过互相借调人员这一制度桥梁增进两国对彼此在和平与安全领域行动方式的了解，这对P3机制的形成奠定了基础。

20世纪90年代中期，非洲国家对法国的军事干预越来越持怀疑态度，而西方国家在经历了卢旺达大屠杀等事件后，也越来越不愿意直接出兵干预非洲。在这种背景下，法国、英国和美国分别设立了对非军事机制，法国提出"加强非洲维和能力计划"，英国提出"非洲维和培训支助计划"，美国提出"非洲危机应对倡议"。此后，在法国的倡议下，英国、法国和美国于1997年底成立"P3倡议"。这是一个非正式协商机制，旨在协调三国在联合国安理会内部的立场。直至1998年圣马洛峰会之后，P3机制才真正开始发挥作用，成为英法美三国协调各方关于维持和平、能力建设和非洲及其他地区安全挑战政策的平台。近年来，联合国安理会70%左右的行动与非洲有关，P3机制一直是英法美涉非合作的重要舞台。法英安全合作

[①] Manuel Lafont – Rapnouil, "French UN Security Council Policy and Peacekeeping in Africa", www.chathamhouse.org/research/africa.

[②] Elisabeth du Réau, "Saint – Malo, 4 Décembre 1999, un Tournant dans l'histoire des Relations Franco – Britanniques?", IRICE, Bulletin de l'Institut Pierre Renouvin, 2009/2 No. 30, p. 152.

[③] 段明明、王战：《法国对非军事干预欧盟化策略透析》，载丁一凡主编：《法国发展报告（2019）》，社会科学文献出版社2019年版，第186页。

主要有两种形式，即派遣维和特派团和培训非洲维和人员。在欧盟共同安全与防务政策框架内，法英合作主要推动了欧盟在非洲的四次任务：2003年6月至9月在刚果（金）开展"阿尔忒弥斯"行动；2006年7月至11月在刚果（金）部署欧盟部队；2008年1月至2009年3月分别在乍得和中非共和国部署欧盟部队。

3. 酝酿法语国际组织转型，为法非军事合作提供政治外交支持

法语国际组织是法非特殊关系的产物。法语国际组织的前身是根据《洛美协定》于1970年3月20日成立的文化技术合作处，初衷在于推广法语与法国文化，加强法语地区与国家之间的沟通与交流。1995年，文化技术合作处更名为"法语国家与地区事务处"，后于1998年改为现称"法语国际组织"。法语国际组织的职能从推广语言与文化为主转变为预防与解决危机和冲突、维护和巩固世界和平与安全。

在法国的主导下，法语国际组织逐渐从一个语言文化推广工具转变为法国谋求大国地位的影响力工具，从而成为法国对非军事合作多边化的另一个发力点和推手。弗瑞德里克·图尔潘对此进行了专门研究，在其论文《论创始人的正确使用：雅克·希拉克，一个被遗忘的政治法语组织创始人？》中，对法语国际组织如何从一个语言文化推广组织发展成一个负有和平与安全使命的政治组织进行了详细论述。他认为，尽管一开始，法语国际组织是以非洲人的名义，即塞内加尔总统桑戈尔和尼日尔总统哈马尼·迪奥里提出成立的，但这背后有着希拉克的默许和支持。弗瑞德里克·图尔潘指出，1995年希拉克上任后，加快推进法语国际组织政治化的机制化进程。特别是1995年，法国在依托法非峰会与法语国际组织峰会两个多边机制成功加入世界贸易组织后，"一个具有政治色彩的国际性法语国家与地区组织对法国的重要性变得不言而喻"。对于法国，"法语国际组织的政治属性既可以被视为冷战后使法国融入世界体系、服务于法国国家利益的一个新多边工具，也可以被看作一个法非关系'正常化'工具，因为它既有利于实现国家间传统框架下的特权利益，又符合法国在非政策日益国际化的政策取向，特别是与非统（后成为非盟）、联合国和欧盟的关系方面"。更重要的是，"法语国际组织从此成为法国既可以维持法非强劲联系，又可以少受国际社会约束和批评的有效工具，克服了法非关系旧制度中基本以双边关系为主的弊端"，但这并不意味着法非双边主义的消失，法非双边关系"仍然是法国外交中对外干预的工具之一，从此，对外干预除了可依托联合国和欧盟多边主义平台之外，还可以依托日

第三章　法国对非洲军事合作的改革尝试（1994—2008年）

渐成型的政治性和机构性组织，即法语国际组织这一多边主义平台"。① 为了实现其既定目标，法国坚信谁出钱多谁指挥，谁贡献大谁主导，其在法语国际组织中一直是财政贡献最大的国家，1996年法国出资占所有成员国总量的65%，1999年占70%。2006年，法国出资高达1.36亿欧元，占所有成员国总量的75%，仍然是法语国际组织的第一出资方。正因为如此，法国是该组织的真正决策方。该组织事实上成为一个为法国大国地位服务的多边组织，它完美契合了法国的多边主义原则与价值观及其文化语言多样性的全球化理念。尽管这一阶段法语国际组织对于军事合作的作用没有那么明显，但这是战略酝酿时期，它为2008年以后法国对非军事合作的"非洲化""欧洲化"创造了非常有利的前提条件。

（二）开展对非洲军事培训

这一时期，法国对非洲的军事培训主要包括：继续在法国本土为非洲军队培养干部、在非洲设立法国地区学校。

1. 继续在法国本土为非洲军队培养干部

这一时期，法国对非洲的军事培训主要表现在维和领域，在法国本土的培训主要针对非洲高级军官以及有发展潜力的政府官员与部队精英。例如，法国国家行政学院为非洲培训政府官员，法国国防高等研究院负责主办非洲政府与军队精英论坛，法国三军防务学院每年都接收非洲学员。法国本土一些军事院校也为非洲学员开设了部分维和培训课程，特别是针对参谋人员技术培训、技术支持，以及作战行动或行政技能课等。

随着非洲对军事培训需求的增加，法国对非军事培训的财政压力和负担日益加重，特别是在法国经济发展放缓的背景下，这一矛盾日益凸显。为减轻法国的财政负担，更是出于提高法国对非军事影响力的目的，法国决定在非洲开设军事培训学校。

2. 在非洲设立法国地区学校

早在20世纪80年代，为回应非洲地区和次地区组织集体安全的诉求，当时负责法国对非军事政策的军事合作处出资、出人，先于1983年建立了科特迪瓦布瓦凯通信技术学校，后于1987年创立了塞内加尔提耶斯步兵学校。这既是法国在非军事学校的雏形，也

---

① Frédéric Turpin, "Du bon Usage des 'pères Fondateurs': Jacques Chirac, un 'Père Fondateur' Oublié de la Francophonie Politique?", Revue Internationale des Francophonies, p. 34, 2/2018, mis en Ligne le 4 Novembre 2019, Consultéle 22 Avril 2021, URL: https://publications-prairial.fr/rif/index.php?id=549.

为冷战后法国在非洲大批开设地区学校打下了良好基础。

冷战结束后,法国一方面面临由国内合作预算减少带来的压力,另一方面则面临非洲国家要求提高在法国军事培训名额的诉求,综合考量后,法国决定在非洲设立一批军事学校予以应对。法国地区学校属于法国对非军事合作的结构合作范畴,由外交部防务与军事总局牵头实施,属于法国对非军事合作新政策的基础性机制。[1] 在这一时期,法国在非洲 10 个国家共开设了 17 所地区学校。这 10 个国家均为西非和中非地区国家,其中涉及的西共体成员国有尼日尔、马里、塞内加尔、布基纳法索、多哥和贝宁,涉及的中共体成员国有喀麦隆、赤道几内亚、加蓬和刚果(布)。可以看出,除赤道几内亚以外,其他国家均为法国前殖民地国家。

地区学校面向所有非洲国家招生,[2] 培训内容非常广泛,几乎囊括所有防务领域,包括基础军事知识、专业技术本领、维和行动、军事医疗等方面。军事培训的内容由法国和非洲国家共同商定,这也为此类地区学校带来越来越多的生源。

表 3-3 法国在非洲开设的地区学校

所在国家	学校(所在地)	培训领域	培训规模(人/年)	创建时间(年)
塞内加尔	步兵技术学校(捷斯)	基础军事培训	60 人左右	2000
	宪兵军官学校(瓦卡姆)	安全部队培训	50 余人	2007
马里	巴马科维和学校[3]	维和培训	1000 余人	2003
	军事行政学院(库利科罗)	技术培训	100 余人	1981
加蓬	参谋学院(利伯维尔)	基础军事培训	60 人左右	2001
	军事卫生技术学校(莫兰)	军事医学	20 余人	2008

---

[1] Violaine Vincent-Genod, "Mémoire Intitulée Les écoles Nationales à Vocation Régionale: Instrument Pour une Appropriation Française de la Sécurité en Afrique?", Université libre de Bruxelles, Université d'Europe, Faculté des Sciences Sociales et Politiques, 2012-2013, p. 25.

[2] 除在法语非洲国家招生外,地区学校还向安哥拉、赤道几内亚、佛得角等非法语国家开放招生。

[3] 巴马科维和学校一开始是非洲地区学校,现在已经发展为国际维和学校。法国和马里是最初的发起者,但当前,德国、加拿大、美国、日本、荷兰和瑞士六个国家都参与学校的建设和运作。笔者注。

第三章　法国对非洲军事合作的改革尝试（1994—2008年）

续表

所在国家	学校（所在地）	培训领域	培训规模（人/年）	创建时间（年）
贝宁	冲突后排雷与消除污染行动进修中心（齐达）	维和培训	100余人[①]	2003
贝宁	司法警察进修中心（波多诺伏）	安全部队培训	80余人	1999
尼日尔	尼亚美准医疗人员培训学校	军事医学	60人左右	2003
多哥	洛美军事卫生学校	军事医学	100余人	1998
布基纳法索	军事技术学校（瓦加杜古）	军事技术	150人左右	2000
布基纳法索	民事保护高等研究学院（瓦加杜古）	灾难救援危机管理	20人	2012
喀麦隆	维持秩序进修中心（阿瓦）	安全部队培训	100余人	2001
喀麦隆	地区性国家航空中心（加鲁阿）	技术培训	40人左右	2001
喀麦隆	国际高等战争学院[②]	基础军事培训	40人左右	2005
刚果（布）	布拉柴维尔工兵学校	技术培训	100人左右	2009
赤道几内亚	巴塔海军学校	技术培训	50人左右	2010

资料来源：张丽春：《冷战后法国对非军事援助研究》，中国人民大学硕士学位论文，2014年，第54页。

法国地区学校是冷战结束后法国对非军事合作的新样板，是法国根据变化了的国际环境做出的适应性调整，它向国际社会展现了法国遵守透明、多边主义和"非洲问题非洲解决"的国际规范，有利于抵消冷战期间法国对非洲的单边主义干预模式带来的质疑与批判。它是法国对非军事政策"再合法化"的有力工具，有利于法国继续维持其对前殖民地国家的控制权。

二、行动合作

这一时期，法国处于对非军事行动合作新模式的探索和试验中。法国先是提出了"加强非洲维和能力计划"，之后又探索和实践了法

---

① 不包括为非政府组织和国际组织提供的培训。笔者注。
② 前身为高级联合防务班（雅温得），2013年改名为国际高等战争学院。笔者注。

国在非洲军事行动合作的新做法。

(一) 以"加强非洲维和能力计划"为牵引整合资源

"加强非洲维和能力计划"是法国根据冷战结束后国际形势的变化做出的调整举措,法国力求通过该计划将法国的双边与多边合作进行统一,以期降低法国对非军事合作政策中的双边做法,同时加强该政策的"欧洲化""非洲化"等多边色彩,以减少法国内外对其非洲政策的质疑与批判。

1. "加强非洲维和能力计划"提出的背景

法国提出"加强非洲维和能力计划",应放在三个背景下加以考量。一是非洲独立自主和集体安全探索的背景。该计划是法国率先提出,官方目的是在联合国旗帜下,开展与非盟及其次地区组织和非洲国家之间的军事合作,以回应"非洲问题非洲解决"的诉求,使非洲国家能够依靠自身的力量实现维和行动与危机管理。二是联合国维和理念的发展。冷战结束后,"不干涉别国内政"日益成为国际社会普遍认可的一条基本规则。1992年,时任联合国秘书长的布特罗斯·布特罗斯-加利应联合国安理会要求,提交《和平纲领》,并倡导重启联合国维护或恢复和平的预防性外交机制和工具。1995年,他再次明确了维和的新理念,并要求国际社会致力于非洲危机应对能力建设。这为法国对非军事合作提供了宝贵契机,法国顺势于1997年发起了"加强非洲维和能力计划"。三是受美国对非军事政策的影响和启发。苏联解体后,美国意识到其在非洲影响力的下降,遂逐步调整对非政策。1996年,美国提出构建一支非洲危机快速反应部队,并由此发起一项"非洲危机应对倡议"。倡议的目标在于为非洲国家提供维和训练以及人道主义援助,按照美国标准对非洲军队开展培训,使非洲国家武装力量具备与美军在反恐领域开展协同作战的能力。1997—2000年仅3年时间,美国就为7个非洲国家培训了6000多名军官,[1] 并提供了大量武器装备。随后,在"非洲危机应对倡议"下,美国于2002年通过了"非洲部队行动训练与援助计划",该计划契合了《联合国宪章》第七章的规定,按照美军特种部队模式对非洲相关国家的步兵等兵种提供进攻性作战训练。

---

[1] "Programme d'Information Internationale, Département d'Etat", Washington, 26 mars 2004 in Léon Koungou, "Quelle Appréciation des Partenariats Militaire Soccidento-Africains dans la Nouvelle Géopolique des Crises en Afrique Sub-Saharienne?", Eurostudia, Revue Transatlantique de Recherche sur l'Europe, Vol. 3; No. 2 (dec. 2007): Europe-Afrique: Regards Croisés sur une "Europe Spirituelle Mentin Défendable".

第三章 法国对非洲军事合作的改革尝试（1994—2008年）

美国对非军事培训是在双边框架下进行，以提高非洲各国军队的作战能力为目的。

随着大国参与非洲事务日益增多，法国逐渐意识到，这些国家在非洲的繁多行动未必是件坏事，但各国力量相对分散，且相互之间缺乏协调。由于在可信度、机构设置与合法性方面具备其他国家所没有的优势，法国期望能够通过牵头多国行动的协调工作，赢得其在非洲安全事务中的主导地位，并以此提高自身在国际事务中的影响力。为此，法国必须克服一个困难，即整合负责法非结构合作的职能机构（外交部）与作战行动合作机构（国防部），需要设立一个负责统筹协调的决策和设计部门。

法国希望通过充当国际社会在非维和等行动中的协调者来保持其在"加强非洲维和能力计划"中的主动权和主导权。随着恐怖主义威胁日渐猖獗，国际社会在非洲的博弈愈演愈烈，如果法国要继续保持其在该计划中的主导地位，就必须调整其对非军事培训理念。在培训非洲军官方面，法国无疑具有无可比拟的优势。对此，法国圣·西尔军校参谋菲利普·图瓦斯托夫一针见血地指出，法国"'加强非洲维和能力计划'并不在于直接培训（非洲）国家军队，而是要通过培训一些能够胜任培训岗位的军事精英来间接增强军队能力建设"。[①] 法国所强调的政治层面事实上就是对非洲的主导权和控制权，而美国似乎并没有这种想法，更加看重其在非洲的实际利益。

2. "加强非洲维和能力计划"的目标、原则与运行理念

"加强非洲维和能力计划"是冷战后初期法国对非军事合作改革最集中的体现和最主要的形式。这是法国响应非盟"非洲问题非洲解决"理念而提出的能力建设方案，旨在与联合国合作构建一支由非盟主导的非洲维和部队。英国斯特林大学托妮·哈斯特洛普认为，该计划是法国基于五个考量做出的反应：一是法国试图将国际对非和平支持行动"非洲化"，因为当时大多数特派团都由非洲以外的维和人员主导。二是法国希望通过"非洲化"开启一个新的安全和防务合作体系。三是法国试图通过该计划实现其在非军事存在的"再合法化"。四是法国希望借力法非军事合作保持法国在欧盟安全一体化的前沿地位，进而维持与非洲的特殊关系，这是该计划的发展方

---

① Léon Koungou, "Quelle Appréciation des Partenariats Militaires Occidento‐Africains dans la Nouvelle Géopolique des Crises en Afrique Sub‐Saharienne?", Eurostudia, Revue Transatlantique de Recherche sur l'Europe, Vol. 3; No. 2 (dec. 2007): Europe‐Afrique: Regards Croisés sur une "Europe Spirituelle Mentin Défendable".

向。五是法国根据非洲国家在维和方面的需求，有意识地将法国理念与联合国、欧盟、八国集团和非盟的相关行动进行协调。①

1998 年在圣马洛举行的法英峰会上，当时法英政府承诺"协调双方对非政策，并进行密切合作"②。与此同时，美国、英国和法国就培训非洲维和部队的必要性达成共识。三国都认识到有必要协调其在非军事合作计划，依托 P3 机制加强其在联合国安理会中的团结，协调其在非洲议题中的立场及其在非维和能力建设方案。③ 2001 年"9·11"事件后，非洲大陆成为西方进行反恐战争的重要地区，P3 机制在联合国安理会决策协调中的作用逐步加强。

"加强非洲维和能力计划"的主要特点是将法国对非安全合作向法国认可和接受的合作伙伴开放，开展多边合作。换句话说，法国是该计划的主导方，跟谁合作、合作什么、怎样合作都由法国来决定。其实施原则有：遵守《联合国宪章》，坚持国际合法性；遵守与非洲国家双边合作的伙伴关系与政治承诺；对整个非洲以及任何希望加入的国家或组织开放；坚持该计划作为法国与非洲国家的双边合作、次地区行动以及法国的伙伴国，特别是欧洲国家行动的补充；坚持自愿原则，每个国家自主决定本国的援助性质和速度等问题；保持民事和军事行动之间的连贯性；与时俱进，应根据当前维和行动特点和国际环境的变化调整非洲次地区组织和欧盟的相关政策。④

3. "加强非洲维和能力计划"的具体内容

该计划由国防部依托法国驻非洲的武官处牵头实施，并在联合指挥所的领导下，由法国在非洲的预部署力量与次地区组织合作完成。其合作范围几乎涉及所有法非军事合作内容：定期高层会晤与

---

① Haastrup, Toni, (2010) "EURORECAMP: An Alternative Model for EU Security Actorness", Studia Diplomatica: The Brussels Journal of International Relations, XIII (3/4), pp. 61 – 80.

② Saint Malo II Agreement, cited in Tony Chafer and Gordon Cumming, "Beyond Fashoda? Anglo – French Security Cooperation since SaintMalo", International Affairs, 86/5 (2010), 1132.

③ Tony Chafer, Gordon D. Cumming&Roelvander Velde (2020), "France's Interventions in Mali and the Sahel: A Historical Institutionalist Perspective", Journal of Strategic Studies, 43: 4, pp. 482 – 507, p. 491, DOI: 10. 1080/01402390. 2020. 1733987.

④ "Le Cycle RECAMP4", Réalisation: Etat – major Interarmées de Force et d'Entrainement, Crédits Photographiques: Maquette et Impression: Établissement d'Impression de l'armée de Terre de Saint – Cyr", https: //www. diplomatie. gouv. fr/IMG/pdf/recamp. pdf.

第三章 法国对非洲军事合作的改革尝试（1994—2008年）

交流、维和培训、联合训练与演习、武器装备援助、军事行动等。这些都被整合成为一个有机整体。

（1）推动对非军事技术援助的"多边化"

"加强非洲维和能力计划"的技术合作主要涉及三个方面：政治、政治军事以及军事，旨在与联合国以及欧盟沟通的基础上，参加非洲次地区组织框架下的危机预防与管理工具与能力建设。法国政治层面的技术合作包括：与欧盟合作，帮助加强次区域政治机构的地区治理能力；与国际和地区组织（非盟、联合国、欧盟）合作，帮助次地区组织提升对其成员国的战略监测与协调方面的能力建设；参与欧洲或欧洲国家关于次地区组织的军官和地方官员的培训合作计划。行动指挥部层面的技术合作包括：加强战略参谋部在指挥战争、战役和战区部队方面的能力；对多国框架行动提供流程和语言支持；参加对参谋人员的培训。武装部队层面的技术合作包括：在非洲或欧洲的军事院校培训维和管理人员；通过加强地区层面的军事训练，促进对话的文化；为各种双边合作计划构建协同机制。

（2）加大法国对非维和培训的开放性

维和培训是冷战后法国对非军事合作的重点项目。在这个方面，马里巴马科维和学校提供专业维和培训，开设各种战术级课程，包括观察员班、旅级和营级多国指挥员班等，每年培训150名至200名法语或非法语学员[①]。加纳阿克拉的科菲安南国际维和培训中心，为能够在战区决策的重要岗位上发挥作用的、有潜力的政府官员和军队军官提供专业培训。此外，法国资助的法国地区学校也为维和开设培训班，马里库里克罗和加蓬利伯维尔的地区学校主要负责参谋班的培训。

（3）与非洲地区组织开展联演联训

联演联训从20世纪50年代开始就是法非双边军事合作的重要内容，对于提高非洲国家的国防与军队建设，特别是法国的快速干预能力发挥了重要作用。1994—2008年，法国与非洲的联演联训发生了一些变化，出现了一些新的做法。

首先，演习目的有所拓展。由于这一时期维和行动是法国对非军事行动的重点，因此，本阶段演习目的也相应发生了变化：一是针对战略和战役两个层面的维和决策与筹划进行演练，二是针对提

---

① "Le cycle RECAMP4, Réalisation: Etat - major Interarmées de Force et d'Entrainement, Crédits Photographiques: Maquette et Impression: Établissement d'Impression de l'armée de terre de Saint - Cyr", https://www.diplomatie.gouv.fr/IMG/pdf/recamp.pdf.

高不同国家军队之间的协同作战能力进行演练。

其次，演习规模大小不一，一般分为大规模演习、中等规模演习和计划外演习。大规模演习每两年举行一次，主要在指定次地区（西共体、中共体、东非政府间发展组织、南共体）层面进行，演习主题由参加国集体讨论决定，往往针对特定次地区的现实危机与冲突开展模拟演练。鉴于大规模演习涉及演习方较多，往往需要各方事先开展一些筹备会议。这种演习一般针对特定的维和行动开展，其政治军事规划是一个连贯的全过程规划，分四个阶段进行：第一阶段是举行政治与军事研讨会，主要讨论危机形势评估、危机防范与管理的政治解决方案与决策等；第二阶段是举行战略性会议，主要讨论军事行动的战略筹划；第三阶段是进行战区参谋部演习以及随后的部队实地演练，这是战役和战术指导层面的训练；第四阶段是行动反馈与总结。美国、比利时、英国等国家也为演习提供了部分资金与后勤方面的支持，联合国和非盟也会派出专家观演。[1] 中等规模演习由法国在非预部署力量在除上述四个次地区以外的其他地区开展，演习对象是与法国预部署力量保持长期往来的次地区组织以及周边地区。计划外演习是指应非洲国家或非洲地区以外其他国家要求而开展的演习。从上述演习来看，这既包含了20世纪五六十年代以来的法非双边联合演习与训练，又增加了联合国、欧盟、非盟及其次地区组织等多边机构，兼顾了法国与非洲的双边防务与军事合作协议和法国对非洲的军事合作"多边化""欧洲化"与"非洲化"取向。

表3-4 "加强非洲维和能力计划"历年军演[2]

时间	演习代号	涉及次地区	参加者
1996—1998	吉迪玛卡	西共体	4个法语国家 4个非法语国家
1998—2000	加蓬2000	中共体	8个法语国家 8个非法语国家

---

[1] Tibault Stéphène Possio, "Les Évolutions Récentes de la Coopération Militaire Française en Afrique", Publibook, le 22 Novembre 2007, p. 229.

[2] 笔者对此进行了修正和补充。2008年，欧非战略伙伴关系缔结后，"加强非洲维和能力计划"更名为"欧盟加强非洲维和能力计划"，相关活动由联合国主导并与欧洲国家协调组织。

续表

时间	演习代号	涉及次地区	参加者
2000—2002	坦桑蓝宝石	南共体	16个法语国家 12个非法语国家
2002—2004	加纳—贝宁2004	西共体	21个非洲国家
2004—2006	萨瓦2006	中共体	不详

资料来源：张丽春：《冷战后法国对非军事援助研究》，中国人民大学硕士学位论文，2014年，第59页。

（二）探索对非军事行动新模式

开展对非军事行动是"加强非洲维和能力计划"的有机组成部分，也是法国提出该计划的深层目的。它是法国针对冷战后国际形势的变化以及规避和减少法国对非进行单边干预的政治和经济成本而做出的策略性反应。这也可以视为卢旺达军事干预失败后法国第一时间提出"加强非洲维和能力计划"的原因所在。很多研究都指出，卢旺达大屠杀悲剧后，法国于1994—2001年采取了减少在非驻军的政策。事实上，很多迹象说明，法国在那段时间只是在"闷头干事"，"加强非洲维和能力计划"就是法国给出的答案。

1. 塑造在非军事行动的"非洲化"

结合法国在非军事合作的新理念，并顺应非洲在集体安全和自主安全方面的诉求，法国努力塑造其在非维和行动与军事干预的"非洲化"。对此，让-卢克·斯塔龙在《和平外交的非洲化》一文中，以联合国应对科特迪瓦危机管理为例，对联合国与非盟及其次地区组织合作应对非洲国家危机管理的决策程序进行了详细分析。2002年9—10月，科特迪瓦危机爆发。西共体第一时间派出其驻科特迪瓦任务部队，并派出其执行秘书伊本和多哥总统纳辛贝牵头调解，充当促成停火的前锋，这促成了2003年3月24日的停火协议，确定了走出危机的机制框架，并在附件中制订了国家和解计划。随后，联合国、西共体、非盟及该地区的主要国家元首于巴黎举行会议，批准该协议。在执行层面，首先，西共体倡议提出了一系列危机管理程序与机制，从上游介入其成员国科特迪瓦的危机管理进程，并以非盟的名义向科特迪瓦提供政治和外交安排建议。其次，非盟根据这些建议作出决策并提交联合国。最后，联合国安理会根据西共体和非盟的建议综合考量后决定采取有利于危机解决的方式并以决议形式通过，即2005年10月的1633号决议和2006年11月的1721号决议。让-卢克·斯塔龙在他的研究中还通过西共体在苏丹达尔富尔和索马里的危机介入再次证明了联合国与非洲地区和次地区组织的合作是一种机制化程序,即先采取保守方式"灭火",同时积极运作上游干预并等待地区组织与联合国合作的有利态势。[1]

在"加强非洲维和能力计划"框架下,一旦非洲突然爆发危机,当事国所在的次地区组织可以在征得联合国同意并与非盟达成一致后,派出一支非洲跨国部队进行干预。特别值得注意的是,这支跨国部队是临时组建的"众筹"式部队,届时该计划可为当事国所在次地区组织提供必要的技术指导、军事培训和武器装备等,在短时间内为该部队临时组建部分兵力投入使用。这种做法已经多次用于实践。

1997 年,"加强非洲维和能力计划"为在中非共和国的代号为"MISAB"的行动提供了兵力、装备和后勤保障,部队主要由乍得、加蓬、马里、布基纳法索、塞内加尔和多哥部队临时众筹组建而成。有研究认为,这可能只是一种临时安排,是在等待联合国安理会决议的缓兵之计。经过一年的游说和准备,1998 年,联合国安理会通过第 1159 号决议,批准成立"联合国中非共和国特派团",取代了之前临时组建的"班吉协定监测团"。2003 年,中共体常备军成立后,"联合国中非共和国特派团"被"中非多国部队"取代。[2] 2002 年 9 月,科特迪瓦危机爆发,西共体决定派遣一支代号为"科特迪瓦特派团"的游说集团,在法国的奔走游说下,比利时、美国和英国等国相继加入,2004 年,西共体的特派团被联合国接管并更名为"联合国驻科特迪瓦特派团"。

作为一种机制安排,参加"加强非洲维和能力计划"的各个行为体之间有着较为明确的分工。行为体主要有三大部分:一是非盟、各次地区组织及其成员国,主要负责行动规划、部队组建和指挥。二是域外贡献国,主要是法国、其他欧盟成员国及其他国家,主要负责为次地区组织及其干预部队提供资金支持、后勤保障、技术指导、咨询建议。三是其他参与危机管理的各方,主要包括但不限于联合国及其下属机构(包括联合国人权理事会、联合国儿童基金会、

---

[1] Jean – LucStalon, "L'africanisation de la Diplomatie de la Paix", Revue Internationale et Stratégique, IRIS éditions, 2007/2, No. 66, pp. 47 – 58.

[2] 2003 年 5 月非盟通过了《建立非洲常备军和军事参谋委员会的政策框架》,标志着非洲常备军组织架构的出台。根据该框架,非洲常备军将以地区为单位,分为东非常备军、西共体常备军、"北非地区能力"、南共体常备军、中共体常备军五个组成部分。

第三章　法国对非洲军事合作的改革尝试（1994—2008年）

联合国开发计划署、联合国世界粮食计划署等）、国际金融机构（包括国际货币基金组织、世界银行等）、各种非政府组织及其他机构。这一理想行动模式在2003年法国对刚果（金）的干预中进行了实践与检验。

2. 初探对非军事行动的"欧洲化"

法国决策者已经逐渐认识到全球和地区多边机构支持法国对非军事干预的价值，主要是为了应对来自非洲民众和法国内外对新殖民主义的批判，法国需要改变其合作政策，在对外政策中强调多边主义。1994年版《国防白皮书》中指出，"法国自身利益与其主要合作伙伴的相互依存度日益上升，为此，法国在国际社会的相对地位要求法国找到最佳同盟和最佳工具来实现其国力成倍增加。因此，法国将逐步增加其参与多边框架的活动，特别是加强与欧盟、大西洋联盟、欧洲安全与合作会议和联合国的合作"。[①] 2002—2004年法国对科特迪瓦的干预标志着法国对非军事干预转向多边主义的真正开端。[②] 这被视为法国在事先没有任何国际协调或支持的情况下单方面进行的最后一次行动。自那以后，法国领导人在向非洲部署大规模特遣队之前，开始注重与地区组织或国家密切协调，并寻求多边机构的支持。

冷战期间，两大阵营各自寻求扩大势力范围，国家主权原则被肆意践踏。冷战结束后，国际秩序逐渐恢复，国际社会开始强调联合国在解决国际和平与安全问题中的作用。同时，基于对非集体安全探索的认知，以及冷战结束后法国在非军事合作遭遇的瓶颈，法国及时改变路线，将联合国纳入其对非军事政策框架，并积极通过推动欧盟共同安全与防务建设来寻求对非军事合作的改革。欧盟共同安全与防务政策在非洲的第一次行动，即2003年6月刚果（金）的"阿尔忒弥斯"行动，在很大程度上是由法国发起和主导的。2003年，在法国的游说和推动下，欧盟实践了欧洲防务与安全政策框架下第一次在非军事行动，即在刚果（金）开展的"阿尔忒弥斯"行动。这是法国对非军事干预行动从单边向多边转变的第一次尝试。法国借此行动试验了一种新的对非军事干预模式，即以防止发生大规模人道主义危机为由，法国担任"框架国"，将欧盟和联合

---

① "Livre Blanc sur la Défense 1994", p. 23.

② Stefano Recchia (2020), "A Legitimate Sphere of Influence: Understanding France's turn to Multilateralism in Africa", Journal of Strategic Studies, 43: 4, pp. 508 – 533, DOI: 10. 1080/01402390. 2020. 1733985.

国以及非洲地区组织拉入法国在非洲的军事行动中。法国希望欧盟参加对非军事干预的原因是，欧盟的加入赋予该行动以合法性，法国的目标是在联合国干预之前展示欧盟的表现。法国官方话语多次强调本次行动对欧盟防务的意义。时任法国外交部长多米尼克·德·维尔潘指出，这是"欧盟在欧洲以外的第一次行动……当然是一个非常强烈的象征"。尤特利也在其文章中表示，"阿尔忒弥斯"行动在希拉克看来是"一次样板行动……这是在欧盟框架内进行的第一次重大行动，巩固了欧洲防务取得的重大成果，法国武装部队在其中发挥了重要作用"。也有人认为，这是"欧盟对美国单边干预主义的反击"①。原因是，2003年美国在没有获得联合国安理会批准的情况下单边决定入侵伊拉克，这给欧盟国家带来巨大压力。为恢复联合国的信誉，欧盟与联合国首次合作应对国际危机。本次行动在欧盟周边进行，"将欧洲防务与安全框架的职权范围扩大到非洲，是欧盟首个没有使用北约资源的任务"②。

尽管"阿尔忒弥斯"行动获得了联合国的授权和欧盟的支持，但仍然备受批判和质疑。有学者认为，本次行动是在法国的政治领导和军事承诺下进行的，仍体现了法国维持在非影响力的野心。布鲁诺·夏尔博诺认为，迄今为止欧盟所有的军事行动都表明（2003年的"阿尔忒弥斯"行动、2006年在刚果（金）和2008年在乍得/中非的行动），欧盟在非洲的军事合作依赖于法国的军事设施。法国的作用绝对是理解欧盟在非洲作用的核心。如果没有法国的政治领导和军事承诺，这些任务似乎很可能不会发生。③ 多项研究对此进行了证实。查弗等人认为，在欧盟共同安全与防务政策框架下，法国是部队的主要派遣国，提供了90%的地面部队，行动总部设在巴黎（共设有约80名军官，其中60%是法国人），它还提供了主要的空

---

① Koenig, Michael, "Operation Artemis: The Efficiency of EU Peacekeeping in The Congo", 2012, http://www.e-ir.info/2012/10/05/OPERATION-ARTEMIS-THE-EFFICIENCY-OF-EU-PEACEKEEPING-IN-THE-CONGO/.

② Laura Särg, "An Insight to the EU Military Missions in Africa: French Leadership and Beyond", master thesis, University of Tartu, 2014, p. 47.

③ Charbonneau, B., "What is so Special about the European Union EU UN cooperation in Crisis Management in Africa?", 16: 4, pp. 546 – 561, DOI: 10.1080/13533310903249110, https://doi.org/10.1080/13533310903249110. p. 485.

中打击能力，部队指挥官和作战指挥官都是法国人。[1] 欧盟委员会的一份报告指出："'阿尔忒弥斯'更像是一个有欧盟掩护的法国行动，而不是一个由法国领导的欧盟行动。"[2] 还有学者从获得联合国合法授权的角度出发，认为这次干预行动并不能算真正意义上的多边行动。例如萨拉就指出，"为使单边干预成为多边干预，它必须满足某种程序和操作标准。在程序方面，应在干预前由联合国或其他国际组织给予授权，并以该组织具有正式投票机制为条件。操作性多边主义与参与国家的数量和它们之间的权力分配有关。例如，如果个体行为者能够以优势地位极大地影响或推动了某个决策，那么这可能会影响到这个决策被视为真正多边的程度"。[3]

尽管法国官方将"加强非洲维和能力计划"表述为"旨在帮助非洲国家提升其处理国家和地区安全事务方面的能力"的利他主义行为，然而，对于这些多边主义举措的质疑和指责从未停止。法国对非军事合作新实践主要有两种新形式，一个是 1997 年开始法国在西非和中非地区建立了 16 所地区学校，另一个是非洲军队参与法军作为"框架国"的维和行动。事实上，此类行动早有先例。法国在卢旺达的"绿松石"行动中就首次实践了这种方式。当时来自塞内加尔、几内亚比绍、乍得、毛里塔尼亚、埃及、尼日尔和刚果（布）等非洲国家的 500 名官兵与法军一起参加了行动，但最后终因时机不成熟而遭遇失败。

本章小结

1994—2008 年，法国对非军事合作新政策呈现三大取向。一是法国积极塑造其在非军事合作的新合法性来源，以此补充以现有法

---

[1] Chafer, Tony and Gordon Cumming, 2010, "Beyond Fashoda: Anglo - French Security Cooperation in Africa since Saint - Malo", International Affairs, 86 (Number5): pp. 1129 - 1147. http://onlinelibrary.wiley.com/doi/10.1111/j.1468 - 2346.2010.00932.x/abstract.

[2] Kees Homan, "Operation Artemis in the Democratic Republic of Congo", in "European Commission, Faster and more united?: The Debate about Europe's Crisis Response Capacity", Luxembourg: EUR - OP2006, p. 153.

[3] Kreps, Sarah E., "Multilateral Military Interventions: Theory and Practice", Political Science Quarterly, 123/4 (2008), pp. 573 - 603, DOI: 10.1002/j.1538 - 165. 2008. tb00635. x.

非双边合作协议为基础的合法性源泉。在国际层面上寻求联合国安理会授权、在地区层面上寻求非盟或欧盟的授权开始成为法国对外政策的一大目标。二是法国开始接受对非军事合作的"多边化"选择，在这一"多边化"的多个选项中，"欧洲化"是首要选项。在尝试"欧洲化"的合作对象中，法国中意的首个合作对象是同时具备能力和意愿的英国。三是法国对非军事合作开始重视非洲的需求和期待，开始认真对待"非洲问题非洲解决"，其中第一步是允许非洲国家及其地区和次地区组织参与法国在非军事行动的实施，寻求实现"非洲化"。

这一时期法国对非军事合作主要有三大特点："非洲化""欧洲化"和"多边化"。然而，法国在实现三大目标过程中陷入困境。一是国际上对法国的"非洲化"畅想仍存有质疑和批判。如果说非洲提出的"非洲问题非洲解决"意味着以寻求法国对非军事合作的质变作为最终结果，那么作为回应的法国对非军事政策"非洲化"尚处于量变的初始阶段。这也意味着，"非洲化"或许是对非洲和国际社会质疑的策略性回应，这将是临时性的还是永久性的，仍然需要时间的检验。二是"欧洲化"和"多边化"的推行也并不顺畅。这一时期，法国努力推动欧盟国家，特别是英国，加入法非军事合作框架，表现出循序渐进的"欧洲化"取向与特点。"欧洲化"既符合冷战结束后的国际主流趋势，又符合法国的欧洲政策。1994—2008年，法国不断尝试对非军事合作"欧洲化"，先是成功得到英国的军事与外交支持，与此同时，法国通过"加强非洲维和能力计划"成功将法非军事合作塑造为欧盟与非洲之间的合作。尽管如此，"欧洲化"进程同样面临一些困境。首先，基于法国对非洲的殖民历史，法国在非洲的军事合作尽管出现了"多边化""多国化"色彩，但仍然带有殖民主义的痕迹，因而备受国际社会的广泛质疑。其次，为对冲外界对法国非洲政策合法性和合理性的质疑和诟病，法国要表现出其"多边化"的诚意与姿态，然而，由于多国联合行动掣肘太多，不可避免地要以牺牲法国在非军事合作的效率为代价。多项研究认为，如何平衡国际合法性与军事行动高效率二者之间的关系将是今后长时间内法国面临的一大挑战。最后，法国未来能否进一步推动欧盟支持其在非军事合作还存在不确定性。英国固然可以在外交和军事层面为法国提供大力支持，这也是法国在这一时期努力拉英国加入其对非军事合作体系的一大原因，但德国在欧盟共同外交与安全方面的"发动机"作用对法国对非军事合作也不可或缺。法国早就意识到这一点，并在这一时期付诸了一些努力，然而成效有限，未来法国还需要转变思路继续说服德国加大对非军事投入，这一点在 2008 年欧债危机法国国内经济迟滞的背景下显得更为必要和重要。这也意味着法国需再次调整其对非军事合作策略。

第四章　法国对非洲军事合作的新发展（2008年至今）

经过1994—2008年长达14年的改革尝试、试验与构建，法国对非军事合作初步成功具备了"非洲化""欧洲化"和"多边化"色彩，逐渐摆脱了卢旺达军事干预失败事件的阴霾，国际形象有所改善，有效缓解了国际社会对法国新殖民主义的批判。法国通过对非军事合作的转型不仅成功维系了其在非洲的影响力，还成功推动了欧盟共同外交与安全的进程，并推动构建了非盟与欧盟的战略伙伴关系。与此同时，法国将对非军事合作置于联合国框架下，以联合国为平台推动非盟、欧盟加大对非安全事务的介入。法国作为"中等强国"的地位大大提升，初步勾勒出戴高乐依托非洲、立足欧洲、走向世界的大国战略构想的轮廓。

2008年萨科齐上台后颁布了《国防与国家安全白皮书》，极大地改变了1994年版《国防白皮书》的指导方针。《国防与国家安全白皮书》前言中提到，法国需要加强国家安全战略，包括国防、国内安全、外交和经济政策，这将为法国提供必要的手段，以确保其行动自由和决策自主。法国希望更加系统地通过欧盟传导其对非军事政策，从而提高其在欧盟乃至全球的可信度和影响力。这体现了法国对非军事合作的新思想、新理念和新做法，法国对非军事合作进入一个新的发展阶段。

之前的成就来之不易，法国既要守成又要前进。一方面，法国必须要进一步提升"非洲化""欧洲化"和"多边化"的质量，不断改善其中的不足，稳扎稳打，实现法国的大国地位。另一方面，法国必须面对新的国际形势：非洲的国际关系格局发生了一些变化，美国国力开始衰退；欧洲发生次贷危机，经济萎靡；新兴大国在非洲的影响力不断上升；非洲对法国离心力增加；法国在非洲的影响力大大下降。在这种情况下，法国对非军事合作再次被迫调整。

第四章　法国对非洲军事合作的新发展（2008年至今）

第一节　法国对非洲军事合作调整的背景

2008年以来，非洲在法国地缘战略中的地位愈发重要。法非特殊关系在维持法国全球影响力和世界大国形象方面发挥了至关重要的作用，不仅为法国国民经济的发展提供了原材料，而且为法国在地区和国际机构中发挥更大影响力提供了竞争资本，进而提升了法国的相对权力与地位。首先，非洲国家依然是法国在联合国投票时可助力的宝贵资源，特别是以法国为首的欧盟在国际议题谈判中的关键盟友。其次，随着传统安全威胁与非传统安全威胁的界限日益模糊，共同安全与防务的概念也相互交织和渗透，日益需要统筹国内外、域内外各种资源和手段加以应对。特别是2008年以来，包括法国在内的欧洲国家遭遇恐怖主义的概率和风险上升，周边国家危机引发的欧洲难民危机日益严重，并于2015年达到高潮。反恐，特别是打击萨赫勒地区恐怖主义日益成为法国对非话语体系中使用频繁的关键词之一。

一、"相对大国"时代认知促使法国调整政策

"多极化世界"在法国外交战略中一直是一个重要的概念和追求，占据着非常重要的位置。戴高乐时期多次强调推动世界多极化进程的重要性。自此，"多极化"一词就不断出现于历届法国领导人的政治话语中。2008年是一个具有划时代意义的年份。在这一年，刚刚走出伊拉克战争的美国元气大伤，可"屋漏偏逢连夜雨"，全球性金融危机也在同年爆发，美欧经济大幅下滑。法国认为美国国力开始下降，超级大国地位正在丧失，世界进入多个大国并存的"相对大国"时代。

对于法国，多极化意味着欧盟作为一极屹立在世界舞台，而法国作为"欧盟轴心"之一的国际地位随之上升。法国历来视欧盟为其"力量倍增器"，在法国的认知里，欧盟的强大在很大程度上意味着法国的强大，而法国的强大则意味着其在欧盟的领导力和影响力上升，在引导欧盟对外政策中的作用上升。法国历届政府秉承戴高乐总统的遗志，经过多年的苦心经营，终于成功将欧洲与非洲捆绑在一起。2007年12月9日，在法国的关键作用下，欧非峰会上形成了《里斯本宣言》，欧非决定建立一种新型政治战略伙伴关系，欧洲将改变过去作为非洲援助者的角色，转而在非洲和平、稳定、民主、

法治、进步与发展等问题上发挥更大作用。这不仅意味着法国意欲将欧洲纳入法国对非共同安全与防务伙伴关系，也为其日后将法非特殊关系纳入欧非关系奠定了坚实基础。

二、法国在非洲影响力下降，迫不得已借力欧盟

进入 21 世纪，中国加入世界贸易组织，在参与全球化的过程中综合国力不断上升，国际地位日益提高。2008 年中国成功举办奥运会，备受世界瞩目，包括法国在内的国际社会对中国的关注度与日俱增。事实上，法国很早就预测到中国的强大。曾任法国外交部长的魏德林认为，"随着全球化的推进，世界进入了重分蛋糕的进程，西方国家仍占有重要地位，仍具有许多优势，但在国际关系中却不再具有垄断地位，其作用越来越受到中国、俄罗斯等新兴大国以及其他 40 多个国家的挑战"。[1]

在过去 50 年的时间里，法国国力持续衰退，国际地位每况愈下，特别是 2008 年欧洲爆发欧债危机后，法国经济更是雪上加霜。在此背景下，法国必须调整其非洲政策，争取在降低其非洲政策的经济财政成本的同时，最大限度地维系法国在非洲的影响力。麦思凡认为，"法国必须想出必要的办法来承认法国的例外和独立，保留其沉重的历史包袱和理应获得的一流全球地位，用不太礼貌的话说，以减轻法国如此明显的衰落"。[2] 这一时期，法国的非洲政策更加务实，克里斯蒂娜·巴里奥斯研究员认为，法非特殊关系"如今更多地是由法非双方的国家利益所定义，而不是由过去几十年的情感联系所定义"。[3] 正因为如此，从萨科齐政府开始，法国的非洲政策开始变得更加务实，优先关注法国大型企业在非洲的投资，例如在加蓬和刚果（布）拥有重大商业利益的道达尔、核能生产巨头阿海珐、遍布非洲的布伊格电信公司等。在法国国力衰退、对非军事合作备

---

[1] M. Jean‑Louis CARRèRE, Mme Leila A？CHI, MM. Jean‑Marie BOCKEL, et al., "Rapport d'Information au nom de la Commission des Affaires Étrangères, de la Défense et des Forces Armées sur la Révision du Livre Blanc sur la Défense et la Sécurité Nationale：Quelles Évolutions du Contexte Stratégique Depuis 2008 ？", SENAT No. 207, Enregistré à la Présidence du Sénat le 16 Décembre 2011.

[2] Berouk Mesfin (2008), "Only a Folie de Grandeur？Understanding French Policy in Africa", African Security Studies, 17：1, pp. 114‑118, DOI：10.1080/10246029. 2008. 9627463.

[3] Cristina Barrios, "France in Africa：From Paternalism to Pragmatism", Policy brief, No. 58, November 2010.

受批判的背景下，法国被迫减少在非军事存在，更加突出欧盟在法国实现和维护其在非经济利益与影响力中的地位和作用。然而，法国还没有强大到主导欧盟对非军事与安全政策的程度，这需要法国不断去塑造欧盟的非洲政策。

三、美国非洲司令部为法国增添新竞争者和新抓手

美国重返非洲对法国在非利益构成竞争。非洲对于美国的地缘战略价值主要体现在丰富的石油等战略资源方面。21世纪以来，美国一直在寻求其国内能源安全。"9·11"事件发生以后，反恐成为小布什和奥巴马政府对非政策的重中之重。为此，在军事层面，美国采取了一系列对非军事合作的举措。一是美国与非洲国家签署了双边军事合作协议，加强其在非军事存在。美国依托其从法国租借的吉布提基地在非洲开展反恐行动，在吉布提基地驻军约2000人，是美国在非洲唯一的永久性军事基地。此外，美国还与加蓬、马里、塞内加尔等非洲国家签署了军事合作协议。二是美国加大对非军事培训与军售。美国依托其在非军事培训支持项目，如"非洲紧急行动训练援助计划""国际军事教育与培训计划"等机制，拓展对非军事培训。仅2008年美国就培训了近1000名非洲军官。此外，美国还依托对外军事资助项目提高其对非军售。三是加强对非反恐合作。美国于2002年发起了"泛萨赫勒倡议"，加大对尼日尔、马里、乍得和毛里塔尼亚四国的反恐援助与支持。2005年美国提出"跨撒哈拉反恐伙伴计划"，与塞内加尔、尼日利亚等非洲大国开展反恐合作。四是2007年10月，美国非洲司令部开始运作，主要负责与非洲国家、非洲地区和次地区组织发展军事合作，为非洲提供军事培训与训练、武器装备援助等支持，帮助非洲国家提升军队自主安全能力的同时，维护美国在非战略利益，恢复和提升美国对非洲的政治经济影响力。

法国历来对非洲地区的域外大国力量保持着高度警惕，美国高调重返非洲无疑对法国在非影响力构成竞争和威胁。对此，研究法非关系的历史学家之一理查德·F.库索尔在其代表性著作《法兰西道路：法国如何拥抱和拒绝美国的价值观与实力》中进行了详细分析与论述。他指出，冷战结束后，法国安全政策的首要前提就是代表美国主导地位的北约及其成员国，它们是对法国行动自由的一种限制。库索尔进一步指出，在非洲，美国和法国像1992年处理索马里事件一样，共同合作维护人权与民主，但同时它们也是竞争对手。

随着美国越来越多地介入非洲大陆,法国变得愈来愈戒备。[1] 他以法美在卢旺达大屠杀悲剧上的立场争端为例,指出正是法美之间在卢旺达与扎伊尔问题上的严重分歧,才导致了两国因各自利益和目标不同而采取了不同的行动,进而导致卢旺达内战演变为大屠杀悲剧。他认为,在与美国的竞争中,法国是失败的。以卢旺达事件为起点,在美国的压力下,法国在中非地区的影响力大幅度下降,被迫从加蓬、乍得和中非共和国撤军,并削减了其在非洲的预部署兵力。冷战结束后的前 20 年,"为遏制超级强国的单边主义本性,法国采取了诸多对策,包括实行双边外交、依赖国际组织、形成竞争性联盟、创建欧洲安全力量、采取独立于美国甚至与美国相对的行动,并最终设计了一套围绕多极主义和多边主义体系来作为美国单边主义体系的一种替代"。[2]

美国设立非洲司令部对法国在非利益构成挑战的同时,也为法国调整对非军事合作创造了新机遇,增添了新抓手。在法国经济发展迟滞,国防预算压力大大增加的背景下,法国在非洲的军事合作比以往更加需要他国的支持。美国设立非洲司令部后,2008 年法国在《国防与国家安全白皮书》中呼吁大幅减少法国军队人数,将从 2008 年的 27.1 万人减少到 2014—2015 年的 22.5 万人,除侧重加强与欧盟的合作外,还强调欧盟和北约之间的互补性。[3] 非洲历来不是美国的战略重点,处于美国战略的边缘。在撒哈拉以南法语非洲地区,美国的安全介入更少。尽管如此,美国为法国主导的很多倡议、计划都提供了支持与帮助,例如对法国在马里巴马科维和学校的支持。詹妮弗等人认为,"美国设立非洲司令部以后,美法两国在安全领域的合作已经有所改善,这增强了美国与法国联合参谋部建立对话的能力"。[4] 2011 年干预利比亚行动凸显了欧洲国家在空中加油、监视、情报和无人驾驶等方面的能力赤字,欧洲对美国的安全依赖

---

[1] [美] 理查德·F. 库索尔著,言予馨、付春光译:《法兰西道路:法国如何拥抱和拒绝美国的价值观与实力》,商务印书馆 2013 年版,第 183、204 页。

[2] [美] 理查德·F. 库索尔著,言予馨、付春光译:《法兰西道路:法国如何拥抱和拒绝美国的价值观与实力》,商务印书馆 2013 年版,第 173 页。

[3] "Livre Blanc sur la Défense Nationale et la Sécurité 2008", pp. 90 – 92.

[4] Jennifer D. P. Moroney, Celeste Ward Gventer, Stephanie Pezard and Laurence Smallman, "France's Approach to Security Cooperation", Lessons from U. S. Allies in Security Cooperation with Third Countries, The Cases of Australia, France, and the United Kingdom, RAND Corporation, Stable URL: https://www.jstor.org/stable/10.7249/tr972af, p. 11.

第四章　法国对非洲军事合作的新发展（2008年至今）

仍然很大。法国在非洲萨赫勒地区开展的"新月形沙丘"行动中与美国也有合作。面对美国战略东移，法国一度担心美国将撤出"新月形沙丘"行动，法国将因此失去美方强大的情报和空中侦察等方面的有力支持，进而影响法国在萨赫勒地区的行动效果。

第二节　法国对非洲军事合作的政策调整

萨科齐时期出台了三份相关官方文件，即2007年6月20日发布了《公共政策审查报告》，2008年公布了《国防与国家安全白皮书》，2009—2014年出台了《军事规划法》，这些都集中体现了萨科齐时期法国防务观念的变化。2012年奥朗德上台，根据国内外安全形势的变化，修正了2008年版《国防与国家安全白皮书》的部分内容，颁布了2013年版《国防与国家安全白皮书》，调整了法国对非军事合作的方法。

一、转变军事合作理念

（一）2008年版《国防与国家安全白皮书》的合作理念

2008年版《国防与国家安全白皮书》中强调非洲在法国外交中的地位不断上升，法国与非洲的安全相互依赖更加紧密；提出了"危机弧"的概念，认为法国在海外的军事重心将从非洲转移到自大西洋至地中海和自波斯湾至印度洋的一个弧形危机地带。其中，非洲地位特殊。近年来在尼日尔、毛里塔尼亚和马里发生的事件就是例证。2008年版《国防与国家安全白皮书》中认为，法国有必要对1994年制定的国防政策和军事战略进行全面调整。恐怖主义在萨赫勒地区发展壮大，严重威胁法国侨民及其利益的安全。大部分萨赫勒地区国家权威备受挑战，近乎成为无法之地。

2008年版《国防与国家安全白皮书》中强调安全与发展并举，综合施策解决非洲安全问题。非法移民、宗教极端化、恐怖团伙和犯罪网络的发展、武器毒品走私、洗钱等非洲问题会对法国产生直接影响。一方面是非洲形势的脆弱性；另一方面是非洲丰富的资源和发展潜力。出于这两方面的考虑，法国需要保持警惕，并进行长期投资，以促进非洲的安全与和平，因为这是实现经济发展与增长的主要条件。

根据2008年版《国防与国家安全白皮书》，法国对非军事政策更加强调欧洲因素。萨科齐在2007年8月1日大使年会上说：非洲仍然是法国外交政策的根本优先项，同时也是欧盟合作政策的核心。2008年版《国防与国家安全白皮书》中认为，"法国和欧洲的安全与繁荣和非洲的安全与繁荣密不可分"，"双边防务协议必须基于法国及其非洲伙伴的战略利益"，"法国与非洲的安全息息相关。首先，因为和平与稳定是发展的前提条件。其次，非洲的战争、传染病、走私犯罪活动或恐怖主义会对法国产生直接影响"，法国与非洲和欧洲存在许多共同利益。非洲是距离欧洲最近的大陆，因此法国及欧洲对上述问题不能坐视不管。2008年版《国防与国家安全白皮书》中呼吁欧洲各国将其用于维和培训的军事和民事人员集中起来，还决定创建欧洲民事保护行动中心和欧洲民事安全学院，为欧洲合作打击恐怖主义、有组织犯罪、网络威胁、边境管控等问题提供便利条件。此外，白皮书中呼吁在欧洲和法国外交部内设立一个外部危机管理中心，专门负责国际危机的规划和管理。这一切都为法国拉动欧盟介入非洲安全事务创造了有利条件。

　　法国将更加注重欧盟对北约的补充作用，这为法国主导加强欧盟和北约在非军事合作提供了理论依据。2008年版《国防与国家安全白皮书》致力于欧洲防务和大西洋联盟的漫长发展，主张法国全面和完全重新融入北约一体化军事指挥机构。法国提倡推动"大西洋改革"，重新定义北约的使命，并在美国和欧洲之间更好地分担责任。2009年4月，萨科齐在斯特拉斯堡峰会上宣布法国将重返北约。法国欲借北约培植欧盟独立防务之军，实现建立"欧洲军团"的主张，进而确立自身在欧盟防务中的主导地位。尽管萨科齐决定重返北约彰显了法国立场发生了显著变化，但从根本上讲，法国更倾向于重视欧盟，欧盟被认为是应对新型威胁的最佳工具。法国安全战略让人感觉到，虽然北约被法国视为共同安全与防务联盟，但欧盟是一个规范性结构，能够成为捍卫法国战略安全利益的关键角色。因此，法国要求其欧洲伙伴集中军事力量，弥补欧洲在共同安全与防务领域的不足，例如战略和战术运输、空中加油、直升机等空中机动能力、海军空中能力以及航母、空军基地等。

　　未来法国对非军事合作的调整方向如下：一是法国决定将现存的防务协议全部公开；废除原先与科特迪瓦、加蓬和多哥等国签署的协议中有关法国可通过军事干预帮助相关国家维稳的条款或约定内容；未来签署类似防务协议时应通知议会，防务协议的修订与批准应由议会实施，但要在相关部门的指导下进行；与非洲国家签署的新防务协议将不再以军事援助为基础，而是涵盖地区和欧洲因素的法非安全与防务伙伴关系。二是法国将关闭近50个军事基地或设施,以节省军费开支。

(二) 2013年版《国防与国家安全白皮书》的合作理念

2013年版《国防与国家安全白皮书》修正了2008年版《国防与国家安全白皮书》中一些偏离法国战略目标的内容,主要表现在两个方面。

一是延续"危机弧"概念,强调欧非两个大陆之间的地区合作。2013年版《国防与国家安全白皮书》认可2008年版《国防与国家安全白皮书》中提及的"危机弧"概念,但更强调解决危机的"地区主义"办法,特别是欧盟与非盟及其次地区组织之间大陆对大陆的合作。2013年版《国防与国家安全白皮书》中指出,撒哈拉以南法语非洲地区的某些冲突因其地区性特点,可能会影响到整个非洲大陆的安全。非洲渴望拥有自主解决争端、预防危机和维持和平的能力,如若法国和欧洲帮助它们发展这些能力,这将有重大意义。法国和欧洲应继续配合非盟、地区组织和非洲国家自身所作的努力。

二是军事力量运用从力量分散到力量集中。与2008年版《国防与国家安全白皮书》的力量分散相比,2013年版《国防与国家安全白皮书》中强调集中力量解决非洲安全问题,强调法国与西非和中非地区传统"势力范围"国家的合作。2013年版《国防与国家安全白皮书》规定,法国将维持在非洲国家的存在,而不是关闭非洲基地(这是法国2008年版《国防与国家安全白皮书》中规定的非洲政策之一)。这意味着,首先,法国在非洲的核心关切仍然是撒哈拉以南法语非洲地区;其次,法国将重新加大对非洲的预部署和干预力度;最后,"感兴趣的国家"意味着法国对非安全与防务政策的开放性,法国将欢迎有意愿的国家加入法非大家庭。由此,法国对非洲的军事合作将以新的形式和模式呈现。

如果说萨科齐的政策更强调地中海联盟,实现了将欧盟的战略重心从中东欧拉回地中海及北非地区,那么奥朗德则进一步将欧盟拉进法国的战略纵深,继续推进以非洲为跳板寻求法国领导下的欧盟战略自主,进而实现法国大国地位的战略目标。

二、重组军事合作职能机构

法国外交与防务观念发生了重大变化,法国对非军事合作的职能机构和军事部署也随之进行了调整。

(一) 加强总统特权

2008年版《国防与国家安全白皮书》认为,安全与防务之间的界限变得模糊,改变了二者之间传统的分工,安全风险和挑战日益复杂，总统应该比总理承担更多的责任。白皮书中提议设立国防与国家安全委员会，由总统担任主席，国家情报委员会也由总统负责。由此，总统成为国防与安全系统的中心，过去由总理负责的安全事务也归并到总统麾下。法国总统仍然是对外决策的中心，因此也是对非军事合作决策的主要负责人。总统保留了他在核威慑方面的特权，并担任国防与国家安全委员会主席。由于《国防与国家安全白皮书》中将国防概念扩展为国防与国内安全，因此总统在国防与国家安全领域的作用大大增加。

（二）取缔相关职能机构

法非特殊关系使法国饱受"对非实施新殖民主义行径"的批判，法国亟须调整其对非军事合作政策，以改善其国家形象。在这种背景下，萨科齐决定与过去"决裂"，变特殊关系为平等伙伴关系，首当其冲的就是合作和法语国家与地区组织部。正如前文所述，合作部是戴高乐对非合作体系中最主要的职能机构之一，从20世纪70年代开始，法国就曾表现出取缔该机构的意向。20世纪80年代左派上台，法国开始考虑该机构的去留问题，真正出台政策则是在1998年，合作部被并入外交部麾下，更名为外交部下设的合作和法语国家与地区组织部，既没有被取缔也没有被吞并，从而在外交部内部保留了其行动的独立性。萨科齐上台后，"合作和法语国家与地区组织部"再次改名为"合作和法语国家与地区组织国家秘书处"。2012年奥朗德上台后，该部门被撤销，同时设立发展部。

其次，爱丽舍宫非洲事务处作为法非特殊关系的另一个象征性机构，一直到2007年萨科齐上台才被撤销，体现出萨科齐政府要与过去的非洲政策"决裂"并构建新型法非关系的主张。

最后，改革还体现在议会对法国非洲政策的知情权方面。从萨科齐开始，法国议会开始涉足法国总统的禁区，即法国的非洲政策。法国在国民议会设立了对外事务委员会，定时听取各部委对法国非洲政策的进展汇报。这在一定程度上展现了法国对非政策，包括对非军事政策在内的透明度。这是与以前政策区别较大的地方。

（三）设立新合作机构

防务与安全合作总局是法国改革其军事合作政策过程中的三大亮点。法国对非合作政策不断发展演变，特别是在国防与国内安全日益相互交织和渗透的情况下，军事合作的地理范围、行为体种类、职能范围、合作模式与基本原则也随之不断拓展。为此，原先由戴高乐政府设立的军事合作处先是在1998年希拉克执政时被要求重组，并更名为防务与军事总局，后于2009年再次更名为防务与安全合作总局，仍然隶属外交部。原先国际合作与发展总局（现为外交部全球化总局）职能范围下的国内安全合作由新成立的防务与安全合作总局负责。在法国官方的表述中，新的防务与安全合作总局发挥着重大作用，直接参与法国对非政策制定，是法国外交行动实施的重要工具之一，可对法非结构合作提出意见建议，为法军参谋部开展对非行动合作提供配合与咨询。

在机构设置方面，防务与安全合作总局下设六个分局。一是撒哈拉以南非洲局，负责与非洲的结构合作，优先关注的领域是地区或次地区框架下的伙伴关系，特别是维和、政府治理和国内安全领域的培训中心或学校，重点是法语国家。主要职责包括开展军事培训和教育、提供防务与安全领域的咨询与建议、向非洲国际组织（非盟及其次地区组织）提供支持与援助、为法国武器出口提供销售与售后技术服务等。二是全球事务局，主要负责与欧洲、美洲和其他国家的防务与安全合作。三是多边事务与专业领域事务局，旨在统筹多国与多边资源，以形成合力，共同应对全球挑战，是为回应地区和次地区集体安全架构而专门设立的机构。四是管理保障局，主要负责向伙伴国家提供行政、财政与人力资源管理。五是空中过境与海上停靠局，负责向外国提出飞机过境通行与舰船停靠需求，并与相关军队与地方机构合作，向过境人员提供通行手续办理和发放通行证等事务。六是学术论坛与协议局，主要职责包括政府间长期双边防务合作协议的筹备与谈判；与国防高等研究院密切合作，就防务与安全领域的重大现实问题每年组织召开国防高等研究院非洲论坛，旨在加强与非洲国家的特殊交流，助力提升法国的外交影响力。

防务与安全合作总局职责范围的变化主要体现出三个显著特征：一是军事合作领域大大拓展。自2008年版《国防与国家安全白皮书》发布以来，法国树立了综合安全观，其军事合作范围也随之扩大，已经拓展到了包括处理非法移民、海盗、毒品贩运、宗教激进主义和金融犯罪等与警察相关的任务。在萨赫勒地区，反恐成为首要任务；在几内亚湾、东非吉布提等地区，主要任务是打击海盗；在中非地区的喀麦隆、中非共和国、刚果（布）和刚果（金）等国家，主要任务是推动安全改革和建立培训中心。二是跨部门协调和统筹特征明显。防务与安全合作总局是法国对外政策协调机构，不仅要与法国伙伴国在法国国防、国内安全与民事安全等领域开展结构合作，还要负责实施双边和多边合作计划、开展培训、提供专业知识支持、提供军事领域的咨询与建议、与司法局共同监督防务合作政府间协议的执行情况。三是统筹各种资源，发挥军事软实力作用，拓展法国的国际影响力。例如，防务与安全合作总局通过整合国内外资源，致力于法语的推广，与法语国际组织通力合作，开发了一套军事与安全领域法语教材，目前已对联合国开放使用。其目的不仅在于推广法语，也有助于在法语非洲国家执行维和任务的蓝盔部队之间能够用法语交流。这对提升法国的军事软实力和提高法国的国际影响力发挥了重要作用。

从防务与安全合作的财政预算投入看，法国对撒哈拉以南非洲地区的投入也值得关注。仅2010年，防务与安全合作总局在撒哈拉以南非洲地区投入的财政预算居五大洲预算总额的榜首，高达70%，是将近法国在中东北非地区投入总额的5倍，是亚洲的10倍、欧洲的14倍、美洲的23倍多。

在法国对外安全合作组织中，总参谋部、国防部与国际合作署、内政部负责行动合作，包括作战培训领域合作以及危机管理，主要负责危机管理阶段。防务与安全合作总局、法国欧洲和外交部负责结构合作，主要负责非洲危机防范与化解。它与总参谋部保持密切联系，当伙伴国发生危机时，防务与安全合作总局人员撤离，仅保留少数熟悉当事国局势以及在当事国人脉丰富的人员，为法国干预部队提供咨询意见。当危机结束后，防务与安全合作总局需要重建之时，武装力量可为防务与安全合作总局提供支持与帮助，其作战培训机构可为防务与安全合作总局的培训提供支持。

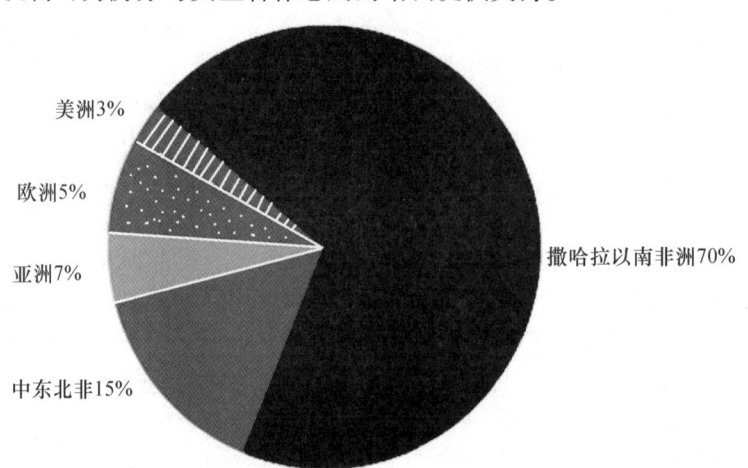

图4-1　2010年防务与安全合作总局年度合作支出各地区的分配情况表

资料来源：法国外交部网站。

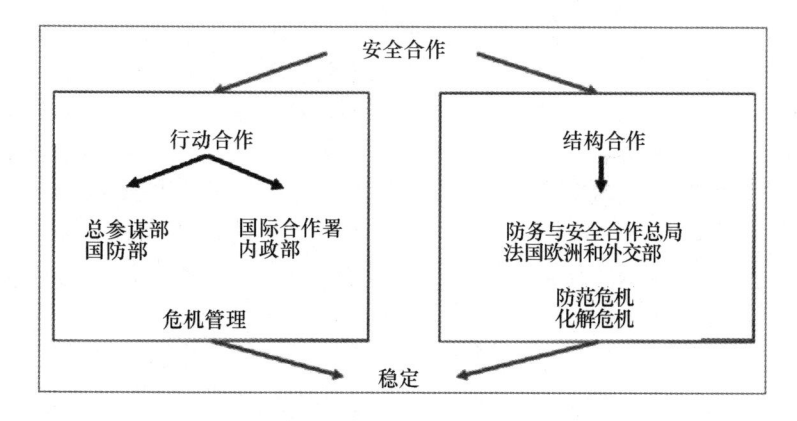

第四章　法国对非洲军事合作的新发展（2008年至今）

图 4-2　法国对外安全合作组织架构图

资料来源：法国外交部网站。

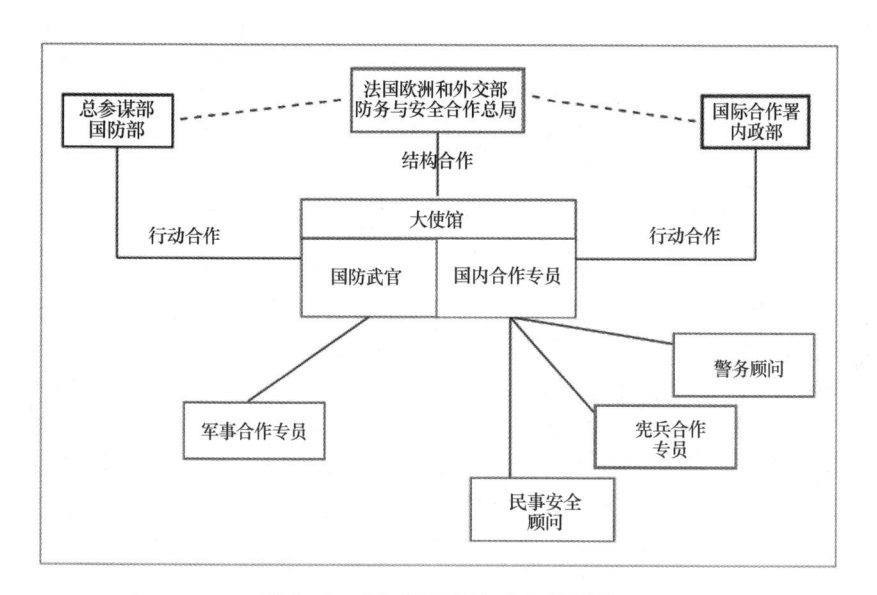

图 4-3　法国防务与安全合作网络

资料来源：法国外交部网站。

三、调整军事力量部署

2008年版《国防与国家安全白皮书》中指出，"法国的军事部署应该包括：在非洲临大西洋一侧的存在、在东海岸的存在、在波斯湾一两个支点、在印度洋一两个支点"①。法国决定逐步转换其在非洲的老基地，围绕两个中心进行资源重组，在非洲大陆的大西洋和东部沿海各设一个后勤保障基地，分管合作和培训，同时保持在萨赫勒地区的危机预防能力。法国宣称，新军事部署首先是开展合作，其次才是为干预创造条件。今后的干预部队将把从本土投送兵力作为优先选择。为此，军事部署调整的指导思想就是重新整合并集中在非军事存在。

表 4-1　法国在海外预部署力量一览表

力量分类	主权军事力量	军事存在
位置	法国海外省	外国领土
分布标准	按战场分	按功能分
	加勒比战区：圭亚那武装部队、安地列斯武装部队 太平洋战区：印度洋任务区武装部队 印度洋战区：法属波利尼西亚武装部队、新喀里多尼亚武装部队	前进指挥基地②：吉布提法国部队、科特迪瓦法国部队、阿联酋法国部队 合作行动中心③：加蓬法国基地、塞内加尔法国基地

资料来源：笔者根据法国外交部网站相关资料自制。

法国在撒哈拉以南非洲军事存在的整合主要表现在两个方面：一是法国加强了其在东非的军事存在。在 2008 年版《国防与国家安全白皮书》中提出的"危机弧"概念下，2009 年 5 月 26 日，法国与 1976 年以来一直与它保留有特权伙伴关系的阿联酋签署了一项防务协议，决定建立一个联合陆军基地、一个空军基地、一个海军基地和一个联合战斗群。其目的是保证在"对西方国家安全至关重要的地区的永久军事存在"。法国驻阿联酋的军事机构于 2009 年 5 月成立，2011 年开始全面运作，部署兵力约为 700 名军事人员。如此，

---

① "Livre Blanc sur la Défense Nationale et la Sécurité 2008", p. 26.
② 吉布提前进指挥基地、阿联酋前进指挥基地和科特迪瓦前进指挥基地的功能在于，为部队展开提供支持，必要时配合相关作战部队的行动，参与地区作战合作，保护法国国家利益以及法国侨民的安全。
③ 加蓬和塞内加尔合作行动中心的职能在于，为当地军队提供帮助，支持非洲维和军事能力建设，组织相应军事培训并提供指导。

法国减少了在非兵力部署,将之转移到中东海湾地区,以配合法军在东非以及印度洋地区的行动。尽管法国在阿联酋的基地不在本书的研究范围,但该基地的设立将会影响未来法国对非军事合作,这对法国的全球战略具有重要意义。

二是重新整合了法军在西非和中非两个次地区的军事存在。萨科齐时期,法国强调要缩减永久性军事基地并增加临时性军事基地,驻军规模也应相应地根据任务灵活调整。经过调整,法国在非洲保留了两处永久性军事基地,分别位于加蓬和吉布提,其他均为临时性军事基地,分布在科特迪瓦、中非共和国、乍得等国家。相应地,临时性军事基地的人数也进行了缩减。

2014年,武装部队参谋部通过了新的海外存在力量编制计划,决定保留法国在非洲大西洋沿岸开展区域合作的两个基地,即驻塞内加尔和加蓬部队,分别为西共体和中共体成员国军队提供支持和援助。例如,2014年9月1日完成新部署的法国驻加蓬部队在非洲区域军事联合行动中发挥着不可或缺的作用。其具体职能包括:开展与中共体国家及卢旺达的军事行动合作,支持地区力量的崛起尤其是非洲待命部队的建立。

第三节 法国对非洲军事合作具体做法的变化

这一时期,法国对非军事合作的调整仍然表现在两个层面:在结构合作层面,法国力求将法国地区学校变为公共产品,并以开展国际组织公共外交为抓手,探索对非军事合作的新途径;在行动合作方面,法国力求实现"欧洲化"与"非洲化"的统一,使合作更加合法高效。

一、结构合作

(一) 夯实法理基础

1. 将联合国与欧盟纳入法非军事合作协议框架

在这一时期,法国对非洲的军事合作,特别是在军事干预行动方面的合作备受质疑,其合法性问题难以破解,法国通过与非洲国家重新谈判,签署了新的双边防务协议,以补充和改善现有合作的法理基础。萨科齐意在建立一个新的司法和外交框架,以应对长期以来对法非防务与安全合作的质疑和批判。在2008年开普敦讲话中,萨科齐总统提出了法国对非政策的新指导方针,宣布重新审视

"法国与非洲关系的旧模式",就与非洲国家现存的8项防务合作协议①进行重新谈判与修订。重新修订后的防务合作协议,只有与吉布提的协议仍保留原先的名称,与其他国家的协议大多都被冠以"伙伴关系协议"之名。

表4-2 法国与非洲签署的防务伙伴关系协议一览表

国家名称	防务协议名称	日期
喀麦隆	伙伴关系与防务协议	2009年5月21日
科摩罗	"更新版"防务协议	2010年9月27日
科特迪瓦	新防务协议	2012年1月26日
吉布提	防务合作条约	2011年12月21日
加蓬	防务伙伴关系	2010年2月24日
中非共和国	伙伴关系与防务协议	2010年4月8日
塞内加尔	新防务协议	2012年4月18日
多哥	伙伴关系与防务协议	2009年3月13日

资料来源:笔者根据法国国民议会网站信息自制,"Nouveaux Accords De défense France – Afrique", www.assemblee – nationale.fr。

新一代防务协议均由法国起草,模板大同小异。以法国与塞内加尔签署的新防务协议为例,新协议在序言中强调,"基于法国与塞内加尔两国之间深厚的友谊;基于两国对《联合国宪章》和平解决国际争端的原则的共同承诺;基于两国在2007年12月7—9日里斯本峰会达成的关于在欧盟—非洲战略合作框架下签署合作协议的意向,共同致力于维护非洲和欧洲的长期和平和稳定;基于两国对建立非洲共同安全与防务机制和维护区域和平稳定的共同决心,以及在非洲联盟领导下实现非洲安全与和平体系的共同愿景;基于两国深化军事合作关系,在相互尊重主权、独立和领土完整的原则下建立伙伴关系的共同愿望;基于法国在塞内加尔境内派驻兵力源自双

---

① 2014年7月16日,法国与马里签署了防务合作协议。2022年5月2日,马里过渡政府已单方面宣布中止协议。

第四章　法国对非洲军事合作的新发展（2008年至今）

方的共同意愿……"①

由此，我们可以观察到一些变化。一是新防务协议不仅保留了原有的法非双边关系基础，而且增加了遵守《联合国宪章》原则的条款，从而使得法非双边关系的合法性基础增添了国际合法性色彩。二是新防务协议将欧盟纳入法非双边关系框架，体现了法国意欲将法非关系打造为欧非关系的愿望。三是新防务协议凸显法非关系的地区性原则。这表现在两个层面：一方面，协议强调欧盟与非洲的战略合作，是大陆对大陆、地区对地区的行为，这是以前协议中所没有的。另一方面，协议强调在非盟的领导下实现非洲的共同安全和集体安全，从而将法国与非洲单个国家之间的关系变为法国—非盟—非洲国家之间的多边关系，也体现了地区性特点。四是新防务协议强调驻非兵力基于双方的共同意愿，而非法国单方面行为。此外，与以前的防务协议相比，新签署的防务协议没有秘密条款，均为公开发表，并且均需双方议会通过才能生效。这在表面上似乎脱离了过去非洲国家与前殖民国之间的殖民关系，更加突出非洲的现实需求。

2. 更加倚重国际和地区组织实现再合法化

一是法国对非军事合作更加强调法国与非盟及其次地区组织的合作。从2007年起，非洲次地区组织就曾尝试干预成员国内部冲突问题。很多非洲国家的内乱都与政治选举程序、内战、权力民主交接不畅、违宪、滥用公共权力等问题有关。为此，非盟非常重视成员国法治建设、尊重人权、政府治理等问题。2007年1月27—28日，非盟各国元首与政府首脑在亚的斯亚贝巴召开会议，通过了《非洲民主、选举和治理宪章》，以一种规范的形式对开展透明选举、杜绝一切违宪问题等进行了明确规定。这意味着非盟在防范和治理非洲大陆政治冲突与社会危机方面的作用将进一步加大，从此成为一个"国际上公认的、处理非洲和平安全与发展问题不可绕过的政治组织"。② 从那时起，非盟及其次地区组织开始尝试在非洲内乱问题上发挥调停作用。例如，西共体在几内亚、多哥和科特迪瓦国内

---

① M. Laurent FABIUS, Ministre des Affaires Étrangères, Au nom de M. Jean – Marc AYRAULT, Premier Ministre, "PROJET DE LOI Autorisant la Ratification Du Traité Instituant un Partenariat en Matière de Coopération Militaire entre la République Française et la République du Sénégal", Enregistré à la Présidence de l'Assemblée Nationale le 21 Novembre 2012, No. 427.

② Jean – Luc Stalon, "L'africanisation de la Diplomatie de la Paix", Revue Internationale et Stratégique, IRIS éditions, 2007/2, No. 66, pp. 47 – 58.

问题上均发挥过积极调停作用。在几内亚，西共体的作用是调解几内亚政府与民间社会团体之间的矛盾，以防止事态恶化。在多哥纳辛贝总统任期结束引发国内政治危机时，西共体也曾出面调停。调停往往会依托西共体轮值主席国总统或者西共体指定的非洲国家总统来实施，其主要任务是主持对立双方之间的谈判与对话。

二是法国对非军事合作日益聚焦危机管理，且联合国和非洲地区组织的作用愈发突出。2011年联合国在科特迪瓦的危机管理行动很好地说明了这一点，也体现了联合国的"新干预主义"趋向。[①]科特迪瓦总统大选后，两名候选人瓦塔拉和巴博都宣称自己获胜，导致科特迪瓦发生内战，联合国援引"保护的责任"与欧盟、非盟、西共体共同介入科内战，支持瓦塔拉上台，开创了联合国部队在非维和行动中"主动使用武力的先例"。[②] 本次行动在国际上引起了强烈反响和质疑，主要原因在于，科特迪瓦是法国的前殖民地和重要战略支点，这就难免让人怀疑法国在其中所发挥的作用。正如新华社世界问题研究中心研究员沈孝泉所指出的，萨科齐时代发动的两场战争，即利比亚战争和科特迪瓦战争，都是以联合国名义、高举人道主义旗帜来进行的，这很可能会成为法国干涉非洲事务的新模式。[③] 这也涉及一个核心问题，即联合国、非盟及其次地区组织、法国等国家在非洲危机管理和维和行动中到底是一种什么样的角色，这些角色是如何发挥作用的。如果仅把非盟及其次地区组织在危机管理中的作用视为政治层面，这是不合理的，也是不全面的，特别是在它们从此加强了与国际法语组织的和平与安全合作以后。

3. 更加注重发挥法语国际组织作用

在这一时期，法国长期投入和苦心经营的法语国际组织在危机与冲突防范与管理中的作用逐渐开始显露，法国积极塑造与联合国、非盟以及西共体和中共体之间的合作，并依托法国在非军事存在拓展其对非洲的影响力。2008年以来，法语国际组织在非洲危机防范与管理中的作用异军突起，成为一支不可忽视的力量，其中法国起到了积极塑造的作用。正如上文所述，法语国际组织在很大程度上

---

① 张蕴岭主编：《西方新国际干预的理论与现实》，社会科学文献出版社2012年版，第148页。

② 张蕴岭主编：《西方新国际干预的理论与现实》，社会科学文献出版社2012年版，第148页。

③ 沈孝泉：《从法国介入两场战争看其外交战略》，《当代世界》2011年第5期，第41—43页。

第四章　法国对非洲军事合作的新发展（2008年至今）

体现了法国政府的立场、态度和政策。

一是法国对非危机防范与管理更加突出法语国际组织的政治支持。该组织依据其宪章以及 2000 年通过的《巴马科宣言》，特别是 2006 年的《圣 - 伯尼法斯宣言》中所规定的政治和司法授权，全面参与法语国家与地区的危机与冲突防范。该组织的授权主要涉及两大领域：规范预防和结构预防。规范预防主要是指通过促进国家与地区的和平、民主、人权、良治文化来防范冲突与危机。[1] 从《圣 - 伯尼法斯宣言》颁布开始，"法语国际组织明确承诺要在联合国维护和加强和平计划以及次地区快速反应机制中发挥决定性作用，这些作用将通过西非经共体监察团，非盟委员会的防务与安全处、冲突管理处和维和支持处，非洲大陆早期预警系统、非洲待命部队以及参谋部委员会等机构来实现，这就是结构预防的范畴"。[2] 从此，法语国际组织的职能范围开始向政治安全领域拓展。

二是法国在非维和行动更加依赖法语国际组织这一外宣平台。除政治领域以外，法语国际组织的职能范围还逐渐向维和领域发展。对此，法国国防与武装力量委员会成员、法国国会议员贝纳尔·卡兹诺夫在其文章《法语国家和军事合作：法语国际组织的新起点》中指出，法语国际组织决定正视维和问题，法国需认真考虑法国军事合作政策的转型，特别是法国在非军事力量的重新部署。[3] 2009 年 6 月 15—20 日，法语国际组织召集西非次地区国家在巴马科举行研讨会，呼吁该次地区加强与联合国和非盟在维和领域的合作。随着尼日利亚恐怖组织"博科圣地"和马里极端组织的肆虐，法国与非洲国家元首于 2013 年 12 月 6—7 日在巴黎召开爱丽舍宫和平与安全峰会期间，决定各国齐心协力打击恐怖主义威胁。2014 年 5 月，各国在巴黎峰会期间再次呼吁要联合反恐，在"保护的责任"框架下加强团结、维护人权，维护国际稳定。法语国际组织乘势向法语国家宣传维和行动的重要性，向各国普及维和行动的标准和程序，并鼓励各国积极参加维和行动。该组织不仅致力于加强与成员国的合作，还通过加强与双边和多边伙伴在培训领域的合作来提升其成

---

[1] Omar DRAME, "Le Role Historique et Actuel de la Francophonie dans le Règlement des Conflits", Université de Toulouse, 2017, p. 31.

[2] Omar DRAME, "Le Role Historique et Actuel de la Francophonie dans le Règlement des Conflits", Université de Toulouse, 2017, pp. 20 - 21.

[3] Bernard CAZENEUVE, "Francophonie et Coopération Militaire, un Nouveau Départ pour l'OIF", Revue Internationale et Stratégique, IRIS, 2008/3, No. 71, pp. 109 - 111.

员国维和部队的能力，积极与非政府组织、民间社会团体、地区组织或其他法语机构合作共同促进和平文化。

2008年以后，法国外交部防务与安全合作总局加强了其与法语国际组织的合作关系。法国在对非军事合作中突出与法语国际组织的合作，这是2008年以来法非军事合作的一个新特点。2012年10月和2013年12月，防务与安全合作总局与法语国际组织联袂，分别在亚的斯亚贝巴和达喀尔举行会议，共同盘点法语地区维护和促进和平行动领域的不足与对策。[①] 有研究表明，在法国防务与安全合作总局的不懈努力下，向联合国机构以及国际和地区组织开展游说活动成为法语国际组织的一项重要使命。法语国际组织认为，鉴于联合国的大多数维和行动都在非洲法语区进行，为保证维和行动的顺利进行，使用法语应该是一个基本条件。基于这种考虑，法语国际组织尤其注重支持和帮助非盟以及西共体和中共体等次地区组织开展维和行动，并将其与联合国、欧盟、非盟、西共体和中共体以及法语国家与地区的培训中心之间的合作机制化，以帮助法语国家提升人力、物力和财力等维和支持。[②] 此外，法语国际组织在非洲防务与安全领域的作用仍在上升，这也为后来马克龙政府对非军事政策调整创造了有利条件，并提供了一个合理解释，有利于理解为何马克龙政府的非洲事务理事会以民间组织人士为主，也有利于理解2021年非洲国家政变强势回潮背景下法国的作用，而这些都是法国对非军事合作的新特点和新趋势。

（二）力求将法国地区学校打造为公共产品

这一时期，法国将其在非洲开设的地区学校向盟友开放，深入推进欧盟与非洲探索法国对非军事合作的新路径和新办法。其中，最主要的表现就是，法国意欲将法国地区学校打造为公共产品。

2008年以来，法国在非洲资助开办的地区学校迎来了收获时节。经过十年的苦心经营，非洲国家在危机管理和维和领域具备了一定的专业知识，能够与法国及其欧洲盟友开展一定程度的协同行动。2009年2月，多哥洛美维和行动培训中心成立，主要目的是培训参加维和行动的军人和警察特遣队。2012年，多哥迅速动员该特遣队，成为首批为联合国马里稳定团提供维和部队的非洲国家之一。2013

---

① Omar DRAME, "Le Role Historique et Actuel de la Francophonie dans le Règlement des Conflits", Université de Toulouse, 2017, p. 31.

② Omar DRAME, "Le Role Historique et Actuel de la Francophonie dans le Règlement des Conflits", Université de Toulouse, 2017, pp. 34–35.

第四章　法国对非洲军事合作的新发展（2008年至今）

年，法国在马里发动"薮猫"行动后，法国与多哥合作组建了一支增援部队，与法国"薮猫"部队共同监管马里领空。

继里斯本峰会后，法国推动构建了非盟与欧盟之间的战略伙伴关系，地区学校也随之发生了一些变化。具体表现在以下几个方面。

第一，欧盟的财政支持使地区学校取得了进一步发展。这些学校将在欧盟的军事安全投入下运行更加顺畅，而且，由于非洲武装力量也开始具备了一定程度的维和能力，因此这也有利于在欧盟的帮助下推动地区和国家安全体系的改革。在法国防务与安全合作总局看来，这些改革的首要目的在于，"通过参加一些基于法治和人权的多边行动，非洲军队将能够帮助法国和欧洲国家在当地传播这些价值观"。[1] 欧盟对法国地区学校的资金支持均通过非盟转交给相关次地区组织，后者再将其分配到各个培训中心。这种再分配安排迫使非洲各机构之间就其行动进行协调，从而有利于实现非洲安全的地区化建设。[2]

第二，地区学校的运营逐步走向"多边化"。起初地区学校均由法国和非洲相关国共同建设和管理。在里斯本峰会后，这些学校管理、出资或运行开始出现"多边化"倾向，往往是以某个欧洲或非洲国家为一方，某个地区组织如欧盟，或某个国际组织如法语国际组织为另一方。事实上，地区学校网络的出资或运行向新行为体开放是防务与安全合作总局的一大目标。尽管如此，法国仍然是向这些学校出资最多的一方，这一点并未因合作预算减少而发生改变。[3] "多边化"趋势主要表现在两个层面：一是对外开放仅仅出于分摊学校运营成本的目的，例如贝宁冲突后排雷和去污染行动进修中心就允许日本作为出资贡献方加入法国对非军事合作，日本出资75万美

---

[1] BOULAY, Mathilde, FRIEDLING, Bernard, "Les Écoles Nationales à Vocation Régionales", Partenaires Sécurité Défense, Revue de la Coopération de Sécurité et de Défense, No. 268, Hiver 2012, p. 16.

[2] Ancien Coopérant Français, Entretien Réalisé le 6 mars 2013 par Violaine VINCENT – GENOD dans sa Mémoire Intitulée, "Instrument Pour une Appropriation Française de la Sécurité en Afrique?", Université Libre de Bruxelles, Université d'Europe, 2012 – 2013, p. 71.

[3] Ancien Coopérant Français, Entretien Réalisé le 6 mars 2013 par Violaine VINCENT – GENOD dans sa Mémoire Intitulée, "Instrument pour une Appropriation Française de la Sécurité en Afrique?", Université Libre de Bruxelles, Université d'Europe, 2012 – 2013, p. 71.

元用于扩展校舍，为扩大招生规模作出了贡献。① 二是多个国家或组织可在不同领域开展联合运营，同样在上述贝宁学校，除日本外，贝宁军方还将学校对比利时、瑞士、巴西、加拿大和法语国际组织开放，这些国家和组织可以在财政或后勤领域自由选择合作领域。如此，法国可以实现一举三得：一是分担地区学校的运营成本，减轻法国经济负担；二是合作方增加有利于增加培训对象的多元化，例如对非洲的西班牙语或葡萄牙语国家的培训，从而有利于提高这些学校的国际知名度；三是愿意加入合作意味着对法国军事教育和机构的认可，这也有利于提高法国的国际影响力。②

　　第三，有的地区学校逐渐成为全球公共产品。目前，除多哥洛美维和学校外，在法国以维和为主要培训目的的地区学校中，共有五所学校实现"多国化"管理而成为国际学校。它们分别是：马里巴马科维和学校、科特迪瓦海上行动学校、加纳安克拉维和学校、肯尼亚维和力量国际培训中心和埃塞俄比亚维和力量培训中心。以马里地区维和学校为例，学校管理除马里和法国外，还增加德国、加拿大、美国、日本、荷兰和瑞士等多个国家。此外，这些学校还与法语国际组织进行了密切合作。该组织与法国地区学校网络内的多所学校均有合作关系，合作范围主要集中在维和领域，旨在通过与双边和多边伙伴开展合作，以提高其成员国参加维和行动的能力，进而为安全的地区化治理与军事培训的本土化作出贡献。这与法国开办地区学校的初衷高度契合，法语国际组织再次被证明是法国开展对非军事合作的一个重要工具和平台。

二、行动合作

　　2008 年以来，法国在非洲的结构合作与行动合作均经历了一些改革，并呈现出一些新的特点和趋势，主要表现在两个方面：一是冷战结束后法国倡议发起的"加强非洲维和能力计划"，在 1994—2008 年经过法国主导的对非军事行动实践后，于 2007 年更名为"欧

---

① Ancien Coopérant Français, Entretien Réalisé le 6 mars 2013 par Violaine VINCENT – GENOD dans sa Mémoire Intitulée, "Instrument pour une Appropriation Française de la Sécurité en Afrique?", Université Libre de Bruxelles, Université d'Europe, 2012 – 2013, p. 71.

② Ancien Coopérant Français, Entretien Réalisé le 6 mars 2013 par Violaine VINCENT – GENOD dans sa Mémoire Intitulée, "Instrument Pour une Appropriation Française de la Sécurité en Afrique?", Université Libre de Bruxelles, Université d'Europe, 2012 – 2013, p. 71.

盟加强非洲维和能力计划",实现了"欧洲化"与"非洲化"的统一。二是在此基础上,法国直面国内外对法非军事合作的质疑与批判,以及法国对非军事合作中的不足与缺陷,不断在对非行动合作中探索新的合作模式,以期进一步确立法国主导、联合国框架、欧盟和非盟等参与贡献的对非军事合作模式,进而实现法国大国地位的梦想。

(一) 实现法国对非洲军事培训"欧洲化"与"非洲化"的对接

在法国的推动下,法国对非洲的双边军事合作被置于欧盟与非盟两个大陆之间的军事合作叙事下。2007年12月8日,在里斯本首脑会议上,各国国家元首和政府首脑通过了一项非盟—欧盟联合战略,其核心目标是加强两个大陆在八个领域的政治伙伴关系与合作,其中包括和平与安全领域。这一伙伴关系"旨在确保为非洲和平与安全架构的建立和运作提供充分、连贯和可持续的支持,并为非洲领导的冲突处理实施全过程支持,还旨在促进长期能力建设,包括军事和民事危机管理以及为非洲待命部队提供一致和协调的支持"。[1] 在法国的设计中,欧盟的主要作用不在于取代非洲待命部队管理危机,而在于为非洲军队提供培训、训练、后勤保障和资金支持。具体而言,欧盟与非盟在和平与安全领域的合作主要涉及三个层面:一是开展政治对话;二是帮助建设非洲和平与安全架构,即在欧盟共同安全与防务政策框架下开展对非行动支持,主要包括对地区武装部队或安全力量的培训、安全部门改革和加强法治建设,例如欧盟在马里创建了一个支持西共体的专门机构,主要负责协调军事装备、运输等方面的援助;三是为和平支助行动提供资金支持。在欧洲发展基金框架下,欧盟于2004年设立非洲和平支助基金,用以支持非洲大陆的和平与安全架构框架下军事行动的准备与实施。

欧盟日益成为非洲安全自主进程中的主要外部行为体,反之亦然。对此,欧盟安全研究所高级研究员提埃里·塔尔迪指出,"非盟日益成为欧盟偏爱的对话者与必不可少的合作伙伴"。[2] 欧盟为非盟及其次地区组织在能力提升、人员薪酬、"阿玛尼非洲"周期演习以及培训中心等诸多领域提供资金支持。以2008—2010年"阿玛尼非洲"周期演习为例。"阿玛尼非洲"周期培训方案在两年的周期内开展军地联合活动,培训非洲领导人,制订大陆危机管理决策计划,

---

[1] "Council Condusions on ESDP", http://www.consiglium.europa.eu/ESDP.

[2] Thierry Tardy, "L'Union Européenne et l'Union Africaine: Quelle Complémentarité dans la Gestion Des Crises?", Revue Défense Nationale, 2016/7, No. 792, p. 123.

包括从政治决策到军队介入的全部过程。总体目标是协助非盟支持非洲待命部队的发展,在"欧盟加强非洲维和能力计划"的框架下运行。

法国倡议的"加强非洲维和能力计划"经过十多年的实践经验,已经成为一个较为成熟的机制,大约40个非洲国家、欧盟国家等加入。自里斯本峰会后,在法国的游说下,英国与法国统一立场,在将"加强非洲维和能力计划"转变为"欧盟加强非洲维和能力计划"的过程中发挥了领头羊的作用。法国是欧盟接管该计划后第一个周期计划指定的"框架国",也就是领导国。法国还是该周期计划总协调机构——非洲信息交流中心的"框架国",该机构设在巴黎,由一名法国将军担任主任,一名英国官员担任副主任。

首个周期培训计划共分四个阶段:第一阶段是2009年4月,各方召开战略决策者研讨会,特别邀请非盟和平与安全理事会参加,各国部长同意加强欧非信息中心合作,并成立一个防范与预警联动机制。第二阶段是2009年9月,各方在非盟举行培训演习,旨在启动培训指挥和控制结构,开展非洲待命部队的程序性工作。第三阶段是2009年秋,各方在非盟举行了政治和战略会议,以制订非洲待命部队综合特派团任务和计划,确保全面参与和平支助行动。第四阶段是2010年第一季度,组织指挥演习,对参与行动的非盟成员国危机应对行动进行演练。

欧盟对此类周期培训的资金投入非常可观。在本轮培训中,欧盟对非和平支助基金投入3亿美元。[1] 事实上,自2004年非洲和平支助基金成立伊始,欧盟就为非洲和平与安全投入11亿欧元。[2] 之后,虽然因为任务不同有所浮动,但欧盟的资金支持数额都很可观。2013年11月21日,非盟向欧盟提出请求,希望欧盟能对非盟主导的在中非共和国国际特派团提供资金支持,欧盟答应提供5000万欧元。[3] 2014—2016年,欧盟对该领域的投入总额高达5.5亿欧元,同期,欧盟为非盟快速反应机制提供了1500万欧元的资金支持。[4]

---

[1] Thierry Tardy, "L'Union Européenne et l'Union Africaine: Quelle Complémentarité dans la Gestion des Crises?", Revue Défense Nationale, 2016/7, No. 792, p. 123.

[2] Thierry Tardy, "L'Union Européenne et l'Union Africaine: Quelle Complémentarité dans la Gestion des Crises?", Revue Défense Nationale, 2016/7, No. 792, p. 123.

[3] Thierry Tardy, "L'Union Européenne et l'Union Africaine: Quelle Complémentarité dans la Gestion des Crises?", Revue Défense Nationale, 2016/7, No. 792, p. 123.

[4] Thierry Tardy, "L'Union Européenne et l'Union Africaine: Quelle Complémentarité dans la Gestion des Crises?", Revue Défense Nationale, 2016/7, No. 792, p. 124.

第四章　法国对非洲军事合作的新发展（2008年至今）

欧盟正在从一个强大的经济实体发展成为一个不可绕过的国际安全行为体，已通过政府间共同外交与安全政策、欧洲安全与防务政策以及目前的欧盟共同安全与防务政策等工具，系统地发展了其对外关系能力。欧盟与第三国签订的援助协议越来越广泛，并开始涉及安全部门改革。"欧盟加强非洲维和能力计划"是一个地区机制相互渗透和融合的进程，这一过程始于1957年欧盟和非洲—加勒比—太平洋国家之间的关系，并通过欧盟与非盟联合战略正式形成。它通过提供培训资金支持、和平支助行动知识或后勤专业知识以及运作良好的基础设施来支持非洲待命部队建设。尽管该合作计划囊括了非盟、欧盟及其下属机构，以及其他国际行为体，但是法国希望借该计划既能保持法非特殊关系，又能在欧盟防务一体化中占据领导地位，这决定了"欧盟加强非洲维和能力计划"的发展方向。

与最初的"加强非洲维和能力计划"不同，"欧盟加强非洲维和能力计划"强调安全—发展相关联的综合安全办法，在培训领域不仅包含军事培训，还包括警察和地方官员的培训。由此产生的非洲待命部队有望具备预防、管理、解决冲突以及冲突后重建等方面的综合能力。它是对法国早期"加强非洲维和能力计划"的继承与发展，在保留了之前军事教育和培训的同时，强调"非洲问题非洲解决"的决策层面，而非简单的"非洲化"。

非盟自从成立伊始就在2003年埃维昂首脑会议上向八国集团提出援助请求。在法国、德国、英国、美国，特别是欧盟委员会的积极游说下，八国集团承诺支持非盟倡议，并承诺继续为非洲提供资金支持和军事培训，加强活动协调。[1] 与"加强非洲维和能力计划"一样，"欧盟加强非洲维和能力计划"的目标也是通过教育和培训加强非洲维和能力。不同的是，它是以"非洲方式解决非洲问题"为主导的，重点更加明确地放在使非盟和非洲区域组织能够更有效地为区域安全作出贡献上。作为与欧盟合作的条件，非盟提出了三个核心要求：第一，欧盟建立伙伴关系的对象必须是非盟，而不是非盟下属的次地区组织，这有利于提高非盟在非洲和平与安全领域的权威。第二，非盟要求欧盟向非洲转让产品和技术，认为欧洲的责任不在于直接培训非洲武装部队，而在于培训非洲教员，之后由非洲教员培训非洲武装力量，为非洲的和平支助行动作出贡献。第三，非盟明确要求，"欧盟必须是欧非伙伴关系中领导欧洲的一方，而不

---

[1] Tony Haastrup, "EURORECAMP: An Alternative Model for EU Security Actorness", Studia Diplomatica, Vol. 63, No. 3/4, p. 7.

是法国"。① 从理论上讲，非盟和欧盟共同主导着其日常进程，但实际上，欧盟承担了更多的责任。欧盟委员会和理事会总秘书处共同努力，协助欧盟成员国实施该计划，负责每天与非洲同行保持联系，并将非洲的意见和建议向欧盟成员国传达。此外，欧盟委员会对外关系机构负责为该计划提供预算捐助。

（二）以欧盟共同安全与防务为抓手，推动欧盟加大对非洲安全事务的投入

法国对非军事合作存在一些现实困难，一方面，合作因受到本国经济的制约而显得力不从心；另一方面，合作仍然受到国内外的质疑与批判，故希望借力欧盟共同安全与防务，推动欧盟加大对非安全投入，努力扭转法国对非军事合作的不利局势。

1. 推动欧盟对非军事与安全培训

欧盟在共同安全与防务政策框架下，在萨赫勒地区承担三个任务：一是"欧盟在尼日尔的萨赫勒能力建设项目"，这是一个支持尼日尔安全力量（警察、宪兵、国民警卫队和武装部队）的民事任务，旨在加强尼日尔法治建设和打击恐怖主义和有组织犯罪方面的能力。自2015年5月以来，其任务范围已扩展到移民管控与治理领域。二是"欧盟在马里的萨赫勒能力建设项目"，这是2014年启动的一项民事任务，为马里警察、宪兵、国民警卫队以及相关部委提供战略咨询和培训方面的专业技术知识，以支持马里的安全能力建设。三是"欧盟马里军事训练项目"，这个军事训练项目于2013年启动，通过组建营级单位并支持国防改革，为马里政府军重组提供咨询建议，并与萨赫勒五国集团开展合作，共同应对地区各国边境安全问题，遏制恐怖威胁的扩散。

在法国的推动下，欧盟实施了一项旨在为非洲和平与安全培训中心提供支持的计划，即"发展与安全能力建设计划"，其中有五个培训中心是法国在非洲的地区学校，旨在提高待命部队的教学水平。在欧盟内部，法国支持建立欧盟在马里、尼日尔的萨赫勒安全能力建设任务以及欧盟在马里军事训练项目。在联合国安理会，法国为马里稳定团的建立和部署提供了政治支持。

2. 推动欧盟加大对非军事装备和财政支持

法国凭借其外交网络，在防务与安全合作总局的统筹指导下，在萨赫勒五国集团和欧盟、联合国等国际组织中努力作为，争取美

---

① Tony Haastrup, "EURORECAMP: An Alternative Model for EU Security Actorness", Studia Diplomatica, Vol. 63, No. 3/4, p. 7.

第四章　法国对非洲军事合作的新发展（2008年至今）

国、欧盟国家和联合国等各行为体对萨赫勒地区的人力和物力支持。在法国的推动下，2017年，法国、德国和欧盟共同发起设立了萨赫勒联盟，并倡议发起了一项萨赫勒反恐筹资机制，得到非洲开发银行、世界银行和联合国开发计划署的支持。2017年12月13日，法国动员了萨赫勒地区的主要域外大国参加为萨赫勒五国集团联合部队筹资的国际会议，后于2018年2月23日的会议上成功为萨赫勒地区反恐筹集了国际资金支持。

（三）巩固法国对非洲军事行动的"框架国"模式

"框架国"模式是欧盟成员国在共同安全与防务政策框架下开展对外军事行动的一种独特运行方式，即指定一个国家主要负责军事行动，并将其军事资源和军事指挥系统分享给行动的其他参与方共同使用。自欧洲共同安全与防务政策实施以来，2003—2012年，欧盟已经开展了约30次民事行动，其中6次是军事行动，且主要在非洲。在整个过程中，法国在制定和执行政策方面发挥了关键作用，成为欧盟对外行动的主要设计师。2008年以来，法国着重塑造法国作为"框架国"的多边联合干预模式。例如，法国是欧盟在刚果（金）"阿尔忒弥斯"行动的"框架国"。该模式可以很好地训练"框架国"的军事作战能力和指挥系统，对于法国来说，它还训练了法国远程军事干预能力，因此成为法国2008年以来在军事行动领域的主打行动模式。主要表现在以下两个方面。

一是法国以新的理念和新的方式，继续深入推进在非反恐军事行动的"欧洲化"。在这一时期，反恐成为法国对非军事行动的新叙事。正如艾提安·史密斯所说的，"法国对非洲的军事干预似乎没有尽头：在经历了殖民、新殖民主义、冷战和后两级时代的危机管理阶段之后，反恐战争为始终怀有帝国梦想的法国军队提供了一颗新种子"[①]。2013年1月11日至2014年7月15日，法国军队应马里过渡政府请求，出兵马里实施"薮猫"行动，帮助马里打击叛乱分子和"圣战"分子。"薮猫"行动得到了比利时、加拿大、丹麦、德国、荷兰、西班牙、阿联酋、英国和美国的后勤支持。乍得派遣了法国指挥下的作战部队。在马里和乍得军队的支持下，"薮猫"行动进行了高度机械化的干预，法军速战速决，重新控制了马里北部地区。2014年7月，"薮猫"行动被"新月形沙丘"行动取代，并得到德国和英国的后勤支持。但"新月形沙丘"行动没能阻止马里

---

① Etienne Smith, "Sous l'empire des Armées. Les Guerres Africaines de la France", Les Temps Modernes, Gallimard, 2017/2, No. 693 – 694. p. 27.

在内的萨赫勒地区的暴恐行动,2017年初,该地区恐怖主义威胁飙升,各恐怖组织与马里叛乱组织相互勾结,形势近乎失控,法国更进一步加大了反恐力度。

二是法国对非危机管理行动更加倚重欧盟与北约力量。2010年,北约在里斯本峰会上提出战略新概念,强调北约在全球热点地区进行危机管理和军事干预中的作用。2011年,美西方挑起的利比亚战争表明,欧盟与北约之间存在着心照不宣的分工,北约负责打硬战,欧盟则为其提供外交和经济财政援助。贺刚将其总结为"大国亮剑、欧盟举旗的欧洲化新干预方式"。[①] 尽管欧盟已经有不少对非军事行动实践,但仍以维和为主,侧面反映出法国与欧盟大多数成员国在动用武力管理危机方面存在的分歧。如果法国想推动欧盟加大对欧洲周边安全事务的介入,就需要花大力气建构欧洲在防务领域的战略自主。然而,在法国内外交困的背景下,恐怕只能采取缓兵之计,着力统筹拉动欧盟与北约的合作,这就需要在非洲大陆这一平台上去试验。2014年9月,北约在威尔士峰会上重申跨大西洋伙伴关系,并决定加强欧洲防务。2017年5月25日,北约在布鲁塞尔召开峰会,讨论了北约在支持欧盟在非反恐斗争中的作用问题,并强调加强北约在欧盟反恐领域的军事支持。这是一种新现象,为法国将北约纳入其在非军事合作提供了可靠基础,符合法国的战略期待,并将对未来法国在非军事合作产生深远影响。

经过冷战后二十几年的努力,表面上看,法国初步实现了其对非军事合作的"欧洲化""非洲化",以及两者之间的对接。然而,国际社会对法国的这些做法仍然存在质疑。正如蔡弗所说的,"自2013年以来,法国对马里和萨赫勒的干预及其对萨赫勒五国集团联合部队的支持包含了新的内容,更加强调区域方法和重视新联盟建设……但这并不意味着它正在解决问题的根源"。[②]

[①] 贺刚:《欧盟对外干预政策研究——以利比亚剧变为例》,《国际政治与经济》2013年第6期,第113页。

[②] Tony Chafer, Gordon D. Cumming & Roelvander Velde (2020), "France's Interventions in Mali and the Sahel: A Historical Institutionalist Perspective", Journal of Strategic Studies, 43: 4, pp. 482 – 507, DOI: 10.1080/01402390.2020.1733987, p. 48.

第四节　马克龙上台以来法国对非洲军事合作发展趋向

2017年马克龙上台执政以来，特别强调法非关系要摆脱传统框架的束缚，发展面向未来的新关系。法国在萨赫勒地区反恐引发当地反法情绪日益高涨，2022年11月9日，马克龙宣布将在未来六个月内确定对非洲的新战略。法国对非军事合作出现一些新发展趋势，但也因为种种因素的制约而面临着不少困境。

一、当前发展趋势[①]

马克龙从上台伊始就着手改革法非关系。他非常强调变革的理念，这在结构合作与行动合作方面均有不同程度的体现。

（一）进一步优化结构合作

结构合作层面，马克龙对非军事合作调整主要表现为进一步缩减兵力，调整军事部署；夯实法国在非军事存在的"欧洲化""非洲化""公共化"和"综合化"等方面。

1. 进一步缩减兵力，调整军事部署

2013年1月，法国在马里发起"薮猫"行动，随后，法军在萨赫勒地区先后开展了"新月形沙丘"行动，并领导了构成法军在萨赫勒地区军事干预行动的"三部曲"。然而，这些反恐行动成效并不明显，恐怖活动愈反愈烈，地区民众反法情绪日益高涨。2022年，法国被迫调整其对非洲的军事战略。根据马克龙的计划，未来法军驻塞内加尔、科特迪瓦和加蓬的兵力人数将会大大减少，每个基地最多只保留300名军人。与此同时，法国在乍得、尼日尔和吉布提驻军保持不变。法军还决定将在尼日尔建立新的基地，作为法国在萨赫勒地区军事行动的中心。此外，法国还有部分特种部队将继续在该地区开展军事行动。法国在非洲军事部署的使命也将随之进行调整，将通过"非洲化"和"集中化"改变现有基地的"面貌和足迹"，其中一些将成为与东道国军队的"联合基地"，另一些则改编为"军事院校"，以提升法国对非洲的军事培训、军事支持和装备援助的水平。

[①]　以下部分内容和观点已发表在《世界知识》。详见刘夫香：《法国对非新战略或面临变数》，《世界知识》2023年第16期，第44—45页。

2. 进一步推动法国在非军事存在的转型

马克龙从上台伊始就不断致力于法国在非军事存在的转型。在继续推进法国对非军事合作"欧洲化"和"非洲化"的同时,马克龙力推对非军事合作的"公共化"和"综合化"。2017 年版《国防与国家安全战略评估》中特别提出要"努力增强预部署"。因此,法国在海外的预部署被描述为"在军事合作、危机预测和一体化方面的重大优势,为法国在全世界范围内投送兵力提供了安全平台"。2019—2025 年的军事规划法还提出要在两个非洲合作中心设立欧洲部队以提供支持。目前,法国在海外存在力量主要有两类:作为区域行动合作中心的"法国部队"和作为前进指挥基地的"法国部队"。截至 2019 年,法国在海外的存在力量共有 5 支,其中法国驻塞内加尔和加蓬部队是区域合作中心,本身没有作战能力,主要任务是在各自所在次地区执行法国的军事行动合作政策,塞内加尔负责西非地区,加蓬负责中非地区。另外 3 支均为前进指挥基地,分别为法国驻科特迪瓦、吉布提和阿联酋的部队,每一支部队都配备足够的兵力和装备,它们参加军事干预行动,在很短的时间内就可部署到非洲任何一个基地。近年来,随着欧盟与非洲关系的不断发展,法国意欲将其在非军事部署打造为公共产品,实现"公共化"以推动欧盟及其成员国加大对非洲的军事安全投入。自 20 世纪 90 年代,法国在非洲开设地区学校,帮助非洲推动一体化进程。现如今,地区学校已经成为法国开展对非军事合作的重要平台。截至奥朗德政府时期,法国在非洲共开设了 16 所地区学校,无论是培训规模、培训类型还是培训领域都发生了较大变化。法国的非洲地区学校每年为非洲培训 2800 名学员,培训类型高达 70 种,涉及维和、内部安全、医疗、排雷、行政、海上行动和民事保护等多个领域。[①]马克龙上台后,先后在塞内加尔、科特迪瓦、吉布提和欧洲增设 4 所地区学校。每个学校都能体现马克龙政府对非军事政策的新特点和新焦点。一是法语非洲国家在法国对外合作中的优先地位更加突出。根据 2016 年总统令,法国在吉布提开设了一所国际法警进修学校,成为法国在东非地区开设的唯一一所地区学校,只接收法语非洲国家和印度洋地区的学员,特别是国家警察部队、宪兵队、海防部队和国家安

---

① "Ministère de l'Europe et des Affaires Etrangères, Coopération de Sécurité et de Défense en Afrique", https://www.diplomatie.gouv.fr/fr/dossiers-pays/afrique/securite-et-lutte-contre-le-terrorisme/cooperation-de-securite-et-de-defense-en-afrique/.

第四章　法国对非洲军事合作的新发展（2008年至今）

全部队等部门的学员，旨在帮助提升各国法警和国内安全部队的司法执法能力。二是关注网络信息安全的重要性。随着网络安全威胁的不断上升，2018年，法国在塞内加尔达喀尔开设非洲地区网络安全学校，设有一个网络训练中心、一个模拟演习室、一个实验室和一个网络工程资料中心，目的在于帮助非洲国家应对网络犯罪、恐怖主义和极端化行为，开发打击网络犯罪的网络调查技术，并加强非洲国家在网络安全领域的地区合作。三是着力打造国际反恐的标准化模式。2021年，法国在科特迪瓦雅克威尔开设国际反恐学校，涉及法国多个部委，包括国防部、内政部、司法部、财政部和经济部。法国外交部官网明确指出，该学校既是一所面向非洲国家反恐部门的跨部委联合学校，又是一个特种兵与专业干预部队的训练中心，还是一个战略研究所，旨在打造一个国际反恐领域的样板式培训机构，构建反恐共同体，形成共同的反恐文化。法国计划于2023年将该所学校变成一所国际学校，以便为非洲反恐提供一种"综合性、多层面与发展型解决方案"。[1] 四是推动欧非关系进入新时代。法国与非洲的双边合作不断被欧洲与非洲两个大陆之间的合作所加持。在欧洲对非洲的防务与安全政策框架下，法国不断加强其非洲地区学校的开放性，不仅将地区学校面向非法语国家开放，而且将地区学校的资助方和培训领域不断扩大。在这一背景下，法国地区学校受欧盟的资助金额不断增长。2022年，法国首次将其地区学校开在了欧洲大陆，这标志着法非军事合作进一步纳入欧非合作框架，进入一个崭新时代。

随着国家安全观念的不断拓展，法国对非军事合作不断与对非发展政策联动，表现出日趋"综合化"的特点。2008年开始，法国提出萨赫勒战略构想。2011年，以法国为首的西方国家集体干预利比亚，导致恐怖组织在萨赫勒地区快速蔓延。恐怖组织与马里北部叛乱分子相互勾连，致使马里成为萨赫勒地区恐怖主义威胁最严重的国家。2012年开始，法国先后在马里开展了"薮猫"行动和"新月形沙丘"行动，反恐行动成效有限。法国逐渐认识到，萨赫勒地区不仅面临安全和军事问题，还面临重大发展问题。2014年，法国对最初的萨赫勒战略构想进行了修订，决定让地区国家自主反恐，法国则负责推动联合国、欧盟等国际组织支持地区国家。为此，法国推出"3D计划"，

---

[1] "Ministère de l'Europe et des Affaires Etrangères, Coopération de Sécurité et de Défense en Afrique", https：//www.diplomatie.gouv.fr/fr/dossiers–pays/afrique/securite–et–lutte–contre–le–terrorisme/cooperation–de–securite–et–de–defense–en–afrique/.

即外交、防务与发展三位一体的综合性计划。马克龙时期，安全与发展并举已经成为法国对外军事行动的重要指导原则，军地联合行动日益成为作战行动的主流样式。法军认为，法国在马里军事干预的失败忽视了马里国内因素的变化，认为这主要出于马里政府在实现国家安全、良治与发展方面的能力弱势。2023年3月马克龙宣布，法国计划减少在非洲的军事活动，将重点转向拓展与非洲的经济关系。事实上，这一理念已经先行在尼日尔付诸实践。在过去十年里，法国发展署在尼日尔的援助承诺增加了10倍。法国外交部长凯瑟琳·科隆纳2022年访问非洲时曾说过，安全、善治和发展不可分割，并宣布将向尼日尔发放5000万欧元的援助，用于改善尼日尔的电网结构以及提供资金支持。

（二）继续推动对非洲军事行动合作范式的转变

在行动合作领域，法国倡议构建萨赫勒五国集团及其联合部队，法国对非军事合作的"多边化"特点更加突出。特别是自2014年以来，在法国的倡议下，一项新的政府间协调机制诞生，即萨赫勒五国集团。该组织由布基纳法索、马里、毛里塔尼亚、尼日尔和乍得五个国家组成，目的在于通过民主和良治实现各国发展与安全所需的必要条件。在此基础上，2017年，萨赫勒五国集团联合部队成立，旨在联合应对次地区内的安全挑战与威胁。法国对此非常支持，在武器装备援助、军事培训、情报共享与后勤支持等方面提供了大量援助。在法国的外交斡旋下，欧盟也同意通过非洲和平支助基金为联合部队提供资金支持，并向地区五国提供非致命性设备、服务和基础设施援助。这标志着一种新型防务与安全合作的产生。

马克龙执政以来，法国对非军事干预政策延续了其前任总统的做法。21世纪初，在科特迪瓦和中非共和国发生危机之时，法国毫不犹豫地发起军事干预行动。萨科齐上台后，尽管口头上强调要实现法非平等伙伴关系，并就双边防务协议进行了重新谈判和改革，还试图恢复与卢旺达的军事关系，法国似乎有意向世界发出信号，从此不再肆意发动对非军事干预。然而事实是，萨科齐政府于2011年对联合国安理会决议肆意发挥，空袭利比亚，至今其负面影响远未消失。奥朗德时期的对非军事干预政策如出一辙。马克龙上台以后，虽然也在强调发展与非洲的伙伴关系，但其对非洲的军事行动延续了其前任的做法，继续执行奥朗德时期发起的"新月形沙丘"行动。2020年7月15日，法国发起并领导了"塔库巴特遣队"，召集了瑞典、爱沙尼亚、意大利等欧洲国家的特战力量，以配合法军的"新月形沙丘"行动。随着马里反法情绪的高涨，2022年8月16日，法国被迫结束对马里军事干

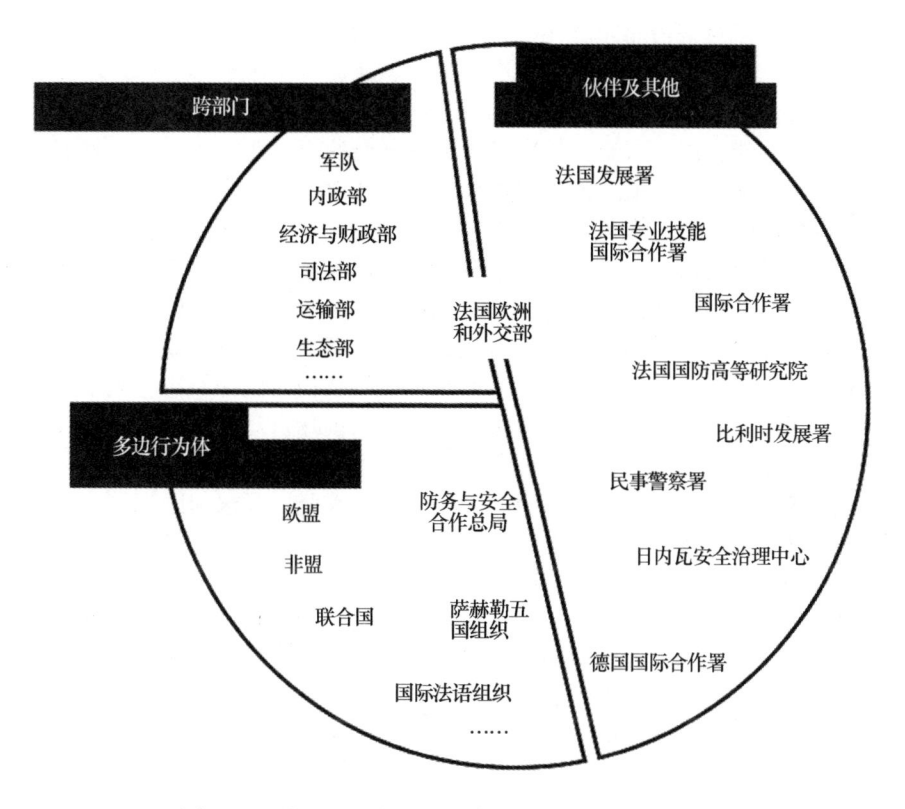

第四章 法国对非洲军事合作的新发展（2008年至今）

图4-4 截至2021年法国防务与安全合作组织架构图

资料来源：法国外交部网站。

预的"马拉松"并从马里撤军。

有学者认为，马克龙政府的对非军事政策带有明显的戴高乐主义色彩，其对非洲，特别是对撒哈拉以南法语非洲的政策做法更加隐蔽、新殖民主义色彩更加难以察觉，一度受到质疑和批判。学者艾提安·史密斯认为，与美国在萨赫勒地区的反恐部队相比，法国在萨赫勒地区的军事干预部署是为了寻求永久存在，"（法国）在马里加奥地区等已经建立了一些新基地。有些国家在过去几十年来都没有法军存在，而近年来，马里、布基纳法索和尼日尔等国家正在重新习惯法国在本国的军事存在……以至于，有人发现，法国在非军事部署版图跟20世纪 60 年代法属西非和法属赤道非洲版图越来越相似"①。

面对新冠疫情的冲击、中美日益加剧的战略博弈，法国的国防与安全理念发生了重大变化，这将不可避免地会对法非军事合作产生影响。法国于 2021 年发布了《战略调整报告》，认为"大国间直接对抗的假设不能忽视。当前的紧张局势和可能性的断裂要求我们必须做好应对重大冲突的干预准备，并继续致力于法军能力的再次强大，以适应变化了的国际形势"。②为此，"法国将更加强调国家层面的行动，提出要维持国家在尽可能大范围内的全频谱干预能力，包括反恐、混合威胁和高强度冲突等"。③与此同时，"法国将致力于打造一种'全能军队模式'④，即在物质和非物质领域都能开展行动的模式，这也将有利于法国训练其欧洲合作伙伴"。⑤为提高欧盟对法国军事行动的支持，法国认为"应将恢复欧洲防务作为法国国际行动的核心。尽管这在战略文化和有效能力方面可能对欧洲国家产生连锁反应，但法国靠自身的努力难以应对破坏稳定的战略趋势，因此，寻求与欧洲国家的协同并加强合作是必不可少的"。⑥贝鲁克·麦思凡指出，"法国正在用'欧非特殊关系'取代'法非特殊关系'，这意味着法国在非洲的事业将被'欧洲化'，这是一种巧妙的尝试，旨在挽回合法性的表象，确保国际社会对法国新型缔造和平使命的祝福，并朝着成本分担的方向前进"。⑦他认为，正因为如此，"法国必须加强与欧盟、北约和其他多边合作框架的可靠性，尤其是'欧洲干预倡议'，……构建欧洲国

---

① Etienne Smith, "Sous l'empire des Armées, Les Guerres Africaines de la France", Les Temps Modernes, Gallimard, 2017/2, No. 693 - 694, p. 27.

② DICoD, "Ministère des Armées", Actualisation Stratégique 2021, Bureau des Editions, janvier 2021, p. 45.

③ DICoD, "Ministère des Armées", Actualisation Stratégique 2021, Bureau des Editions, janvier 2021, p. 45.

④ "Modèle d'Armées Complet"，笔者译。

⑤ DICoD, "Ministère des Armées", Actualisation Stratégique 2021, Bureau des Editions, janvier 2021, p. 45.

⑥ DICoD, "Ministère des Armées", Actualisation Stratégique 2021, Bureau des Editions, janvier 2021, p. 20.

⑦ Berouk Mesfin (2008), "Only a Folie de Grandeur? Understanding French policyIn Africa", African Security Studies, 17: 1, pp. 114 - 118, DOI: 10.1080/10246029.2008.9627463.

第四章 法国对非洲军事合作的新发展（2008年至今）

家间的相互依赖关系"。① 根据法国以往的做法，这些理念应该不久后就会在非洲付诸实践与检验。

近两年来，法国对非洲的军事干预有了一个新称呼，即法非"军事行动伙伴关系"，并日趋在欧盟框架下实施。根据2021年《战略调整报告》，法非"军事行动伙伴关系"概念的主要目的在于帮助非洲国家防范和管理危机，主要做法在于伴随非洲伙伴国家军队，为其提供从培训、装备到作战的全套服务，以帮助非洲国家获得自主安全能力。在萨赫勒地区，法国将更加倾向于综合安全办法。在军事上，法国结束"新月形沙丘"行动，代之以欧盟的"塔库巴特遣队"，继续在非洲开展反恐、加强地区国家防务与安全能力建设、帮助实现民主治理、提供发展援助等。2022年，法国发布《国家战略评估报告》，法国认为其与俄罗斯在非洲的关系预判应遵循竞争—挑战—对抗三联模式，该模式已经在非洲成形，法国应从多地区和多空间的角度进行长远考虑。面对恐怖主义威胁的演变和法国的战略竞争对手在整个非洲大陆日益增长的影响力，法国希望根据非洲伙伴的要求与非洲建立新的伙伴关系，并进一步将民事方面的合作纳入安全、防务、外交和发展的统一体。特别是在非洲，法国将调动其公共外交，并通过向部队提供指挥和支持能力来限制或阻止侵略者。②

然而，法国可谓内忧外患。在法国的前殖民地国家，法国希望通过帮助萨赫勒地区实现发展来达到铲除"圣战"分子的目的，但是事与愿违，法国的反恐战争并没有取得明显的成效，非但如此，恐怖主义甚至是越反越恐，非洲国家领导人和各国民众反法情绪不断高涨，法国在非洲声誉扫地，影响力大打折扣。在国内，法国经济严重衰退，近年来国内民众对政府的信任危机已多次引发民粹主义运动，2020年新冠疫情以来，法国政府疫情应对不力进一步恶化了其政府的合法性。正如奥利韦埃·波尔热所指出的，"无论是从法国的大小还是实力来看，在中国、印度等新兴市场国家不断崛起的背景下，法国有必要发明新的防务与安全合作加以应对"。③

---

① Berouk Mesfin (2008), "Only a Folie de Grandeur? Understanding French policyIn Africa", African Security Studies, 17: 1, pp. 114 – 118, DOI: 10.1080/10246029. 2008.9627463.

② 法国2022年《国家战略评估报告》（中文版），第37、40、41页，https://www.sgdsn.gouv.fr/files/files/Revue%20nationale%20stratégique%20-%20Chinois.pdf。

③ Olivier Berger, "La France Toujours en Quête de Nouvelles Idées Pour Coopérer", Les Champs deMars, Presses de Sciences Po, 2019/1No.32, p.156.

二、面临的困境

在百年未有之大变局下，法国对非军事合作困境突出。

（一）法国经济低迷带来的国防预算压力难以满足法国大国雄心的实现

目前法国经济低迷，对非军事合作的财政预算不足是个难题。为弥补财政预算缺口，马克龙政府采取了一些有力举措。首先，法国统筹资源，促进总参谋部和法国开发署之间的结构合作，通过开展军地联合危机管理行动吸收地方财政资源。其次，法国还希望获取一些多边支持。法国意识到大型国际组织在对非军事干预行动中的重要性，希望借力联合国、欧盟、国际货币基金组织、世界银行以及一些地区投资银行等多边机构，为法国对外军事行动提供财力支持。例如，在解决中非共和国危机的"红蝴蝶"行动中，包括联合国、欧盟和非盟在内的主要国际组织都参加了本次行动。法国试图通过提出非洲"安全机构改革计划"和"解除武装计划"来吸引和争取国际组织的投资。在欧盟共同安全与防务政策框架内，法国非常有计划地推动欧盟及其成员国在双边或联合国多边框架内采取对非军事行动，特别是在危机管理和后危机时期。这一点对于法国来说非常重要，推动欧盟及其成员国加大对非洲的军事安全介入，可以为国际社会提供示范和拉动效应。

此外，防务与安全合作总局还采取了一些其他措施。一是根据非洲伙伴国的财政状况，对援助方式进行了调整，针对财政状况好的非洲国家，法国实行有偿援助，反之，则提供资源。二是法国政府对法国企业提高支持力度，特别是对比利时和美国的投标项目加强支持，从而换取这些国家对法国在非培训项目的支持。三是以法国名义或者让法国企业投标欧洲相关项目。四是开展三方合作，优先以第三方出资、法国具体执行落实的方式进行，通过售卖武器装备为法国公司提供支持。总之，法国试图通过上述手段来平衡预算的降低。尽管如此，在法国经济持续不景气的背景下，未来法国对非洲的雄心壮志将受到较大财政制约。

（二）非洲反法情绪趋于高涨，法国对非洲军事合作遭遇重大挫折

面对萨赫勒地区日益严峻的恐怖主义形势，2014年8月，法国在萨赫勒地区发起"新月形沙丘"行动，成为法国迄今为止规模最大的海外军事行动。自2020年7月开始，由法国、意大利、爱沙尼亚和瑞典等国军人组成的"塔库巴特遣队"继续在马里打击极端组织。然而，近十年的反恐行动并没有明显成效。米克林·鲁斯认为，

第四章　法国对非洲军事合作的新发展（2008年至今）

"法国事实上已力不从心，或者外界认为法国已无力回天，这使得该次地区的暴力活动不断上升，从而导致了民众日益高涨的反法情绪"。[①] 在这一背景下，备受恐怖主义威胁的地区国家马里与法国交恶不断。2022年1月31日，法国驻马大使被驱离。法国等欧洲国家遂于2022年2月17日宣布将从马里撤军，并被迫做出政策调整。2022年4月22日，尼日尔国民议会通过了一项法案，同意将正在从马里撤出的法国"新月形沙丘"行动的相关部队及欧盟"塔库巴特遣队"重新部署到尼日尔，继续打击恐怖主义。2022年11月9日，马克龙在法国南部城市土伦的军舰上宣布，"新月形沙丘"行动正式结束，并明确表示未来法国在非洲的战略需要改变，由远征军模式向在高风险地区集中投送军事力量模式转变。土伦基地距离非洲大陆最近，从非洲国家独立开始，该基地就担负着法国对非快速投送干预力量的使命。马克龙选择在土伦宣布对非军事战略的转变，具有非常强烈的象征意义。

法国是非洲的传统盟友，在非洲有着举足轻重的影响力。非洲是法国实现大国地位的基础和跳板，是法国难以割舍的"后花园"。尽管局部受挫，为继续维系法国在非洲的影响力，法国仍将继续积极在非洲拓展防务合作空间，开展军事合作。2017年，在法国的努力下，萨赫勒五国集团联合部队成立，法国的初衷在于使其成为"新月形沙丘"行动在萨赫勒地区反恐的"接力棒"。[②] 然而，五个成员国之间的内部矛盾不断、互信缺失，且其中的三个成员国（马里、布基纳法索和乍得）相继在2020—2022年发生军事政变，导致该联合部队无法正常开展行动。随着法马争端的不断发酵，马里单方面退出萨赫勒五国集团，彻底切断了该组织继续存在的基础，法国将不得不更加倚重非盟开展在非防务合作，同时更需要将欧盟推在前面来缓和非洲的反法情绪，未来欧盟和欧洲因素对于法国对非军事合作显得举足轻重。

（三）欧盟各国对非安全战略关切分歧大，掣肘法国对非洲军事合作

欧盟各国的防务战略关切分歧依然很大，法国对非军事合作在欧盟内遭遇孤立。法国历来将欧洲视为其大国"力量倍增器"，希望

[①] MACLEAN Ruth, "'Non à la France' une Revendication qui Enfle en Afrique", https：//www.nytimes.com/fr/2022/04/14/world/africa/francafrique-mali-barkhane-senegal.html.

[②] BAROTTE Nicolas, "Sahel：l'avenir de Barkhane en Suspens", www.lefigaro.fr/.

借力欧盟确保其全球影响力。然而,欧盟国家各有各的算盘,在利益关注点和战略优先项等方面的分歧长期存在且难以化解,掣肘法国对非军事政策。其中,英国和德国对于法国对非军事合作的影响更加突出①。

1. 英国"脱欧"冲击法非军事合作

英国与法国在非军事合作具有一定基础,两国都是老牌殖民国家,在撒哈拉以南非洲地区都有着重大利益,都有与非洲开展军事合作的现实需求,较其他欧洲国家也都有着强大的军事实力,并具备使用军事力量拓展国家利益的意愿。尽管如此,两国在很多问题上仍存在较大差别,这也成为掣肘法国在非军事合作"欧洲化"的重要因素。一是英国和法国对非战略需求存在差异。英国在非洲更重视经济收益,法国则更强调战略利益。正因为如此,英国从"非殖民化"时期就开始对非洲逐步放手,直到21世纪初,布莱尔政府才决定重新与非洲接触。英国对非战略缺乏连贯性。相比之下,法国对非洲往往具有长远战略规划。在对非政策选择上,英国认为,欧洲是其安身立命之所,非洲是欧洲的近邻,积极维护整个非洲大陆的和平与安全符合英国的利益。对于法国,如前所述,更加关注法语非洲地区。在具体表现上,与法国相比,英国似乎并不热衷于在涉非行动中的主导地位,这与法国有所区别。在欧盟或联合国框架下的对非军事行动中,法国力求充当"框架国"。此外,法国在对非政策中往往强调"邀请""倡议"等行为,因为,在法国的观念里,谁邀请谁主导、谁倡议谁主导。法国在非洲问题上的强势态度在一定程度上削弱了英国军事介入非洲的意愿。

二是在地区合作框架方面,英国重视非盟,法国则强调次地区组织。英国的利益主要集中在英语国家如尼日利亚、利比亚等前殖民地国家,且出于发展考虑,英国重视整个非洲大陆,强调与非盟的合作。相比之下,法国的利益则主要集中在撒哈拉以南法语非洲地区,特别是西非和中非地区,做法上更加强调与西共体和中共体等次地区组织合作。在地理范围上,冷战后两国在非洲进行了军事合作,但双方都力求"各扫门前雪",形成了心照不宣的分工,以免相互牵绊。

三是在涉及北约问题上,英国视在非军事合作为北约的补充,

---

① 本部分内容参考了 Jean‐Pierre Maulny, Marius Müller‐Henning, Nel Melvin and Malcolm Chalmers, "European Securite After Brexit: A British, French and German Perspective", FRIDRICH‐EBERT‐STIFTUNG, Iris, December 2020 的研究成果。

第四章　法国对非洲军事合作的新发展（2008年至今）

法国则视之为增强自身影响力的工具之一。法国选择与英国开展涉非三方军事合作可能是策略性选择。首先，法国在1994年版《国防白皮书》中强调对北约缓和关系，用以消除英国的顾虑，促使英国选择与法国合作推进欧洲共同安全与防务。其次，2007年萨科齐上台后决心重返北约，同样也是出于在欧洲共同安全与防务取得关键性进展的情况下，法国在非洲和欧洲更加离不开英国在军事上的支持与帮助。最后，为避免法国过去近60年内为维持在非影响力进而增强其在欧洲和世界大国地位的努力功亏一篑，在2017年英国"脱欧"后，法国迅速发起"欧洲干预倡议"，并启动"永久结构性合作"，继续维持与英国在非洲的双边军事合作。

2. 德国高度警惕对非政策军事化掣肘法国政策

在非洲安全议题上，法国和德国有着很大差异，德国高度警惕对非政策军事化是掣肘法国对非军事合作"欧洲化"的最大绊脚石之一。具体而言，这主要体现在以下几个方面。

一是在对待欧盟共同安全与防务政策问题上，德国和法国在理念上存在较大差异。对于德国，欧盟的战略自主从属于"欧洲政治一体化"，而对于法国，这更多地是国家的战略选择，[1] 是在美国不想干预欧洲内部和周边危机管理时欧盟的替代选择。以欧盟的名义对事关法国国家利益区采取军事行动有利无害，既能减少法国财政负担，又能减少外界对法国新殖民主义的批判与质疑，还能破解法国因经济发展迟滞可能影响国家对外战略目标实现的困局。对此，丹尼尔·基奥恩认为，德国关注的重点在于发展欧盟军事合作计划，而法国更感兴趣的是针对特定框架的有效政策，无论是通过欧盟、北约还是别的临时安排。[2] 正因为如此，在对非军事干预问题上，法国更为积极主动，德国则相对较为被动。

二是法国与德国在战略文化上存在较大差异。与法国相比，在军事安全领域，德国历来对非洲问题的军事化解决持谨慎和保留态度。法国是联合国安理会常任理事国，拥有核武器，始终认为自己在全球安全中有着特殊的使命感和责任感，且在非洲等世界多个地区存在军事部署，有能力也有意愿在必要时发起对外军事干预。相比之下，德国的对外军事政策无论从可用资源、国内政治影响还是

---

[1] Daniel Keohane, "EU Military Cooperation and National Defense", Policy Brief, 2018, No. 4, Security and Defense Policy, The German Fund of the United States, 2018, p. 8.

[2] Daniel Keohane, "EU Military Cooperation and National Defense", Policy Brief, 2018, No. 4, Security and Defense Policy, The German Fund of the United States, 2018, p. 7.

在意愿上都与法国存在很大差异。比起法国，德国不愿意在海外部署强大军事力量，对外用兵方面持有非常谨慎的态度，只有在德国国家利益受到实际或潜在威胁时，德国才同意与其他国家开展联合行动。[1] 在非洲安全治理方面，德国更倾向于采取发展安全并举的综合办法等长期措施。过去几十年内，德国对非洲的关注仅局限于民事合作领域，重点关注良治和发展领域。长期以来，德国"坚持反对将德国对外政策军事化的一切企图"。[2] 2015年欧洲发生难民危机后，在法国的游说下，德国对萨赫勒地区的关注度日益提升，尽管如此，德国仍然坚持反对将非洲反恐等安全问题军事化。首先是因为萨赫勒地区并非德国非洲政策的优先项，军事介入法语非洲地区被认为是利他主义行为，因为德国和其他欧洲国家认为，"这仅仅是服务于法国及其非洲盟友的战略利益的行为"，[3] 而非欧盟的利益。其次是德国认为"巴黎试图将欧盟拖入法语非洲地区问题的做法会进一步导致欧洲政策的法国化"，[4] 这对德国在欧盟的主导地位不利。最后是德国认为法国在非洲有殖民主义情结，过多介入会招致国际社会对德国的批判，损害本国国家形象。随着英国"脱欧"，马克龙及时提出"欧洲干预倡议"，将英国留在欧盟的安全治理体系，以降低英国"脱欧"为法国在非军事行动带来的压力。与此同时，为缓解其对非军事政策的财政压力，法国还需争取德国在财政后勤方面的支持与援助。

进入21世纪，学界对法国对非军事合作的"欧洲化"问题进行了不少研究。正如伊澜·加西亚所说，"欧洲化是过去二十年来法国非洲政策的一个重大要素，因为这降低了法国在非军事存在的经济和政治成本"。[5] 然而，欧盟各国对法国对非军事合作动机存有疑虑和不信任。尽管2008年以来，法国成功实现其非洲政策和欧洲政策

---

[1] Alain Antil, Sina Schlimmer, "Les Relations entre l'Europe et l'Afrique vues à Travers le Prisme Franco–allemand", Allemagne d'Aujourd'hui, 2021/2No. 236, p. 142.

[2] Alain Antil, Sina Schlimmer, "Les Relations entre l'Europe et l'Afrique vues à Travers le Prisme Franco–allemand", Allemagne d'Aujourd'hui, 2021/2No. 236, p. 141.

[3] Alain Antil, Sina Schlimmer, "Les Relations entre l'Europe et l'Afrique vues à Travers le Prisme Franco–allemand", Allemagne d'Aujourd'hui, 2021/2No. 236, p. 140.

[4] Alain Antil, Sina Schlimmer, "Les Relations entre l'Europe et l'Afrique vues à Travers le Prisme Franco–allemand", Allemagne d'Aujourd'hui, 2021/2No. 236, p. 140.

[5] Ilan Garcia, "S'Allier Pour Durer: Nouvel Axiome de la Stratégie Française au Sahel", Revue Défense Nationale, 2022/HS2 noHors Série pp. 88–95. https://www.carin.info/revue–defense–nationale–2022–HS2–page–88.htm.

第四章　法国对非洲军事合作的新发展（2008年至今）

的对接，但很多欧盟国家依然对法国缺乏足够的信任，担心会掉入法国对非洲新殖民主义的陷阱而受到国际社会的批判。对此，弗拉迪米尔·凯迈克指出，"利比亚和马里的例子确实是欧洲人带头发起和指挥执行和平行动的例子。然而，这并不是欧盟"。[1] 欧盟国家的疑虑不减，则势必会影响法国主导的欧盟与非盟军事合作效率。在这一点上，法国认为，最大的困难是降低以德国为首的欧盟国家对法国在非动机的质疑。德国的表率无疑会起到引领作用，法国也予以高度重视。默克尔时期，法国在这方面的努力已然取得明显成效，德国以较为积极的态度配合了法国。朔尔茨上台后，面临新冠疫情危机、俄乌冲突等国际形势的急剧变化，包括德国在内的欧盟国家大多自身难保，无暇顾及非洲。欧吉尼·伯格认为，法国已经得到美国在萨赫勒地区更坚定的承诺，因此，说服其欧洲伙伴加大对非军事与安全介入指日可待。[2] 莫里斯则认为，"尽管法国希望将其对非政策纳入多边框架，试图让欧盟加大对非反恐和维稳介入，但是，面对美国战略东移亚洲的新优先项，法国努力奏效不大"。[3]

（四）美国强势重返非洲，法国对非洲军事合作机遇与挑战并存

法国与美国对非军事合作既有相似的地方也有显著的不同。一是美国对非军事合作的重视起步比法国晚，撒哈拉以南非洲地区向来不是美国的关注重点。冷战期间，美国无暇顾及非洲，法国代替美国成为西方世界在非洲的"宪兵"。许多非洲、亚洲前殖民地，都认为苏联和西方之间必有一战，并在1955年万隆会议期间宣布不结盟的原则。20世纪50年代到70年代，新成立的不结盟国家在整个非洲逐日增加。美国和苏联随之发动了代理人战争。就是从那时起，法国开始了对非洲的军事干预。对此，美国予以默认。美国认为，法国是能够并愿意在非洲采取行动，以维护西方集团内部领土的唯一欧洲强国。冷战结束以后，国际形势发生了重大变化，苏联解体，美国独霸世界，非洲仍然处于美国全球政策的边缘地带。尽管在2001年9月11日美国遭受恐怖主义袭击后，小布什对美国的非洲政策做出了重大调整，在军事领域将反恐变成美国非洲政策的第一要

---

[1] Vladimír Kmec, "The EU's Approach to Peace Building in Common Security and Defence Policy Missions and Operations", thesis for a Doctor degree, University of Cambridge, 2018, p. 155.

[2] Eugène BERG, "Au-delà de la Covid", De l'ordre Européen à l'ordre Mondial, Ancien Ambassadeur Enseignant au CEDS, 7, 2021, 468 pages, www.defnat.com.

[3] Maurice Vaîsse, "Une Puissance Moyenne?", Bertrand Badie et al., "La France, une Puissance Contrariée", La Découverte, Etat du Monde, 2021, pp. 95–102.

务，并于2007年成立非洲司令部；奥巴马在很大程度上继承了小布什时期的对非军事政策；从特朗普到拜登，美国对非洲的关注持续上升。但随着美国战略东移，非洲可能仍然不是美国的重点关注地区。

二是美国对非军事合作较法国更偏柔性方法，在对非军事干预问题上的态度较法国更为谨慎。阿莱克萨·欧迪诺在其文章中指出，尽管美国有在全球打击恐怖主义的愿望，但却试图避免太多的直接干预，往往选择间接办法，例如为非洲国家提供反恐培训与训练、提供武器装备等安全援助。[1] 对此，美国空军战争学院的斯蒂芬·布吉斯在其文章《在非军事干预：法国与美国方式的比较研究》中提出了相似的观点。他认为，美国对外进行直接军事干预是有条件的：第一，干预地点需要是美国的利益攸关区；第二，威胁需达到一定程度。这是由美国国家战略文化决定的。1994年美国没能阻止卢旺达大屠杀悲剧，之后美国决定采取"非洲问题非洲解决"的办法，将主要精力放在与非洲开展"伙伴关系能力计划"，为非洲训练维和部队等间接干预办法，而不会直接进行军事干预。[2]

美国曾为法国在非军事合作提供了关键性支持。然而，随着美国将其战略中心转移到亚太地区，法国在非洲的军事合作将难免受其影响。法国外交与军事政策专家莫里斯认为，"没有美国的帮助，法国常常是捉襟见肘，且无力将其目标进行到底"。[3] 法国在萨赫勒地区的行动将失去美国的支持，特别是美国在战略战术运输、空中补给以及情报信息等方面的支持。在此背景下，法国未雨绸缪，于2020年1月13日在波城举行峰会，积极为其萨赫勒行动寻求支援力量。未来美国在非洲的军事动向将对法国对非洲的军事合作产生重大且深远的影响。

总之，法国与美国、德国和英国的对非军事合作政策存在明显的不同，法国深谙这些差别，并巧妙利用了各方优势为法国所用，有效维护了法国对非洲的影响力。冷战后，法国努力从对非单方面干预转向在其他合作伙伴的支持下，在非盟以及西共体和中共体、

---

[1] Audino, Alexa, "Comparing U. S. and French Approaches to Counterterrorism in Africa (2018)", Undergraduate Honors Theses, 55, https://digital.sandiego.edu/honors_theses/55.

[2] Stephen Burgess, "Military Intervention in Africa, French and US Approaches Compared", ASPJ Africa Francophonie, 2nd Quarter 2018.

[3] Maurice Vaîsse, "Une Puissance Moyenne?", Bertrand Badie et al., "La France, une Puissance Contrariée", La Découverte, Etat du Monde, 2021, pp. 95–102.

第四章 法国对非洲军事合作的新发展（2008年至今）

欧盟和（或）联合国的授权和帮助下，在多边环境中进行军事干预行动，但它在行动中仍然独立于与其他行为体。例如，在科特迪瓦的"独角兽"行动虽然与西共体和之后的联合国部队一起行动，但它仍由法国单独指挥，而没有与这些部队合并。在马里和萨赫勒地区，情况也是如此，法军一直独立于联合国驻马里特派团单独行动，并没有作为法国马里培训团的一部分参与对马里部队的培训，尽管欧盟特派团中存在法国的政治和军事顾问。这也成为国际社会质疑和批判的焦点。

艾丽斯·帕尼尔指出，"巴黎一直认为，欧盟共同安全与防务政策只是法国国防安全政策众多行动中的一个而已，其基础来自三个支柱。法国在非洲、叙利亚和伊拉克打击国际恐怖主义的战争中使用了跨大西洋关系（法美关系）和第一个支柱北约。巴黎（以此）巩固了它与美国的伙伴关系，而不必过于坚定地致力于北约的集体防御。欧盟共同安全与防务政策是法国的第二个支柱，对法国来说，它与柏林—巴黎轴心相关联，有助于推动法国力求使欧盟在防务和安全政策上更加独立于美国的（愿望），同时也有助于为法国在非洲的军事部署获得进一步支持。最后，法国通过与英国（第三个支柱）的密切安全关系，弥补了欧盟国家消极参与军事行动和投资战略核心能力方面的不足。（因为）英国的国防技术工业有利于维护欧洲的国防技术和工业基础，这在法国看来是如此地具有决定性"。[①] 也正因为法国对美英德三方的需要和依赖，法国在非军事合作才会受到美英德三方对非政策的制约和束缚。未来在很长一段时间内，这种掣肘不会消失，法国仍需继续调整和塑造美英德对非军事合作的政策和做法，力求使其契合法国对非军事合作政策，助其实现法国在非洲的战略目标。

法国与英国和德国等欧洲国家在撒哈拉以南法语非洲地区的合作关系不仅有利于法国在非洲大陆，特别是撒哈拉以南法语非洲地区通过平衡政策来维系法国对非洲的控制力与自主性，而且有利于法国外交战略目标的实现，即保住非洲，并以欧盟为依托在国际舞台上践行多边主义为核心的对外战略，进而实现法国的大国影响力，推动世界的多极化趋势与发展，这本质上是戴高乐主义的延续。

---

① Alice Pannier, "France's Defense Partnerships and the Dilemmas of Brexit", Policy Brief, No. 22, Washington, D. C.: German Marshall Fund of the United States, May 2018, https://www.gmfus.org/file/25794/download.

本章小结

  2008 年以来，法国决定改革其对非合作机构，正视非洲国家及其军队的传统僵化结构以及非洲大陆愈演愈烈的大国博弈形势。法国对非洲的战略目标较戴高乐时期并没有发生显著变化，非但如此，经过法国外交的不懈努力，法国在这一阶段基本实现了戴高乐的初衷，即依托非洲、立足欧洲。法国对非军事合作的"欧洲化"与"非洲化"在这一时期初步实现对接，并在不断磨合中进一步完善。尽管表面上法国关闭了几个军事基地，并减少了在非预部署力量，但法国仍然保留了在撒哈拉以南法语非洲地区的强大军事能力，为在非洲大陆开展多边行动和训练提供兵力和后勤支助，并孜孜不倦地寻求法国在其中的领导、控制和塑造能力。这说明法国没有也不会放弃其在非洲安全中扮演关键角色的立场，它只是找到了一种经济和政治成本低但收益较高的方式来保持其在非影响力。

  未来，法国对非军事合作面临的挑战可能来自三个方面：一是法国在欧盟的领导力大小受到英国和德国的制约；二是法国是北约成员国，其全球影响力也体现在北约中的地位，因此，法国对非政策受到美国和北约的制约。三是随着俄罗斯在非洲影响力的不断上升，法国也不能等闲视之。2020 年局势的转变，对法国在非军事合作带来了不小的挑战。

第五章　法国对非洲军事合作效果评估

对非军事合作是实现法国外交战略目标的关键工具。自非洲国家独立以来，法国对非军事合作始终围绕"维护法国在非洲的影响力，实现法国大国地位"这一战略目标不断发展演进。根据各个历史阶段的国内外形势，法国及时调整对非军事合作的政策和具体做法，坚持"依托非洲、立足欧洲"，走向世界，不断致力于使法国从"中等强国"跻身世界大国。

第一节　法国对非洲军事合作调整的动因分析

法国对非军事合作的调整动因复杂，很难用一种理论加以解释。有学者指出，法国并没有外交政策"学说"，因为它很难归类为现实主义、自由主义或新保守主义的经典国际关系，它可能会不时展现出每种方法的某些特征。虽然法国决策者很少从这种角度看待外交和外交政策，国家利益仍然是法国外交政策制定的基本因素，[1] 但国际关系领域的几大理论对我们理解法国政策调整背后的动机和选择仍然具有很大助益。

一、现实主义视角：维护国家利益是法国对非洲军事合作的出发点和归宿

现实主义认为，国家利益是影响一国对外政策的根本出发点和归宿。国家是国际政治中最重要的行为体，在国家事务中能够作为一个整体行事。政治现实主义认为，国际政治是国家争夺权力的政

---

[1] Simond de Galbert, "The Hollande Doctrine: Your Guide to Today's French Foreign and Security Policy", September 8, 2015, https://www.csis.org/analysis/hollande-doctrine-your-guide-today's-french-foreign-and-security-policy.

策，武力是一种有用且有效的政策性权力工具。尽管国家拥有政治、经济、社会、文化等多种手段，但军事力量是维护国家利益最为有效的政策工具。现实主义认为，国际政治具有高级政治和低级政治之分，其中，军事安全属于高级政治领域，是最重要的国际政治领域，主导着经济、社会、文化等其他低级政治领域。如果每个国家都面临"安全困境"，那么武力上拥有优势的国家就会胜出一筹，因为军事力量是国家实力的核心组成部分。因此，对于国家之间存在的诸多现实或潜在冲突，国家保留随时动用武力的可能性，保卫本国领土和国家利益免受现实或潜在的威胁与侵犯。由国家组成的政治联合体，只有在符合最强大国家利益的条件下，才能够继续存在。如此，国家必须积极调整其利益需求，并构建有效的均势，才能维持该联合体的稳定。

法国对非军事合作强调军事力量的主导地位，该政策的基本出发点在于维护法国在非洲的军事安全，进而维护法国国家利益。综合考察法国历届政府颁布的《国防白皮书》或《国防与国家安全白皮书》，法国在非洲的国家利益主要分为三类。

一是法国的切身利益。《国防白皮书》或《国防与国家安全白皮书》认为，法国的切身利益是捍卫法国领土和法国国民，保护欧洲和法国所在的大西洋联盟。具体而言，法国对非军事合作的切身利益主要表现在政治层面。第一，通过军事合作来防止非洲国家政权的崩溃，维护非洲国家的内部稳定，进而维护法国在非利益。同时，保持并加强与非洲各国领导层的密切往来，维系法国在非洲的政治影响力，在联合国讨论重大国际问题时获得非洲国家的支持。第二，通过军事合作保护法国与欧洲本土安全及其海外侨民安全，进而提高法国在非洲的影响力。第三，通过军事合作保护西方世界在非洲的影响力，遏制共产主义在非洲的发展，这在冷战期间是如此，在后冷战时期依然如此，表现出维护西方利益也是法国的出发点和归宿。

二是法国的战略利益。《国防白皮书》或《国防与国家安全白皮书》认为，法国的战略利益属于至关重要的利益，它可能是安全利益、经济利益，或能源安全和行动自由等利益。法国认为，非洲的地缘政治环境是维持法国世界大国地位的重要前提，因此，保持法国在非洲持久战略利益，并不断拓展法国在非洲的影响力，包括法语非洲、英语非洲、葡语非洲与原比属非洲，是法国维持其世界大国地位必不可少之要素。法国有理由相信，法非军事合作能够并且必须要打好非洲地缘政治这张牌，因为失去了非洲，法国将"沦为三流国家，且不可逆转"。① 贝鲁克·麦思凡曾指出，"从戴高乐到精通媒体的萨科奇，在整整 50 年的时间里，……（他们的目标）很相似：建立和维持需要铀的核力量（独立核能力），建立一个强大但由法国主导的欧洲，以及对拥有铀的非洲保持固有的新殖民主义政策"。② 格拉泽和史密斯也认为，20 世纪 60 年代初，"法国与几个非洲国家签署的防务协议的附录中，往往都包含有关于战略性原材料和产品的特殊条款，通常有两种，一种是液态或气态的碳氢化合物，另一种是铀、钍、锂、铍等矿物质"。③

三是法国大国形象的塑造与维护。法国在国际舞台上的外交目标之一就是塑造和维护好法国的大国形象，进而提升本国的国际影响力和大国地位。为此，法国历来强调其国际责任和义务，将自身塑造为一个遵纪守法的"国际好公民"形象。其白皮书认为，法国的国际责任主要在国际上发生严重违反法国所捍卫的原则和价值观的情况下体现，一旦国际上发生违反国际法的行为以及对国际和平与安全的攻击，法国作为联合国安理会常任理事国必须发挥其应有的作用。法国认为，这是由法国联合国安理会常任理事国地位、法国历史和法国的特殊使命所决定的。④ 有鉴于此，法国认为自己比其他国家更应积极参加国际维和行动、更应遵守国际法、更应促进和保护民主的发展、更应为国际社会的稳定和安全承担更多的责任。

二、建构主义视角：对国家身份的自我定位推动法国加强对非洲军事合作

建构主义认为，行为体和社会相互构成，其中规则发挥了至关重要的媒介作用，规则构建了社会，也构建了社会里的人。规则蕴含两个相互关联的概念，一是话语，话语会成为惯例，当它被广泛接受，并能使人自觉受其约束的时候便成为规则；二是统治，通过统治可以让人遵守规则。国际社会虽然无政府，但是有规则约束，规则带来了秩序，因而，国际社会有秩序，是一个有统治但没有明

---

① RPR, "Avant-projet de Coopération Pour la France", Document Programmatique du RPR, Renéotypé, Paris, 1993; cité Par Franck Petiteville, op, cit, p. 581.

② Berouk Mesfin (2008), "Only a Folie de Grandeur? Understanding French Policy-In Africa", African Security Studies, 17: 1, pp. 114-118, DOI: 10.1080/10246029.2008.9627463.

③ Smith, S., Glaser A., "Ces Messieurs Afrique, Le Paris-Village du Continent noir", Paris, Calman-Levy, 1992, p. 167.

④ "Livre Blanc sur la Défense 1994", p. 25.

确统治者的社会，是可以创造规则加以构建的。在国际关系中，指导性规则构建和规定着势力均衡，既是规则又是制度的条约赋予了缔约国相应的权利和义务，条约既有约束力又提供了国际性。同样是规则的国际法既是一项法律性制度，又是一种国际机制，影响着参与国际事务的各行为体的举止和行为。各行为体作为理性的个体，必须要遵守国际规则和准则，因为只有这样才能更好地实现本国利益诉求，否则将会付出很大的政治成本，例如国家形象受损，国际威望和信誉降低或丧失等。同时，不能从遵守规则中获益的行为体，则会千方百计地试图改变规则，一旦成功，它就会成为新规则的制定者，就会比其他行为体拥有更大的主动权和控制权，由此，规则产生了统治，制定规则的行为体构建了自己高于他人的国际地位与身份。观念是规则的最直接表现形式，对领导人的对内和对外决策起着决定性作用。

法国对非洲的地缘战略观念对法国外交决策起着重大作用。法国认为，历史、文化、地理、语言的接近性在外交政策制定中举足轻重。法国、欧洲与非洲大陆之间的地理邻近要求法国和欧洲特别注意其非洲邻国，这奠定了法国既是非洲大国，又是欧洲大国，还是一个西方大国的三重身份。文化的相似性允许创造一种归属感，最显著的是法语的推广，法语被法国外交决策者用作软实力工具，这在讲法语的地区特别有效。正因为法语如此重要，法国才执意于1994年颁布《图邦法》来捍卫法语的地位。理解这一点有助于理解法国对非军事合作的设计理念、实现路径和战略目标。

历史上有许多研究都考察了观念对国家外交政策的影响。早在20世纪六七十年代，法国政治学领域有关理念在公共政策中作用的研究就已经悄然兴起，关注的重点在于政治文化、意识形态以及精英们的政治信念在领导人决策过程中的作用。戴高乐就非常注重理念和方法的运用，他认为："无论对错，（理念和方法）总该要有，如果没有，行动就会被困惑所淹。"[1] 21世纪初开始，有关认知、分析框架和标准身份在国际关系、外交与防务政策领域作用的研究异军突起，这在社会学较有建树的法国尤为突出。法国著名学者巴斯卡尔·瓦奈松认为："在（法国）公共政策研究与政治社会学之间

---

[1] Pascal VENNESSON, "Idées, Politiques de Défense et Stratégie: Enjeux et Niveaux d'Analyse", Revue Française de Science Politique, Presses de Sciences Po, Vol. 54, No. 5, Octobre 2004, pp. 749–760. 参见 Charles de Gaulle, cité, pp. 151–157.

建立联系可以说是本能的。"① 外交和防务政策受国家的战略文化、历史实践经验和决策者的影响。英国著名战略学家利德尔·哈特的"间接战略"在法国备受推崇，他认为，"思想和观念具有很大影响，能够改变外交政策的方法，重组国家战略战术，甚至能够从总体上调整外交政策，而这又为防务政策奠定了基础"。②

在国家战略层面，思想和理念的总和往往用国家战略文化来指代。关于战略文化对防务政策与国家战略的影响，美国进行了大量的研究。学者米歇尔·戴什认为，战略文化研究经历了三次代际转换：第一代研究是二战时期，研究重点在于人类学家通过对德国和日本这两个国家特征的研究来总结两国的战争指导方式。第二代研究是在20世纪80年代，关注的焦点在于解释为什么美国和苏联核战略不同但相关领域的行为却趋同。第三代研究是21世纪针对国家和军队组织文化对国家战略选择影响的研究。③ 很多研究都表明，法国的大国精神和理念由来已久，且已深深植根于法国政治，形成了法国的特色战略文化。正如有学者所说，"维护法国的国际地位、权力和光辉形象早已成为历届法国政府外交政策的根本目标"。④ 法国大国战略文化具有一个突出特点，即追求战略自主、追求大国地位，这决定了法国对外政策努力的目标和方向。捍卫法国的独立自主性是法国战略文化的一个重要特征。法国的大国信念决定了法国独立自主的外交文化。独立自主在历届法国政府的外交实践中都得到了不同程度的体现，是戴高乐主义的延续。当法国面临苏联的威胁时，法国坚定地站在美国一边；当苏联威胁消失后，法美同盟随之解散，法国重新找回其自由权。安德烈·伊齐认为，"奉行大国影响力政策，就是要动员一切可以动员的力量去保护法国的战略自主性"。⑤ 法国的战略选择强调政治思想、历史和法律等因素的影响。2008年

---

① Pascal VENNESSON, "Idées, Politiques de Défense et Stratégie: Enjeux et Niveaux d'Analyse", Revue Française de Science Politique, Presses de Sciences Po, Vol. 54, No. 5, Octobre, 2004, pp. 749 – 760.

② Pascal VENNESSON, "Idées, Politiques de Défense et Stratégie: Enjeux et Niveaux d'Analyse", Revue Française de Science Politique, Presses de Sciences Po, Vol. 54, No. 5, octobre, 2004, pp. 749 – 760.

③ Michael C. Desch, "Culture Clash: Assessing the Importance of Ideas in Security Studies", International Security, 23 (1), été1998, pp. 144 – 150.

④ Robbin F. Laird, "French Security Policy. From Independence to Interdependence", Boulderand London, Wetview Press, 1969, p. 9.

⑤ AndréYché, "Quelle Défense Pour la France?", Ed. Economica, 2012, p. 92.

以来"重大战略性转变"理念的提出,并不是要和过去决裂,而是在保留法国外交政策传统模式(如制衡性同盟、构建保护国集团等)的同时,根据变化了的形势加以调整,以减小联盟对法国战略自主性的冲击。目前,法国学界和军界普遍认为,合法和高效是法国战略自主性在新时期面临的两大课题。这意味着法国的"战略自主性"不过是"独立自主"在新时期的新表达。这个独立自主就是要独立决策和独立行动。作为法国外交政策的核心,法国的非洲政策决定了法国作为世界大国的国家身份。政策本身由国家身份所决定,且构成了法国决策者对"法国是国际舞台上影响力大国的角色构想"的有机组成部分。[1]

法国的欧洲身份与其世界大国地位息息相关,为此,法国历来强调其欧洲身份。蒙费郎指出,非洲的未来是与法国和欧洲的未来密不可分的。[2] 2017年版《国防与国家安全战略评估》明确指出,法国是一个有着全球利益和责任的欧洲大国。尽管法国经常被认为是最早的现代民族国家之一,并在民族主义发展史上作出了重要贡献,但它对欧洲一体化却一直有着特殊的情愫。法国是欧洲煤钢共同体的创始成员国,是建立欧洲共同体和欧盟整个过程的主要推手和力量。相关研究和论文不胜枚举,其中,艾瑞克·奎恩的观点就很有见地,他认为,尽管福山的"历史终结论"和亨廷顿的"文明冲突论"都将西方世界预设为一个具有同质文明的共同体,但他们都忽略了一个事实:不仅西方个别国家之间存在巨大差异,欧洲和美国之间也存在鲜明的边界。欧盟正在创造一个与美国截然不同的现实,其中法国发挥了关键作用,因为法国始终认为,欧洲是一个独立于美国、与美国平等的实体,能够成为世界的一极。为此,法国历来坚决拒绝"美国化",并试图用"欧洲化"作为世界"美国化"的替代方案。通过欧盟,法国可以保持其在世界上的重要地位,并保留其文化中与美国观点不相容的元素。就像本书中所指出的,法国囿于诸多现实因素力求将欧盟纳入法非军事合作框架,一方面是借力欧盟实现其在非影响力的相关考量,另一方面也是实现法国的欧洲雄心,即法国领导的强大欧洲能够屹立世界民族之林,与美

---

[1] B. Erforth, "Contemporary French Security Policy in Africa", p. 9; The Sciences Po Series in International Relations and Political Economy, https://doi.org/10.1007/978-3-030-17581-8_2.

[2] Bernardde Monferrand, "L'évolution des Relations Franco-Africaines", Politique Etrangère, IFRI, Paris, 3trimestre 1988, p. 684.

国平起平坐。①

三、自由主义视角：借助国际制度和软实力追求国际影响力是法国对非洲军事合作的特殊动因

自由主义认为，国家行为体和非国家行为体都可以成为国际政治的参与者，不存在高级政治和低级政治之分，武力并不总是最有效的国家政策工具。自由主义强调相互依赖，指的是国家与国家之间或者不同国家的多个行为体之间相互作用和影响的特征，而国家行为体与非国家行为体之间的相互依赖，则为复合相互依赖。在复合相互依赖的世界中，国家不是唯一的行为体，军事力量处于次要地位，不是唯一有效也不是最重要的政策工具，安全议题设置的博弈、跨国关系的构建以及国际组织与国际机制的作用成为复合相互依赖世界中心的政治进程。国家、国际组织和跨国行为体都成为国家实现本国利益的主要载体。国家政策的调整受各领域权力资源分配的变化、国际组织与国际机制地位的变迁、跨国行为体的重大变化等多个因素的束缚与制约。由于权力与相互依赖存在着紧密联系，无论对于强国还是弱国，推行联盟战略将变得更加困难，武力的效用也因而难以发挥，不再是最重要的国家政策工具。尽管如此，军事力量仍然可以服务于政治目的，国家可以积极运用本国军事力量获取政治影响力。例如，国家可以借助国际组织为其政治活动提供场所，可以通过倡议某个安全领域的国际机制或论坛来争取国际外交支持，最终实现追求国际影响力的国家目标。自由主义认为，国家权力包括硬权力和软权力，两种权力同等重要。硬权力是基础，软权力是补充且必不可少。

法国或许是最早意识到软实力作用且最早开始经营国家软实力的国家之一。罗伯特·弗兰克就曾说过，"为弥补法国在硬实力方面的赤字，早在'软实力'概念被提出之前，法国就已经成为软实力方面的冠军了"。② 事实上，法国是"所有大国中第一个在本土外传

---

① Queen, Erin McGarry, "Europeanization: 8ᵉ French Alternative to Americanization", International Studies Masters, 2002, p. 62.

② Robert Frank, "Une Culture Française de la Puissance", "La France, une Puissance Contrariée (2021)", pp. 23 – 33, https: //www. cairn. info/la – france – une – puissance – contrariee – –9782348069871 – page – 23. htm.

播本国语言和文化的国家",①自《凡尔赛条约》签署开始，法语就开始和英语并驾齐驱，获得了外交语言的地位。法国在国际社会的多边主义机制中占据首屈一指的地位，法国是第一个倡议建立欧洲合众国的国家，②法国的无国界医生、世界医生等非政府组织在全球的活动力强大，库什内③提出的"干涉的义务"最终发展为联合国安理会"保护的责任"等，都彰显了法国在软实力领域的优势地位④。法国也特别善于发挥自身的长处，并将之与法国对非军事合作联系在一起。

法国在寻求使用军事力量实现国家外交战略目标的过程中，也不断在寻找新的突破口，其中把军事力量运用与法国文化软实力最具标志性的代表——法语整合起来，使之发挥合力作用，不能不说是法国对非军事合作最大的特点和亮点之一。法语在法国外交史上发挥着举足轻重的作用。早在1870—1914年，法国外交官员就已经开始有意识地在国际组织中推广法语。作为外交官的发源地和国际法的鼻祖，法国历来重视法语在外交和法律领域的使用，法语逐渐成为上述两个领域的通用语言。现代法国文化外交有两大里程碑事件，一是1883年法语语言推广机构——法语联盟的诞生，二是1910

---

① Robert Frank, "Une Culture Française de la Puissance", "La France, une Puissance Contrariée（2021）", pp. 23 – 33, https：//www. cairn. info/la – france – une – puissance – contrariee – – 9782348069871 – page – 23. htm.

② 倡议建立欧洲合众国计划由法国人阿里斯蒂德·白里安提出，他是法国社会党创始人，曾11次出任总理，因实现对德和解而获得诺贝尔和平奖，以非战公约和倡议建立欧洲合众国而闻名于世。

③ 法国政治家、外交家，无国界医生和世界医生组织创始人之一，曾任法兰西共和国外交与欧洲事务部部长。

④ 类似研究还有Abdurrahim Sıradag, "Understanding French Foreign and Security Policy towards Africa：Pragmatism or Altruism", AfroEurasian Studies Journal, Vol. 3, Iss. 1, Spring, 2014。法国的国际力量和地位改变了其对非洲的外交和安全政策。法国凭借其在欧洲和世界范围内的政治和经济实力一直是重要的参与者。它是欧洲共同体的六个重要创始成员国之一，并在欧洲一体化中发挥领导作用。法国通过国际组织在世界政治中发挥重要作用：它是联合国安理会和北约、八国集团和二十国集团的常任理事国，是世界第五大经济国（世界银行，2011年）和欧洲第二大经济国（国际货币基金组织，2012年）。法国是世界上军费开支最高的国家之一。2011年法国花费625亿美元用于增强军事实力（斯德哥尔摩国际和平研究所，2011年），居世界第五。同时，法国是欧盟最大的军事大国，也是北约的第三大军事力量（普林斯顿大学，2013年）。它拥有核武器（美国科学家联合会，2012年），并且是联合国的创始成员国。

年法国国家院校办公室的设立。二战后，法国驻各地大使馆开始设立文化专员职位，专门负责法国与法语文化的传播。法国在非洲殖民伊始，就寻求推广和教授法语，这也是法国文化殖民战略的一个重要组成部分。1970年，法语国际组织成立以来，法国更是积极作为，利用该组织推广法语、开展国际交流，并通过法国国际广播电台和法国电视五台等法国国际传播媒介传播法国与法语文化。1990年，法国外交部设立了法国海外教育机构，为促进法语语言和文化推广作出了贡献。2008年开始，法国与法语国际组织联袂打造维和法语，注重在法国开设的国际维和学校中用法语授课，并传授法国在国际法、人道主义观念、联合作战行动等方面的专业技术知识，一来可以提高法语在联合国维和行动中的使用，二来为联合国非洲维和行动制定法国标准、传播法国模式，进而提升法国的国际影响力。

第二节　法国对非洲军事合作的特点

法国对非军事合作十分具有法国特色和属性，主要具备以下五个特点。

一、撒哈拉以南法语非洲地区是核心关切

法国对非军事合作政策从产生就一直遵循着一个根本原则，坚持一如既往的战略目标，彰显了法国军事与外交战略的长期稳定性和延续性。在过去很长一段时间内，法国对非军事合作都被认为是法国对外政策中最根本和最特殊的存在，也是最稳定的存在。

首先，从地理上看，撒哈拉以南法语非洲地区一直都是法国外交政策中的优先项。冷战后，法国对非合作政策的模式和原则均发生了一些变化。究其原因，主要有以下因素：非洲的国际关系发生了变化，在西方大国，特别是美国重返非洲的同时，一些新兴大国在非影响力日益上升，非洲的合作伙伴日益呈现多样化特点；欧盟一体化日益推进，法国加快融入，力求实现法国对非政策的欧盟化；非洲自身的变化，主要表现在其经济增长强劲、人口增速快等地缘政治新特点。在法国自身衰退之时，维系对非主导和控制将有利于改善法国的困境。撒哈拉以南法语非洲地区仍然是法国的优先项。事实上，"1998—2010年，无论是从数额还是总占比来看，撒哈拉以南法语非洲地区都是法国公共发展援助的最大受益者。21世纪第

一个十年间公共发展援助提高以后,该地区仍然是第一个受益地区"①。

其次,自从戴高乐出台合作政策以来,法国历届领导人都基本延续了上述政策,非洲事务至今是法国总统的保留权力。② 法国与撒哈拉以南法语非洲国家关系的复杂性和特殊性历来备受法国内外争议。法国左派经常批评法非关系是新殖民主义;右派则认为这种历史关系应该被正视,历史就是历史,不必内疚。表面看来,法国左右派似乎执行了不同的非洲政策。然而,多项研究表明,出于历史、经济、文化和地缘战略原因,政党政治并没有改变法国对非外交战略的轨迹,非洲仍然是法国全球外交政策定义和决策的关键因素。③ 张宏明认为,法国对非政策保持了极大的连续性,并未因总统更迭和政党交替而受到影响,法国非洲政策的主导因素是法国国家利益,而不是党派的政治主张。④

二、法理基础是合作理由和依据

正如前文所述,法国在开展对非军事合作中,高度重视合作的法理基础,这是法国对非军事合作的一大特色。军事合作产生伊始,法国就与非洲签署了一系列防务合作协议、军事技术合作协议、军事合作协议等,以法律形式确定了法国在非洲的特权,维持法国在非洲的影响力。后冷战时期,对主权国家进行单方面军事干预的做法变得不合时宜,单靠法国与非洲国家的双边协议已不足以支撑法国在非洲的军事合作活动,法国遂寻求变通。经过长期努力,法国将遵守《联合国宪章》内容写入法非双边军事合作协议,并将联合国、欧盟、非盟等国际组织纳入法非双边合作框架,希望借助多边组织的力量增强对非军事合作的国际合法性。尽管有了双重保险,法国在非洲的军事干预行动仍然备受批评与争议。

---

① Jeanny Lorgeoux, "Jean – Marie Bockel, Rapport Sénat Français", Afrique est Notre Avenir, Octobre 2013, p. 249.

② 也有例外,例如历史上两次左右共治时期,1986—1988 年和 1993—1995 年,非洲事务是由法国总统和总理共同决定。

③ Emeka Nwokedi, "France's Africa: A Struggle between Exclusivity and Interdependence", R. I. Onwuka et al. (eds.), Africa in World Politics, Shaw 1989.

④ 张宏明:《大国经略非洲研究》(上册),社会科学文献出版社 2019 年版,第 33 页。

三、高度灵活务实是基本策略

法国对非军事合作具有较强的灵活性和务实性。政策出台以来，由于其固有的不平等性和非对称性，法国在其历史沿革中表现出明显的包容性和耐力，根据变化了的安全形势，综合运用各种优势资源，调整其对非合作政策，以维系合作制度的存续，进而实现法国的总体战略目标，表现出较强的灵活性。

首先，法国对非军事合作政策经历了多次策略性调整，展现灵活务实的特点。冷战期间，法国对非军事合作表现出极大的不平等性，对非军事决策很少考虑非洲国家的利益，更多地从法国本国利益出发。后冷战时期，随着全球化的发展，非洲的国际地位不断上升，各国在处理外交关系中的自主意识逐步提高，合作伙伴选择日益呈多元化趋势发展，不再唯法国独尊。法国显然不愿失去对非洲的控制和影响力，不得不重新审视与非洲的关系。具体而言，1995年希拉克上台执政，提出要用新型合作伙伴关系来代替传统关系，并将团结互助作为法国与非洲国家双边关系的新基础。此外，希拉克还决定放弃对非单边军事干预，倡导"由非洲自主维护非洲大陆的和平"。① 萨科齐执政后决定重新谈判与非洲国家防务和军事合作协定，并将之前的关系更名为"防务安全伙伴关系"，以宣示法国从此将把非洲国家作为平等的合作伙伴来对待。在发展对非关系时，法国愿意给非洲更大的发言权和自主权。2010年2月的国会听证会上，法国国防部长埃尔韦·莫兰就曾指出："在防务协定的重新谈判中，作为合作伙伴的非洲国家可以提出自己的要求。"② 2007年的第二届欧非峰会进一步明确了欧非关系的方向，即构建"成熟、负责和相互尊重的平等伙伴关系"，并将"和平与安全"作为双方的优先合作领域。③

其次，在外交策略上交替使用单边、双边、大多边和小多边等"灵活边主义"，④ 表现出极大的灵活性与务实性。冷战期间法国对非军事合作在以双边关系为主的同时，也注重运用前法属西非联盟

---

① 赵慧杰：《法国对非洲政策的调整及其战略构想》，《西亚非洲》1999年第1期，第31页。

② Commission des Affaires Étrangères, de la Défense et des Forces Armées, "Rapport d'Information sur la Politique Africaine de la France", le 28 Février 2011, p. 29.

③ Commission des Affaires Étrangères, de la Défense et des Forces Armées, "Rapport d'Information sur la Politique Africaine de la France", le 28 Février 2011, p. 55.

④ "灵活边主义"是笔者对法语词"flexilatéralisme"的翻译。

内部国家之间的小多边主义来实现法国对外目标。冷战后，法国积极探索和实践多重双边主义军事合作（法非、法德、法英、法美等）和多重多边主义军事合作（法国—非盟—联合国、法国—欧盟—非盟、法国—英国—美国等）。这些大都是以法国国家利益为中心，并由法国主动塑造或积极推动实现的。

最后，法国对非军事合作政策不是孤立的，而是综合运用政治、经济、外交、军事、文化等多种手段，优化资源配置，充分发挥硬实力与软实力合力，从而实现对非军事合作的高效率，为国家政治、外交和军事战略目标服务。其一，法国对非军事合作制度是二战后法国对非庞大合作体系的一部分，双边政治交往、对非发展援助、法郎区等都是这一体系的有机组成部分，各个领域相互依赖、相互配合与协作，共同推动法国外交和安全目标的实施。其二，军事力量在非洲的运用不仅体现了法国强大的军事实力，并推动了法国国防与军队建设进程，而且助推了法国军事软实力的提升。特别是冷战以后，随着软实力的提出，法国积极构建政治外交、军事外交与公共外交之间相辅相成的关系，使其共同致力于提高法国在非军事软实力，进而提升法国国家形象与在非洲的影响力。

四、提升影响力是政策遵循

法国对非军事合作是围绕着维持和提升法国在非洲乃至全球的影响力来展开的。军事合作制度的提出在非洲国家的"非殖民化"时期，在非洲国家独立时期大势已定，戴高乐总统前瞻性地提出以合作代替殖民主义，以维护法国在非洲的影响力。之后，法国对非军事合作历经三次重大调整，可以说，每一次都是法国在非影响力面临重大问题的关键时刻。1972年，在美苏对抗再次升温的冷战背景下，非洲国家要求二次独立，为避免美苏争霸波及法语非洲地区，法国决定顺应非洲要求，策略性调整对非军事合作，最大程度地维系了法国在非洲的影响力。冷战结束后，美国一超独霸世界，开始关注非洲。此时，法国对非军事合作遭遇瓶颈，"不漠视、不干涉"的政策显示出法国的两难困境。为避免失去对非洲的控制和在非洲的影响力，法国被迫调整对非军事合作政策。2008年，世界进入"相对大国"时代，在非洲大国博弈日益加剧，法国影响力迅速下降。萨科齐政府及时调整对非战略，重签防务与军事合作协议，开始推进对非军事合作的转型。每一次调整都是以变通求生存的过程，都是以维系法国在非洲的影响力为根本遵循。

非洲是法国大国梦想的基础性依托，只有维持法国在非洲的影响力，法国才能具备在欧洲大陆站稳脚跟的底气，进而提升其在国际范围的影响力。在法国眼中，非洲、欧洲与法国的世界梦是一个有机整体。由此，法国对非军事合作需要有欧洲因素和国际因素。法国将非洲作为其编织欧洲乃至全球伙伴关系网络的平台，并将非洲作为法国欧洲政策的试验场，这一点在法国对非军事合作的"欧洲化""多边化"进程中体现得淋漓尽致。法国运筹帷幄，整合国内外可利用的外交资源为其在非军事合作服务的做法，有助于法国不断提升其国际影响力。

五、排他性是惯用做法

法国历来高度警惕和排斥除其之外的域外国家染指非洲事务，表现出强烈的排他性。非洲地区被认为是承载着法兰西共和国昔日荣耀与光辉的"历史记忆圣地"，对法国具有极其重要的战略价值。非洲地区是法国全球海外军事存在中占比最大的地区，法国在该地区的军事力量部署也是西方世界在非驻军最强有力的存在。在该地区法国在军事和财政方面付出了巨大的努力，其主要动机在于服务法国的世界大国地位，并保持上述地区巨大的政治影响力，尽管客观上有利于非洲国家和地区的安全利益。法非军事合作折射出法国的利己性，在政策层面则表现为法国在该地区军事合作的排他性。

排他性在不同时期有不同的反映，尽管其对象、程度和做法存在千差万别，但以意识形态划线的特点较为突出。冷战时期，法国主要充当西方阵营在非洲的"宪兵"。法国对非军事合作制度的产生本身就体现了这种以意识形态划线的排他性特征。其间，法国借助其与乍得的军事合作关系，在乍得政府的请求下，动用兵力打击苏联影响下的利比亚军队的攻击，就体现了这种排他性。冷战后的排他性表现在两个时期。第一个时期是从冷战结束到21世纪的第一个十年，尽管法国把美国作为其非洲政策的最大威胁，但是，随着俄罗斯、印度、日本、中国等新兴力量在非影响力的逐步上升，非洲国际关系格局中力量对比逐渐复杂，法国在非利益同时面临着不同方向的压力。在这一背景下，法国把其在非军事合作的潜在对象进行了区别对待。按照亲疏程度，欧盟是首选合作伙伴，特别是英国和德国，其次是美国和北约国家。第二个时期是21世纪的第二个十年，法国认为，非洲国际关系格局的力量对比发生了一个显著变化，即与非洲有着悠久友好传统历史的中国日益崛起。尽管美国非洲司令部的成立让法国非常惧怕和担忧，然而，在意识形态和民主价值观的驱使下，法国对美国的提防逐步退居次要地位。从此，一方面，法国仍然需要高度提防美国对法语非洲地区的渗透；另一方面，法国不仅与欧盟国家、美国等共同合作来对冲中非合作，还寻求日本和印度等大国参加法国主导的对非军事与安全合作，形成法国对非军事合作政策的"西方化"趋势。①

第三节 对法国对非洲军事合作的评估

法国对非军事合作不仅在法国对外战略中具有举足轻重的影响，而且对非洲的发展，尤其是非洲的军事发展产生了很大影响，是二战结束后国际战略格局的重要组成部分，法国、非洲和世界其他地区的官员、学者对此有不少评论。学界普遍认为，法国对非军事合作有力维系了法国在非洲的强大影响力，使法国从一个"中等强国"跻身世界大国地位，但也因为其固有的不平等性、不对称性而受到外界质疑与批判。

一、法国的认知与评估

法国认为，其对非军事合作有助于法国不断迈向世界大国地位，符合法国的对外战略目标。这主要表现在以下五个方面。

一是法国对非军事合作有力维系了法国对非洲的控制和影响力。安全是发展的前提，没有安全就难以实现发展，而没有发展非洲严重依赖外部的事实就难以扭转。法国通过对非军事合作牢牢掌握着非洲国家、地区和次地区的安全与稳定按钮，且通过对非洲的经济、贸易、货币合作把控着非洲的经济发展命脉，从而维系了法国对非洲的绝对控制与影响力。2011年4月5日，法国国民议会议员米歇尔·泰罗在向国会提交的咨询报告中明确指出，法国与多哥、喀麦隆和中非共和国这三个非洲国家的军事合作使得法国得以（在这些国家）维持着一种有时是近乎排他性的影响力。多哥的情况尤其如此，在法国本土或者法国在非洲的地区学校中培训的军官现在已经成为多哥军队的骨干力量。同样，喀麦隆武装部队中约2/3的军事人员都在法国接受过培训。② 他还指出，法国对非洲的技术援助使得

---

① François Gaulme, "La Politique Africaine de la France: L'heure du Renouvellement?", Etudes, S. E. R., 4Avril, 2021, p. 7.

② Michel Terrot, Rapports No 3308, No 3309 et No 3310, Enregistré à la Présidence de l'Assemblée Nationale le 5 avril 2011, p. 18.

法国在优先地区（包括撒哈拉以南法语非洲地区）的国家保持了重要的影响力。① 法国普罗旺斯艾克斯大学教授沃尔特·布鲁耶尔－奥斯特尔曾在其文章中指出，军事工具在法国对非洲的影响力中发挥着重要作用。法国军队在撒哈拉以南法语非洲地区的影响渠道从最柔和的影响形式（法国军事文化的传播、相关规范的转移等）到法国军事干预等更具强制性的胁迫措施（军地联合行动）都包含在内。②

二是法国对非军事合作不断助推法国的欧洲战略自主构想。法国在欧洲的领导力需以牢固的法非关系为基础。法国对非军事合作是推动法国实现欧洲战略自主的依托。法国的欧盟共同安全与防务理念不断在非洲实践，非洲成为法国践行其欧洲战略自主构想的试验场和重要平台。菲利普·莱马里在《法国与非洲："新一代"军事协议》一文中指出，新一代法非防务合作协议明确规定将欧盟、非盟等行为体纳入法非合作框架，给予了欧盟正当参与法非双边合作的地位，为后来法非特殊关系向欧非关系的法国化转型奠定了基础。

三是法国对非军事合作有效提升了法国的国际影响力。法国国民议会议员米歇尔·泰罗就曾在其国会报告中指出，自 2008 年以来，法国一直寻求在全球伙伴关系的基础上重建与非洲的防务关系。③ 这再次证明了法国对非洲防务与军事合作对于法国国际影响力的重要作用。2012 年，法国外交部的居伊－米歇尔·邵弗和埃尔维·盖马尔在为国会提交的报告中明确指出，法国在海外的军事行动为法国的国际形象以及法国外交的国际影响力带来了很多好处。④ 2014 年，法国国会通过了法国国防与武装力量委员会伊夫·弗洛米翁（女）和根达尔·卢亚尔提交的咨询报告，其中明确指出，法国在非洲的军事行动提高了法国在国际舞台上的地位，从而提升了法

---

① Michel Terrot, Rapports No 3308, No 3309 et No 3310, Enregistré à la Présidence de l'Assemblée Nationale le 5 avril 2011, p. 7.

② Walter Bruyère‐Ostelle, "Outil Militaire et Politique Africaine de la France Depuis 1960: Tableau Histotiographique et Perspectives de Recherche", Relations Internationales, Presses Universitaires de France, No. 1652016, p. 6.

③ Michel Terrot, Rapports No 3308, No 3309 et No 3310, Enregistré à la Présidence de l'Assemblée Nationale le 5 avril 2011.

④ Guy‐Michel Chauveau et Hervé Gaymard, "Rapport d'Information sur Engagement et Diplomatie: Quelle Doctrine Pour nos Interventions Militaires?", Enregistré à la Présidence de l'Assemblée Nationale le 20 mai 2015, p. 29.

国的国际影响力。① 法国学者雷奥纳尔·科伦巴－裴腾在其2019年出版的著作《法非军事合作：复杂的重塑（1960—2017）》中认为，面对非洲国家的反法情绪，法国努力通过政策调整来消解和弥补，因为军事合作的目的与其说是为了实现非洲国家的自主，倒不如说是为了维护法国在国际舞台上的影响力。因此法非军事合作机制不能简单地视为一项援助机制，它更多地是法国在全球空间中寻求某种特殊地位的一个工具。在实践中，法国非常重视军事合作对其国际影响力的作用。法国将其地区学校"欧洲化""多边化"和"公共化"就是一个例子。维尔兰认为，"多边化"折射出法国的三个打算：其一，法国意欲通过地区学校的"多边化"加强与联合国维和行动部培训处的联系，一方面取得联合国对法国维和培训的认可，另一方面使得法国培训及时跟进维和行动挑战的变化；其二，法国意欲加强其分布在全球各大陆培训中心之间的联系，以实现经验与知识共享；其三，实现维和培训中心的网络化，以提高工作效率。② 公民社会与官方相比具有较大的灵活性、隐蔽性，在实现国家对外政策目标方面更有优势。法国十分重视这些团体在提升其国际影响力方面的作用。帕特里斯·埃梅里·巴孔的《法国对非军事政策：社会力量与最新演变》一书中，以法国国内社会组织在法国对非军事政策演变过程中的作用为案例，分析了民间社会团体在推动法国政府制定对外军事政策中的作用，指出在与政府长期的互动中，法国民间社会团体不断形成、发展和壮大，逐渐在政治斗争、社会动员和法律约束等层面影响着法军对外政策的发展与变革，助推法国不断完善其对非政策，进而提升其国际影响力。

四是法国对非军事合作为法国带来了实实在在的国家利益。法国国防与武装力量委员会伊夫·弗洛米翁和根达尔·卢亚尔在向国会提交的咨询报告中分析法国对非军事行动时指出，法国的对外军事行动提高了法国武器的出口，进而刺激了法国国民经济的增长。2008—2013年，武器出口减少了法国5个至8个百分点的

---

① Yves Fromion et Gwendal Rouillard, "Rapport d'Information sur l'évolution du Dispositif Militaire Français en Afrique et sur le Suivi des Opérations en Cours", Enregistré à la Présidence de l'Assemblée Nationale le 9 juillet 2014, p. 134.

② Violaine Vincent – Genod, "Instrument Pour une Appropriation Française de la Sécurité en Afrique?", Université Libre de Bruxelles, Université d'Europe, 2012 – 2013, p. 73.

贸易逆差。①

五是法国认为，法非军事合作是非洲地区安全的保障，不仅为防范非洲各国之间的冲突发挥了重大作用，而且是非洲国家免遭外部侵略的有力保障，更节约了非洲各国的军费开支。法国对非军事合作客观上有利于非洲国家武装力量和国防的建设，在人员培训、装备、军事力量和宪兵警察部队的组织上都发挥了一定的积极作用。法国军队积极参加联合国框架下的在非维和行动，为预防和解决非洲地区的武装冲突和危机管理作出了一定贡献。国民议会议员米歇尔·泰罗认为，法国的合作政策是积极的，它维系了法国与非洲长期稳定和可靠的联系，特别是提高了受援国武装力量参加法国所领导行动方面的作战能力，并使它们能够参加联合国的维和行动。例如，通过与法国的军事合作，喀麦隆得以参加几内亚湾海上护航行动，还向联合国维和行动派遣了观察员，中非共和国则得以在多国部队中参加保护行动。② 法国少将米歇尔·克莱恩认为，"加强非洲维和能力计划"客观上为非洲待命部队建设作出了贡献，并成为非洲国家危机管理领域政治和军事精英崛起的关键因素。③ 在他看来，"加强非洲维和能力计划"已惠及2/3以上的非洲国家，并使非洲部队能够在联合国刚果（金）特派团等维和行动以及非盟在科特迪瓦的危机干预行动中遂行作战任务。法国在非军事存在为遏制危机发生起到了威慑功能。米歇尔·克莱恩认为，"讲法语的非洲国家所经历的危机往往不如讲英语、葡萄牙语、西班牙语的非洲国家血腥，这主要得益于法国的外交政策和法国部队在非洲的存在，正是法国的军事存在才使得遏制这些法语国家的危机成为可能"。④

二、非洲的认知与评估

法非军事合作对非洲有重大影响，非洲各界对此评价不一。

---

① Yves Fromion et Gwendal Rouillard, "Rapport d'Information sur l'évolution du Dispositif Militaire Français en Afrique et sur le Suivi des Opérations en Cours", Enregistré à la Présidence de l'Assemblée Nationale le 9 juillet 2014, p. 136.

② Michel Terrot, Rapports No 3308, No 3309 et No 3310, Enregistré à la Présidence de l'Assemblée Nationale le 5 avril 2011.

③ Michel Klein, "Les Forces de Présence Françaises: des Outils Stratégiques Majeurs Adaptés à la Situation Internationale Africain", Note de la FRS, No. /2008.

④ Michel Klein, "Les Forces de Présence Françaises: des Outils Stratégiques Majeurs Adaptés à la Situation Internationale Africain", Note de la FRS, No. /2008.

（一）非洲对法军事合作的期待

非洲对法军事合作的期待主要包括以下两个方面：一是非洲希望法国帮助其提升国家武装力量的防务与安全能力；二是非洲国家领导人希望法国帮助维护其政权稳定，恢复国内秩序。很多非洲国家认为，法国对非军事合作符合非洲的期待。塞内加尔总参谋长盖耶将军认为，"法国的军事合作是非洲军队不可替代的工具"[1]，"法国对非军事合作让非洲各国军队非常受益……无论从连续性上还是从规模上，法国对非军事合作都占据着独特的地位，并有着无与伦比的新颖和高效。尽管合作存在一些不尽如人意和令人不解的地方，但一度受到合作伙伴国家的好评"[2]。关于2013年法国对马里的军事行动，多位非洲政要都在承认自身不足的同时表达了对法国的感激之情。几内亚前总统孔戴说："对于我们（非洲人）来说，被迫为法国鼓掌是一种耻辱。我们感激奥朗德，我们对非洲无力解决自己的问题感到羞愧。"[3] 卢旺达外长露易丝曾在法国国际广播电台的采访中评价道："在理想的情况下，非洲的问题应该由非洲人自己解决。然而，我们应该承认自己的不足，正因为如此我们才在联合国安理会中支持了巴黎，并批准了法国的干预。"[4] 客观上看，尽管法国对非军事合作表现出较强的利己性，但它客观上为非洲国家的军队组织与建设奠定了基础，并在各国军队发展、安全治理和危机应对等方面发挥了程度不等的积极作用。

（二）非洲的认知与评判

非洲对法国对非军事合作的总体认知。对于非洲从合作中获得收益，非洲普遍认为，法国对非军事合作从根本上是为了维护法国在非友好政权的利益，这与非洲民众需求有所脱钩。喀麦隆高级军

---

[1] Général Babacar Gaye, "Sécurité et Défense en Afrique Subsaharienne: Quel Partenariat avec Europe?", La Revue Internationale et Stratégique, IRIS Editions, Paris, No. 49, printemps 2003, pp. 17 – 20.

[2] Général Babacar Gaye, "Sécurité et Défense en Afrique Subsaharienne: Quel Partenariat avec Europe?", La Revue Internationale et Stratégique, IRIS Editions, Paris, No. 49, printemps 2003, pp. 17 – 20.

[3] Anne KAPPES – GRANGE, "Union Africaine: le Syndrome Malien", Jeune Afrique, 9 juin, 2013, Propos rapportés du chef de l'état guinéen Alpha Condé.

[4] Ursula SOARES, "L'Union Africaine Apporte un Large Soutien à l'intervention Franc Aise au Mali", RFI Afrique, 25 Janvier, 2013, L'auteur rapporte les propos de Louise Mushikiwabo, Ministre des Affaires Étrangères du Rwanda, Pays qui est Pourtant Connu pour ses Relations Tendues avec la France.

官在其文章中提及，1959年11月11日喀麦隆军队成立之时，法国就承诺要为其提供组织、指导和培训技术人员等方面的援助，条件是法国必须成为喀麦隆军事装备的主要供应商。他还毫不客气地指出，这些军队既是法国为维护在非利益来遏制非洲各国叛乱和抗议的工具，也是悬挂在非洲统治者头上的"达摩克利斯之剑"，法国以此来维系他们对殖民者利益的忠诚。对于法国从合作中获得的收益，非洲普遍认为，法国通过调整对非军事合作政策，维护了法国在非洲的影响力和法国的大国地位。正如布鲁诺·夏尔博诺在其文章《法国与新帝国主义》中所说的，"法国是冷战后新帝国世界秩序不可分割的一部分。在这一背景下，法国在非洲非但没有失去任何东西，反而根据全球自由治理的规则和规范，重塑和重组了自己的权力和影响力。考虑到法国军队在非洲大陆的独特地位和经验，随着法军进一步融入全球治理网络，法国军队将会获得更大的影响力和重要性"。[1]

非洲对于"谁主导法国对非军事合作"方面的认知。塞内加尔盖耶将军认为，"法国的军事合作主要是出于对自身地缘政治的考量而开展的、涉及大国对某些弱国和小国军队在能力领域的合作"[2]。这意味着两层意思，一是法国对非军事合作首先考量的是法国的地缘政治利益，而不是非洲的和平与安全；二是法非军事合作是大国对小国的合作，本身是一种不均衡的非对称合作。这两点表明主导法非军事合作的是法国而不是非洲。还有一种观点认为，非洲国家领导人利用了法国的理念和心态，将法国的军事合作当作维护独裁统治的保护伞，军队从而成为当权者暴力镇压反对派和持不同政见党派的工具，在某种程度上成为危机和动荡局势的诱发因素。非洲学者布鲁诺·夏尔博诺认为，大多数后殖民时代的非洲领导人和军事精英的理念是既利用法国的思维方式，又利用法国的意识来推进他们的个人利益实现。他指出，非洲国家领导人既制造了政治危机，又恳求法国在干预行动中发挥主导作用。这在客观上不仅使得法国在非洲的霸权重新获得了合法性授权，还建立了新的政治豁免和有

---

[1] Berouk Mesfin (2008), "Only a Folie de Grandeur? Understanding French Policy-In Africa", African Security Studies, 17: 1, pp. 114 – 118, DOI: 10.1080/10246029.2008.9627463.

[2] Général Babacar Gaye, "Sécurité et Défense en Afrique Subsaharienne: Quel Partenariat avec Europe?", La Revue Internationale et Stratégique, IRIS Editions, Paris, No. 49, printemps 2003, pp. 17 – 20.

罪不罚领域。① 摩洛哥皇家武装力量空军上校阿布代拉马内·姆扎利在其2011年出版的《法非防务合作》一书中认为，法非防务合作是法国非洲政策的重心，是法国"合作"制度的产物。法非合作符合法国及其前殖民地国家的共同意愿，法国在非洲国家独立后仍然是很多非洲国家的第一大军事和民事合作伙伴国。尽管法非防务与军事合作自形成以来就备受批判和质疑，然而，从非洲独立到21世纪第一个十年，无论从法国还是从非洲来看，任何一方都没有对合作进行快速或激进改革的想法。② 从历史角度看，取得独立之时，非洲国家的军队主要有两种类型：一种是传统型军队，即独立后新成立的非洲国家政府与其前殖民国通过一系列谈判后和平过渡过来的军队；另一种是人民军队，是指那些通过国家解放运动或者民族独立战争建立起来的军队。尽管类型不同，但两种军队有一个共同点：是为当权政府服务的工具。军队本应保持中立的原则，远离政治党派之间的争斗，然而几乎所有的非洲军队都参与了政治争斗，大部分国家元首都把军队作为他们获取和维持政权的工具。军队本应该成为促进和加强民主的工具，这种滥用军队职权的行为使得非洲国家的防务工具逐渐演变为各国不安全和政治暴力的源头，进而导致某些国家政权的脆弱性。因此，这种现象也使得非洲成为全球政变数量最多的大陆。

非洲对法国对非军事合作"非洲化"的认知。保罗·迟克罗和洛尔·贺尼茨在其《非洲和平与安全架构中的待命部队》一文中印证了这一点。他们尖锐地指出："在实现非盟'非洲问题非洲解决'目标所需的资金大部分都是由外部行为体（如联合国、欧盟、八国集团、美国、加拿大和几个欧洲国家）提供的情况下，非盟还有可能实现真正的自主吗？"他们认为，法国是钻了"非洲问题非洲解决"的空子。"非洲问题非洲解决"是指掌握决策的自主权，即非洲地区和国家应该在安全问题上行使真正的控制权。③ 他们认为，"非洲化"只是一个过程，在这个过程中，非洲行为体参与非洲事务

---

① Charbonneau, B., "France and the New Imperialism", Ashgate：Aldershot, 2008, p. 117; Touati, S., "French Foreign Policy in Africa：between Précarré and Multilateralism", Chatham House Briefing Note, Royal Institute of International Affairs：London, 2007.

② Abderrahmane M'ZALI, "La Coopération Franco – Africaine en Matière de Défense", Paris, L'Harmattan, 2011.

③ Paul Chichlo et Laure Henicz, "La Force Africaine en Attente：Un Outil Adapté Aux Enjeux Sécuritaires Africains？", Paris, École Militaire, 26 et 27 avril 2012, p. 4.

第五章　法国对非洲军事合作效果评估

是一个优先项。这意味着法国对非军事合作的"非洲化"并非真正地让非洲当家作主，而是为了安抚非洲的诉求而变相采取的策略。不管是对于单个国家还是对于由许多国家组成的集体组织，非洲仍然是"法国的非洲"。很多研究表明，法国顺应了非洲大陆的泛非主义思潮，迎合了非盟主导下的"非洲问题非洲解决"。在次地区层面，法国主要依托两个组织，一个是西共体，另一个是中共体。鉴于它们的成员国大部分都是与法国有着长期殖民关系的法属西非与赤道非洲国家，法国在这两个集体组织中的影响力非常大，关系也非常复杂。在涉非问题上，法国通常的做法是，先把非洲地区和次地区组织推在前面，法国则顺理成章地成为非洲事务的实际主导者，因为法国深知，这些组织将因为资金和能力严重不足而被迫求助法国或者由法国主动提出支持和援助。

非洲对法国对非军事合作"欧洲化"的认知。2002年，塞内加尔盖耶将军在谈到法非军事合作改革时建议，"首先，在合作的财政负担方面，法国可以独自或者跟其他欧洲国家一起分担。其次，可优先采取双边和多边两个层面的措施。在双边层面，法国可以重组法国对非外交的传统手段，即那些已经经过实践检验的双边合作工具；在多边层面，法国可优先选择跟相关地区集体安全组织合作，例如西共体。多边合作将主要集中在两个领域，一是干部培训和训练，既有利于加强各国之间的团结，又有利于实现地区稳定，二是在'加强非洲维和能力计划'框架下建立武器装备库，用于安全风险增加时的应急管理"。①

非洲对于法国对非军事合作"多国化、多边化"方面的认知。非洲学者布鲁诺·夏尔博诺认为，"法国在撒哈拉以南非洲地区安全政策的神话、象征和各种社会结构掩盖了法国和其他国际角色在非洲危机中的作用。它也重新合法化和授权了法国的霸权"②。

非洲对法国对非军事合作效果的认知与评估。非洲普遍认为，法国对非洲的军事干预政策是新殖民主义的体现，是非洲危机和不稳定的原因之一。布鲁诺·夏尔博诺认为，法国对非军事合作更多

---

① Général Babacar Gaye, "Sécurité et Défense en Afrique Subsaharienne: Quel Partenariat avec Europe?", La Revue Internationale et Stratégique, IRIS Editions, Paris, No. 49, printemps 2003, pp. 17 – 20.

② Bruno Charbonneau, "The Making of (In) Security and the Relegimization of French Security Policy in sub – Saharan Africa", Queen's University, Kingston, Ontario, Canada, 2006, p. 151.

地是基于法国自身的利益，更多地着眼于法国的大国地位，"法国在撒哈拉以南非洲进行了40多年的军事活动之后，在建设性成就方面几乎没有表现出来。大多数非洲军队的状况仍然很差；军事和暴力冲突继续扩散；许多国家继续被描述为'崩溃''失败'或'腐败'；大多数非洲人仍然生活在贫困中，甚至连这个通常被称为'经济奇迹'和'榜样'的国家也不例外：科特迪瓦陷入内战。法国军队无法稳定或确保法国旧殖民地的发展。简而言之，它未能完成自封的建立独立非洲军队的基础使命"①。对此，乍得前总统代比认为，席卷非洲大陆的危机来自外部，而不是非洲内部，②矛头直指法国。乍得记者伊德里斯·扎卡里亚认为，外部军事干预往往会延长（非洲国家）内战的预期持续时间，使敌对行动更加血腥和持久，并将造成更严重的地区灾难。他认为，正是以法国为首的欧洲国家对利比亚等国的军事干预导致了非洲大陆的危机。他说，"尽管法国的意图可能很好——不管这些意图是真还是假——但目前法国在撒哈拉以南非洲的安全政策、其撤出政策以及相关的战略、原则和概念很可能会失败，而且会使撒哈拉以南非洲永远被边缘化"③。非洲民众普遍不赞同法国将非洲安全问题军事化和国际化的做法。法国通过积极运作为其军事干预争取联合国安理会授权的行为，就是法国将非洲危机和安全问题军事化和国际化的表现，这与"非洲问题非洲解决"是相冲突的。④ 非洲认为，法国对非洲的军事政策不利于甚至阻碍了非洲社会的自我塑造与转型。布鲁诺·夏尔博诺认为，"法国在撒哈拉以南非洲地区的霸权受到国际形势的很大影响。只有在全球政治经济转型的背景下，才能充分理解法国霸权的当代变化。全球化的力量不仅要求变革，还为法国提供了重新合法化其军事合

---

① Bruno Charbonneau, "The Making of (In) Security and the Relegimization of French Security Policy in sub‑Saharan Africa", Queen's University, Kingston, Ontario, Canada, 2006, p. 169.

② Idriss Zackaria, "Foreign Military Interventions in Africa: Does One Plus One Equal Fifty Four?", Le 3 mars 2017, https://www.young-diplomats.com/foreign-military-interventions-africa-one-plus-one-equal-fifty-four/.

③ Idriss Zackaria, "Foreign Military Interventions in Africa: Does One Plus One Equal Fifty Four?", Le 3 mars 2017, https://www.young-diplomats.com/foreign-military-interventions-africa-one-plus-one-equal-fifty-four/.

④ Bruno Charbonneau, "The Making of (In) Security and the Relegimization of French Security Policy in sub‑Saharan Africa", Queen's University, Kingston, Ontario, Canada, 2006, p. 151.

作政策的新机会。简而言之，法国在撒哈拉以南非洲地区的安全政策在很大程度上正在适应并融入全球自由治理体系，这些体系试图从根本上遏制非洲社会的转型"[1]。

三、第三方的认知与评估

第三方针对法国对非军事合作的认知莫衷一是，主要集中在其战略动机方面。此外，通过对几个关键词的认知和评判有助于把握法国对非军事合作的客观面貌。

（一）对法国对非洲军事合作的战略动机方面的认知

法国是其大多数前殖民地国家的主要武器供应国。麦思凡认为，法国希望维持对法非特殊关系的持久性，特别是法国与中部和西部非洲殖民地的特殊关系。[2] 学者维克多－玛纽尔·瓦林认为，1960—2014 年，法国凭借其在非洲的强大军事存在，一直充当非洲的"宪兵"，以维持在非洲的影响力，实现其大国地位。[3] 欧洲政治行动研究中心研究员奥斯瓦尔德·帕多努认为，法国与非洲作为合作的双方互有需求，相互依赖，非洲希望通过与法国合作提高国家战略能力，法国希望通过合作实现和维护其在国际舞台上的大国地位，通过发挥法国的软实力、公共外交能力和巧实力来提高法国在非洲的影响力，并以此在非洲扮演一种地区平衡大国的作用。[4] 美国当代著名经济学家约翰·奇普曼认为，法国政府（与非洲国家）签署的防务协议主要有两个目标：一是维持其在非影响力，二是维持其在国际上的行动自由。[5] 博文认为，法国与北非、中东和撒哈拉以南非洲

---

[1] Bruno Charbonneau, "The Making of (In) Security and the Relegimization of French Security Policy in sub‑Saharan Africa", Queen's University, Kingston, Ontario, Canada, 2006, p. 172.

[2] Berouk Mesfin, "Only a Folie de Grandeur? Understanding French Policy in Africa", "African Security Studies", 17: 1, pp. 114 – 118, DOI: 10. 1080/10246029. 2008. 9627463.

[3] Oswald Padonou, "La Coopération de déFense et de Sécurité Française en Afrique de l'ouest. Une Géopolitique Postcolonial Francophone", Thèse, Université de Rennes1, 2016.

[4] Oswald Padonou, "La Coopération de Défense et de Sécurité Française en Afrique de l'ouest. Une Géopolitique Postcolonial Francophone", Thèse, Université de Rennes1, 2016.

[5] John Chipman, "Ve République et la défense de l'Afrique", Paris, éd. Bosquet, collection Politeia, 1986, pp. 7 – 10.

后殖民关系的特点是保持密切的经济联系、军事援助和直接干预,这都是基于法国商业、政治和安全关切的考虑。非洲是一个特权保护区,对于法国,这既是一个政治象征,也是一种意识形态,还为法国开发非洲资源获取现实利益创造了便利。①

(二) 对法国对非洲军事合作中的几个关键词的认知

对法国对非军事合作"非洲化"问题的认知。有研究表明,法国对非军事合作的"非洲化"只是法国的一种策略性变通,是为了降低非洲的反感与国际社会的批判。陶比亚斯·考珀夫认为,为了迎合法国对非军事合作的"非洲化"问题,法国希望以可信的维和人员的身份参与其中。为此,首先,法国必须考虑将其军事干预全面"多边化"。其次,即使法国为非洲地区的和平行动提供了大量(甚至是最多的)军队,法国也应该让其他国家出面带头维和(而不是亲自挂帅)。②

对法国对非军事合作"欧洲化"取向的目的认知。马丁·雷姆蒲在《通过欧洲化实现非殖民化? 欧洲共同体早期与法非关系的转型》一文中认为,法国为摆脱"非殖民化"过程中遇到的国内外阻力,通过借力欧洲共同体,力求实现法国对非关系的"欧洲化"来推动"非殖民化"进程。③德国发展研究所研究员贝内迪克·厄尔福斯认为,法国在进行军事干预过程中倾向于以欧盟的名义进行,因为这不仅被认为具有合法性,而且欧盟其他成员国也可以为行动花费的成本作出贡献。④梅洁尔等人认为,法国倚重欧盟外交和安全政策的兴趣除了其自身能力不足以实现其对外战略目标以外,还有更深层次的复杂原因,包括伴随着法国殖民体系的解体,国家硬实力受到削弱,法国语言、文化和网络的影响力下降,法国更加需要将

---

① Bowen, Norman, "Multilateralism, Multipolarity, and Regionalism: The French Foreign Policy Discourse", Mediterranean Quarterly, 16 (Number1): pp. 94 – 116.

② Tobias Koepf, "The Problems of French – led Peace Operations in Francophone Sub – Saharan Africa", International Peacekeeping, 19: 3, 2012, pp. 333 – 347, DOI: 10. 1080/13533312. 2012. 696383

③ Rempe Martin, "Decolonization by Europeanization? The Early EE Cand theTransformation of French – African Relations", KFG Working Paper Series, No. 27, May 2011, Kolleg – Forschergruppe (KFG), "TheTransformative Power of Europe", Freie Universi Uit Berlin.

④ Benedikt Erforth, "Contemporary French Security Policy in Africa: On Ideas and Wars", Palgrave 6, Macmillan, 2020, https://doi. org/10. 1007/978 – 3 – 030 – 17581 – 8.

第五章　法国对非洲军事合作效果评估

其军事和外交努力与其商业利益进行综合考量。[1]

关于法国在欧非军事合作中占据主导地位的认知。伊蓉黛尔在其文章《欧盟对非洲军事行动中法国主导地位研究》中认为，法国在欧洲安全政策方面的领导地位有着悠久的历史，这符合法国的自我认识、战略前景及其通过力量投送来扩大其全球影响力的路径选择。法国的安全文化经历了从减少核投入、增加情报投入、停止征兵制、国家采购军备到巩固其在联合国安理会的常任席位、将其雄心投射到欧洲层面并"轻度重新融入"北约的重大调整。[2]

关于法国对非军事合作"欧洲化"进程中阻力方面的认知。英国学者梅尔林艮认为，欧盟成员国在欧洲安全问题上的分歧主要有两类：一类是英国、荷兰和葡萄牙等支持大西洋主义的国家，它们倾向于为了北约的利益而加强欧洲国家在北约中的作用；另一类是法国、德国、意大利和西班牙等支持欧洲主义的国家，它们更倾向于赋予欧盟自主安全能力。这都对法国对非军事合作产生了重大影响。比亚瓦在其研究中进一步指出，欧洲对外军事行动不连贯的具体表现，即德国不愿在国外使用军队、波兰不信任其他国家、英国对美国和北约的依恋以及法国坚持发挥全球作用，这些差异可以分为两大类，即较小和不结盟的国家赞成对外危机的民事管理办法，而法国和英国等前殖民大国，有意愿和能力在必要时采取军民联合行动。两者都希望将各自意志传导到欧洲。[3]

对法国对非军事合作中的"多边化"问题认知。塔尔迪认为，法国在非洲的军事行动一直通过各种体制框架进行。在冷战期间，这些行动基本上都是单方面的，到 20 世纪 90 年代，它们经历了"多边化"的进程。如此，法国寻求分担财政负担，并追求合法性，同时试图以此践行欧盟共同安全与防务政策，非洲则是该政策的一

---

[1] Major, Claudia, Christian Mölling, "Show Us the Way Forward, Asterix Europe Needs the French Involvementin ESDP", CERI, March 2007, http://www.sciencespo.fr/ceri/sites/sciencespo.fr.ceri/files/art_cmcm.pdf.

[2] Irondelle Bastienv, Sophie Besancenot, "France: A Departure from Exeptionalism?", National Security Cultures: Patterns of Global Governance, eds. Emil J. Kirchner and James Sperling. London, New York: Routledge, 2010, pp. 21 – 42.

[3] Biava Alessia, Margriet Drent, Graeme P. Herd, "Characterizing the European Unions Strategic Culture: An Analytical Framework", Journal of Common Market Studies, 49, Number 6, 2011, pp. 1227 – 1248.

个舞台。① 梅洁尔认为，冷战后法国从领土防御转向危机管理和多边干预，这既是提高自身能力的手段，也是展示其国际影响力的方法。②

对法国对非军事合作中的"合法性"问题认知。裴尼尔·瑞艾克在其2019年出版的著作《变迁世界中的法国外交政策：大国政策实践》中认为，为了实现有影响力的大国地位，法国对非军事合作把合法性作为基本遵循，法国设置了强大的国家政府机构统管对非洲的军事合作，有意愿通过法国主要国际组织及其机制来助推法非军事合作。③ 尤尔芮克森认为，自2002年以来，法国再次对非洲进行军事干预，例如科特迪瓦，并以多边主义、地区主义和"非洲问题非洲解决"等名义参与非洲的稳定和繁荣，这意味着法国通过非洲区域组织、欧盟或联合国等国际组织，力求实现对非军事干预行动的合法化。④

四、对法非不平等关系的认知和评判

法国长时间忽视非洲国家的现实安全诉求，这种做法将最终会对法国在非洲的利益造成不利影响。法国在非洲长期军事存在的初衷在于预防、限制和阻止冲突的发生，为此，很长一段时间以来，法国对非军事合作虽然效率不高，但既没有被取消也没有被评估。非洲国家发生冲突或危机时，法国只是一味地采取惯用的紧急干预行动予以应对。然而，这些干预也被认为存在问题。法国对非军事合作往往"公款私用"，部分非洲国家领导人利用"福卡尔关系网"满足一己之私，不是把军事合作用于提高军队的整体作战能力，而是用于发展总统卫队以维持其个人政权。由于非洲各国自独立以来长期不稳定，特别是在20世纪90年代至2000年初，很多国家接连

---

① Thierry Tardy, "France's Military Operations in Africa: Between Institutional Pragmatism and Agnosticism", Strategic Studise, 43: 4, pp. 534 – 559, DOI: 10.1080/01402390.2020.1734571https://doi.org/10.1080/01402390.2020.1734571.

② Major Claudia, Christian Mölling, "Show Us the Way Forward, Asterix Europe Needs the French Involvementin ESDP", CERI, 2007, http://www.sciencespo.fr/ceri/sites/sciencespo.fr.ceri/files/art_cmcm.pdf.

③ Pernille Rieker, "French Foreign Policy in a Changing World: Practicing Grandeur", Palgrave Macmillan, 2017, DOI: 10.1007/978 – 3 – 319 – 55269 – 9.

④ Ulriksen Ståle, Catriona Gourlay, and Catriona Mace, "Operation Artemis: theShape of Things to Come?", International Peacekeeping, 11, Number 3, 2004, pp. 508 – 525, DOI: 10.1080/1353331042000249073.

第五章 法国对非洲军事合作效果评估

发生军事政变，如科特迪瓦，致使很多非洲国家对法国对非军事合作提出质疑。法国倡议提出的"加强非洲维和能力计划"，名义上在于帮助非洲国家提高维和能力，使得非洲人最终能够依靠自己实现自身安全，实际上只是法国策略性迎合非洲自主意识的变通。布鲁诺·夏尔博诺认为，"加强非洲维和能力计划"的议程是法国单方面决定的，法国通过该计划保留了对非合法暴力手段的自主权，[1] "非洲化"体现的只是非洲对国际事务的参与权，并非决策权，因此不是真正意义上的"非洲问题非洲解决"。[2] "非洲问题非洲解决"的真正实现还有很长的路要走。这些脱离非洲现实需求的做法不利于法国对非军事合作的良性与长足发展，最终将会导致非洲国家对法国的离心力上升，进而导致法国失去其在非洲的影响力，从而不利于法国对非战略目标的实现。

法国对非军事合作是以牺牲非洲国家的独立自主为代价的。戴高乐时期设立合作部，主要负责非洲事务，历届部长几乎都是出自前殖民行政机构，他们对法非关系的认知都是非对称的、不平等的。阿尔贝·布尔吉在其专著《法国在非洲的合作》中一针见血地指出："从根本上讲，法非合作设计的初衷，套用克劳塞维茨的名言，'就是殖民化以另一种方式的继续'。"[3] 这说明法国对非合作制度是殖民制度的变体，非洲在很大程度上失去了合作中的独立自主地位。法国对非军事合作从一开始就是法国主导的、一切以法国国家利益为中心的不平等、非对称关系。正因为如此，法国对非军事合作往往带有附加政治条件，被批判为新殖民主义做法。这种做法导致非洲的反法情绪一度高涨，从未间断。目前，法国在西非的影响力正面临几十年来最大的挑战。一方面，法国历任总统都做出对非洲关系日趋平等的姿态；另一方面，非洲国家对法非关系平等化的要求从未停止。近年来，该地区民众的反法情绪日益高涨，民众反法示威游行与抗议活动时而有之。法国对非军事合作的不平等性是非洲反法情绪高涨的最主要原因。2022 年，马里、中非共和国和布基纳

---

[1] Bruno Charbonneau, "The Making of (In) Security and the Relegimization of French Security Policy in sub-Saharan Africa", Queen's University, Kingston, Ontario, Canada, 2006, p. 117.

[2] David MANY-GIRARDOT, "L'Africanisation de la Réponse Sécuritaire en Afrique", thèse du Master, Année 2013–2014, Université Panthéon-ASSAS-Paris II, p. 12.

[3] ALBERT Bourgi, "La Politique Française de Coopération en Afrique: Le cas du Sénégal", Librairie Générale de Droit et de Iurisprudence, Paris, 1979, p. 7.

法索先后发生驱逐法国在当地驻军的行为。2023年3月初，马克龙在出访非洲前，发表声明称，法国不能再把非洲大陆当作"自家后院"，应与非洲国家建立"一种新的、平衡的关系"。尽管如此，在与刚果（金）总统齐塞克迪举行的联合新闻发布会上，马克龙与对方因意见不合发生争执。齐塞克迪指出："法国以及其他西方国家都必须尊重非洲国家，而不是用'家长式'作风对待我们，要做合作伙伴就要用真正的伙伴关系平视非洲。"

穷兵黩武式的军事合作不可取。经济基础决定上层建筑。法国要想有效开展对非军事合作，就必须要有雄厚的经济实力来支撑。然而，在法国经济发展迟滞的背景下，法国国防预算的压力持续增加，用于开展对非军事合作的资金更是捉襟见肘。为缓解法国的相关财政压力，在国内经济形势每况愈下的背景下，法国只得不断在对非军事合作中做出让步，以换取其欧洲盟友对法国在非合作行动方面的财政支持。在经济上依赖他国的情况下，法国军方难以实现主导其在非军事合作的野心，只能退而求其次，不情愿地将德国和英国等欧洲盟友国家拉入法非事务中，这难免会影响到法国对非军事合作的效率。正因为如此，特别是2008年以来，法国军事与外交学领域关于"如何平衡法国对外军事合作的合法性与高效性"问题的关注日益上升。法国对非军事合作因经济财政负担过重而开始显露其消极影响，开展国际军事合作应量力而行。

综上所述，尽管法非军事合作客观上对非洲各国国防与军队建设、国家稳定与地区和平等方面具有一定积极意义，但彰显了法国与非洲军事合作的不平等性、不对称性和非典型性。合作中，尽管法国宣称要实现对非洲的平等伙伴关系，但至今仍难以消除法国对非洲的"家长式"作风，新殖民主义色彩犹存。法国力求自身利益的最大化，紧紧围绕维系法国在非洲传统影响力实现其大国地位的核心战略目标开展对非合作，严重忽视非洲国家的现实安全需求，造成非洲安全与发展严重失衡，进而导致法国对非军事合作的不可持续性，最终会损害法国自身的利益。

第四节 法国通过法非军事合作追求大国地位路径选择的成败得失

法国对非军事合作是法国追求大国地位的一个非常重要的工具。法国不仅推动着法非双边军事合作的不断演变，而且更为重要的是，

第五章　法国对非洲军事合作效果评估

法国依托非洲为跳板，主导和构建着其对非军事合作伙伴关系网络，从而不断提升本国在非洲、欧洲和全球的影响力。然而，从长远上看，法国对非军事合作存在着一些不可调和的固有矛盾，这也是推动法国对非军事合作不断演变的主要原因。

一、对非洲军事合作较好完成法国大国梦战略目标

"中等强国"的外交战略有着特定的偏好取向。山崎道认为，自称为"中等强国"的主要动机在于获得国际承认，成为国际政治中有影响力的行为者，并将自己确定为国际社会、国际组织或国际联盟中比其他小国更大的贡献者，在外交战略中表现为"影响力战略"偏好。[1] 日本国际政治学家添谷芳秀指出，"中等强国"外交是由一个国家对其资源和知识所投资的领域来定义的。"中等强国"力求避免与大国直接对抗，将自己视为"道德行为体"，并寻求在人权、环境和军备管控等特定问题领域发挥自身的作用。"中等强国"是跨国制度建设的动力，其外交具备三大特点：一是积极寻求与国际机构和与其他中间力量结盟，致力于多边主义；二是公民社会对国家外交政策的高度渗透；三是力求通过"新外交政策"（维和、人的安全、国际刑事法院和《京都议定书》等）体现和塑造其国家身份。[2]

"中等强国"资源有限，外交选择也受限，外交能力处于中等水平，因而，其外交政策偏好介于单边主义与多边主义之间。即既不像小国那样完全做大国的追随者，又可以像大国一样拥有领导力；既不会像小国那样去妥协，又不能像大国那样完全不妥协，在妥协与不妥协之间还具备一定迂回空间。在追求世界性大国地位的过程中，法国的外交取向是与其作为一个"中等强国"的现实基本相符的。钱皓在其文章《中等强国参与国际事务的路径研究——以加拿大为例》中指出，虽然是联合国五大常任理事国之一，但在冷战期间，法国更愿意被认为是"中等强国"，其在国际事务中的行为方式更趋同"中等强国"的行为模式。[3] 事实上，无论是冷战期间还是冷战结束后，法国都在以"中等强国"的外交行为模式组织和开展

---

[1] Michi Yamasaki, "A Study of Middle Power Diplomacy: As a Strategy of Leadership and Influence", Thesis Presented to the University of Waterloo for the Degree of Master of Arts in Political Science, Waterloo, Ontario, Canada, 2009.

[2] "Marial History: Middle Power", https://marial-history.fandom.com/wiki/Middle_power.

[3] 钱皓：《中等强国参与国际事务的路径研究——以加拿大为例》，《世界经济与政治》2007年第6期，第52页。

对非军事合作，主要表现为以下五个方面。

（一）主导涉非国际议程设置

主导涉非国际议程设置是法国作为"中等强国"追求大国地位的一个重要举措，最典型的例子就是法国主导联合国安理会有关非洲维和行动的决议。1997年，法国尝试与英国、美国在联合国安理会五大常任理事国之间创设了一个非正式协商机制——P3机制，以协调三国关于涉非维和行动、非洲维和能力建设等方面的立场与政策。得益于这一机制，法国成功为其涉非维和行动主张获得联合国安理会授权方面发挥了关键性作用。2012年，马里的恐怖主义局势愈演愈烈，引发国际社会的高度关注。以法国为首的西方国家决定成立多边干预部队，以恢复该国的秩序。德国发展研究所研究员贝内迪克·厄尔福斯通过研究发现，法国政府在推动联合国形成第2056号、第2071号、第2085号决议发挥了主导作用，成为非洲领导的马里国际支援团的坚定支持者。①

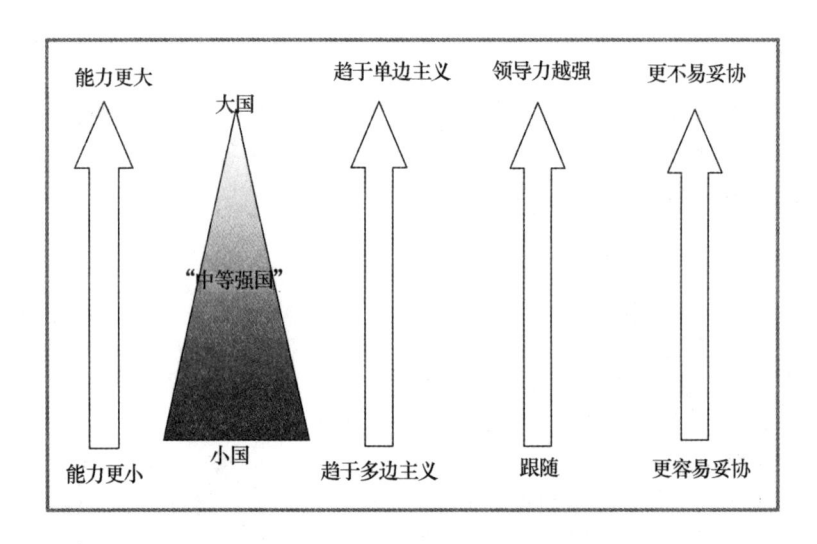

图 5-1 各个层级大国的政策偏好示意图②

---

① Benedikt Erforth, "Contemporary French Security Policy in Africa: On Ideas and Wars", Palgrave 6, Macmillan, 2020, https://doi.org/10.1007/978-3-030-17581-8.

② Michi Yamasaki, "A Study of Middle Power Diplomacy: As a Strategy of Leadership and Influence", Thesis presented to the University of Waterloo for the Degree of Master of Arts in Political Science, Waterloo, Ontario, Canada, 2009, p. 89.

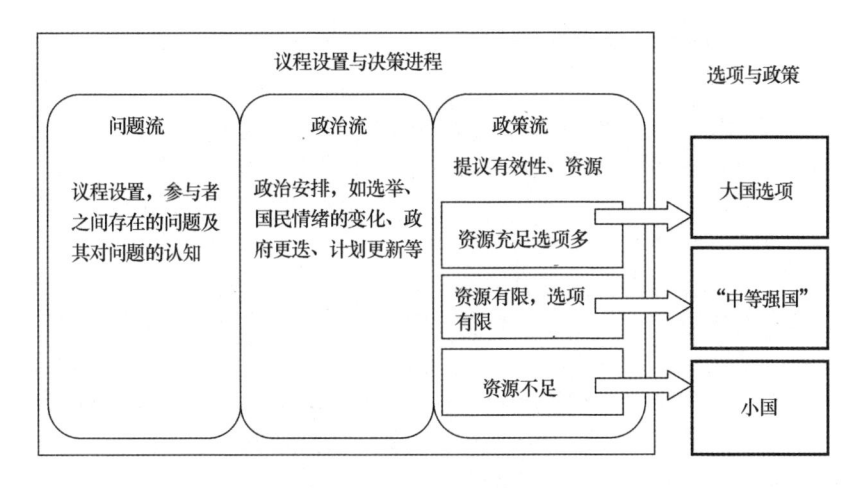

第五章 法国对非洲军事合作效果评估

图 5-2　各层级大国政策选择的依据①

（二）引领涉非国际制度创设与改革

除依托现有机构以外，法国还积极倡导构建新的涉非国际机制。冷战结束后，"不干涉别国内政"日益成为国际社会普遍认可的一条基本规则，武力干涉非洲不再行得通。与此同时，美国重返非洲，带动世界大国，包括新兴大国日益参与到非洲的安全事务中。法国逐渐意识到，各国在非洲的力量相对分散，且缺乏协调，希望发挥其在非洲的特权优势，通过牵头多国行动的协调工作，赢得其在非洲安全事务中的主导地位，并以此提高自身在国际事务中的影响力。法国顺势迎合上述国际形势，同时也为迎合"非洲问题非洲解决"的非洲诉求，于 1997 年倡议提出"加强非洲维和能力计划"。法国希望能够以此充当国际社会在非洲维和与危机管理等行动的协调者，最大限度地维系其对非安全事务的主动权和主导权。经过十年的实践检验，法国在该计划中取得很大成功。法国以此为基础和框架，倡导构建了"欧盟加强非洲维和能力计划"。该计划下设多个培训使命团，这些培训项目是法国引领的"框架国"模式的有益实践。该模式是法国的一个创举，法国在制定和执行政策方面发挥了关键作用，成为欧盟对外行动的主要设计师。

---

① Michi Yamasaki, "A Study of Middle Power Diplomacy: As a Strategy of Leadership and Influence", Thesis presented to the University of Waterloo for the Degree of Master of Arts in Political Science, Waterloo, Ontario, Canada, 2009, p. 103.

（三）塑造国际观念认同

法国高度重视在国际社会塑造国际观念认同。为此，法国在国际组织的关键机构和部门的外交人员做了一些安排。正因为此，法国才得以在欧盟和联合国为法国对非军事政策争取了更大的合法性，并使得遵守联合国及国际法日益成为各国共同认可的规范和行为准则。这主要体现在三个方面。

一是以身作则在国际社会塑造国际法精神。法国的法治精神有着深厚的历史和文化基础。孟德斯鸠的《论法的精神》为世界立法者树立了法律制定规范和遵循。《拿破仑法典》奠定了现代法治社会的基石与立法典范，并为欧洲一体化进程发挥了巨大的推动作用，《欧洲共同体法》就深受《拿破仑法典》的影响。正因为如此，法国历来在国际社会中自称为最拥护国际法的国家。在法国对非军事合作体系中，法国高度重视合作的法理基础。从合作制度设立之初，法国就同非洲国家签署了一系列政治、经济、文化和军事等领域的合作协议，在军事领域签署了防务合作协议、军事技术合作协议、军事合作协议等，这些协议都具有法律效力，并得到国际法的承认，因此成为法国对非军事合作最有说服力的法律依据。冷战结束后，国际社会不再允许对主权国家进行单方面的军事干预，原先与非洲国家签署的双边协议开始显得单薄，法国遂经过长期努力，将遵守《联合国宪章》内容写入法非双边军事合作协议，以此增强法国对非军事合作的法理基础。

二是以人权精神为基础塑造联合国安理会涉非维和授权依据。人权理念是 18 世纪以法国为核心的欧洲启蒙思想运动的标志性成果，[①] 法国是"人权的故乡"，孟德斯鸠、卢梭、伏尔泰等法国启蒙思想家都认定"天赋人权"。1789 年法国大革命期间，人权思想以文字形式写入了《人权宣言》，这是人类历史上第一部人权宣言。人权原则被写入法国宪法的序言，这也为后来国际法的制定产生了深远影响。1946 年，法国重新起草了《新人权宣言》，尽管后来在全民公决中被否定没能出台，但其主要精神都被保留下来，并写入法兰西第四、第五共和国宪法的序言中。1945 年，联合国成立时通过了《联合国宪章》，其中笼统提到了人权。1948 年出台的《世界人权宣言》以法国《人权宣言》为参考，"自由平等"的思想被写入其中，直至后来《国际人权公约》出台，人权理念成为一种"普世

---

① 王建学主编：《1798 年人权和公民权宣言的思想渊源之争》，法律出版社 2013 年版，第 3 页。

价值"。正是有这种深厚的历史基础，法国是人权理念的坚定倡导者、践行者和传播者。法国外交部前部长库什内提出"干涉的权利"理念，在法国不懈的外交努力下，这一理念被"保护的责任"所代替，成为联合国安理会起草维和决议的一大原则和依据。法国也多次以"保护的责任"为由，获得联合国安理会对其非洲行动的支持。法国正是以此种方式，谋求本国国际影响力的提升。

三是塑造多边主义干预基础上的国际合法性认同。从戴高乐开始，法国在涉非事务中积极奉行多边主义，积极塑造对非军事合作的"多边化""多国化"，旨在为法国对非军事合作增加合法性基础。鉴于国家经济和军事实力有限，"中等强国"通过发展强大的硬实力实现大国地位的做法可能难以实现，唯有通过提升本国的国际影响力，希望以此种间接路线弥补硬实力方面的不足，实现"曲线救国"。为此，重视多边主义和参与国际组织成为必然选择。① 联合国是世界上最大的国际组织，因此是践行多边主义的最佳平台。人们普遍把担任联合国安理会常任理事国作为大国地位的标志，这对于法国来说也不例外。非但如此，法国还将联合国安理会作为其施展多边外交的主要舞台和大国政策工具。早在戴高乐时期，法国就已经开始用小范围多边主义来处理其与非洲地区的事务。冷战结束后，法国对非洲的多边外交在法国外交话语中的可见度日益提升，彰显法国在全球治理中的外交立场与主张。法国在这一方面具有得天独厚的优势，也有自身的特殊诉求。法国希望通过多边外交成为联合国与非洲之间沟通和对话的中间人、欧盟与非洲之间的协调者、欧盟的"领头羊"以及联合国在非洲维和行动的主要倡导者，进而提升法国的全球影响力和国际地位。

（四）借助国际和地区组织谋求在非安全事务的话语权

国际组织外交在法国总体外交战略中占据着非常重要的地位，是法国提升国际影响力的最重要平台，法国历来高度重视。在众多国际组织中，联合国、欧盟与法语国际组织是最受法国青睐的三大机构。其中，联合国是法国彰显和恢复大国地位的最佳平台。法国是联合国的创始国之一，是联合国安理会五大常任理事国之一，也是联合国国际法庭、人权委员会等政府间国际机构的成员国。联合国教科文组织总部设在巴黎，在传播法国文化理念方面发挥着重要

---

① Robert W. Cox, "Middlepowermanship, Japan and the Future World Order", International Journal: Canada's Journal of Global Policy Analysis, Vol. 44, Issue 4, 1989, pp. 826 – 827.

作用。法语是联合国的两大工作语言之一。这些都奠定了法国在联合国举足轻重的地位和作用。在法国对非军事合作中，法国依靠联合国安理会、联合国大会等机构，积极奔走游说，并通过 P3 机制成功获取了联合国对非维和行动的授权。欧盟是法国的"力量倍增器"，是法国施展影响力外交的最重要舞台之一。法国积极在欧盟内与德国等国开展多种形式的合作，并在欧盟各关键性机构中占据重要岗位，推动欧盟共同外交与安全政策不断前进，进而为拉动欧盟加入法国对非军事合作创造条件。在法国的外交努力下，以德国为代表的欧盟国家都为法国对非军事合作提供了大量外交、军事与财政支持。法语国际组织是法国国际传播力的核心阵地，法国在该组织中一直占据主导性地位。经过多年的经营，法语国际组织已经成为法国语言与文化传播的最重要平台，并为法国在非洲及其他国家的危机防范与管理、维和行动等理念的传播与实践提供了强大的政治支持。

"中等强国"受资源制约，能力有限，虽然难以实现全方位的对外战略，但可以专注于某个特定优势领域并加以塑造，进而提升其在该领域的领导力与影响力。应对气候变化领域就是法国的优势和强项之一，法国在该领域投入了大量心血，法国历任总统和国家领导人多次在国际场合阐述相关外交主张。法国从 2015 年开始便着手推动气候变化问题的政治化和军事化，抢占法国在该领域开展军事合作的制高点。2017 年，法国国防部正式将气候列为战略安全环境的关键因素。在法国的倡议下，法德于 2019 年 4 月 2 日发起一个"多边主义联盟"，旨在将有能力和意愿的国家聚集起来，维护以尊重国际法为基础的多边秩序。该联盟由各国外长构成，呼吁各国通过加强合作来应对共同挑战，并提出三项倡议，其中包括鼓励各国采取措施整治缺乏治理或治理不力的国家或地区，[①] 这些国家就包括非洲国家。2022 年，法国国防部发布首个《气候与国防战略报告》，其中便详细论述了法国如何发挥其在相关领域的专业知识与能力，通过加强国际军事合作应对全球变暖的构想。2023 年法国总统马克龙访问加蓬时，与加蓬总统邦戈共同主持了"一个森林峰会"。不难想象，在马克龙提出构建新型法非军事关系的背景下，未来气候变化问题很可能会成为法国对非军事合作的新领域。

---

① "Tribune de Jean – Yves Le Drian et Heiko Maas", Ministres des Affaires Étrangères Français et Allemand, Clairefond, Publiée le 12 Novembre 2019 – Le Figaro.

（五）运用军事力量提升法国的软实力

法国历来重视软实力建设。法国认为，软实力在军事领域对应着国家实力或影响力投射。在法国的大国文化中，军事层面至关重要。罗伯特·弗兰克曾经指出，"法国政坛有一个特色，就是总统需要通过在欧洲以外的地方开展军事行动来向世人表达其世界观，20世纪70年代以来，法国在非洲、中东和巴尔干的军事行动不胜枚举"[1]。由此，我们或许可以这样认为，在法国的大国文化中，军事也成为一种软实力工具，法国对外军事行动是维护和提高法国全球影响力的一个重要手段。很多学者都持类似观点，例如奥莱丽·维托就指出，法军对外军事干预的目的就在于提高法国的国际影响力，进而维护法国在全球的大国地位。[2]

综上所述，法兰西第五共和国成立以来，历届法国总统秉承戴高乐的大国战略文化精神，坚持贯彻落实其"依托非洲，立足欧洲，跻身世界大国地位"的战略安排，根据不同历史阶段的国内外形势，调整法国对非外交与防务观念与政策，通过军事合作的外交层面与军事层面的相互支持与配合，不断推动国家实现自身对外战略目标的进程。法国对非军事合作是法国追求世界性大国地位和影响力的重要工具之一，较好服务了法国战略目标，推动法国以"中等强国"的资质跻身世界大国行列。

二、不平等关系使法国对非洲军事合作难以克服固有根本矛盾

马克思主义认为，帝国主义是寄生的和腐朽的资本主义，是资本主义的最高阶段。哪里有剥削和压迫，哪里就有反抗。在殖民地民族解放运动还没有发展起来的时候，帝国主义国家可以通过增强其经济和军事实力，加强对殖民地国家人民的统治。民族独立与解放运动轰轰烈烈发展起来的时候，也正是殖民地人民纷纷起来反抗的时刻。为了掠夺的需要，帝国主义国家极力遏制殖民地国家的发展，激发了当地民众的反抗情绪。列宁根据对帝国主义经济实质的

---

[1] Robert Frank，"Une Culture française de la Puissance"，"La France, Une Puissance Contrariée 2021"，pp. 23 – 33，https：//www.cairn.info/la-france-une-puissance-contrariee--9782348069871-page-23.htm.

[2] AurélieVittot，"L'interventionnisme, Pour Maintenir la Place de la France dans le Monde"，"La France, Une Puissance Contrariée 2021"，pp. 244 – 249，Mis en ligne sur Cairn. infole26/08/2021，https：//doi.org/10.3917/dec.badie.2021.01.0244.

论述,得出明确结论,即"帝国主义是过渡的资本主义,或者更确切地说,是垂死的资本主义"①。孙来斌、姚芳认为,垄断资本主义必然会走向灭亡,这是不以人的意志为转移的客观规律。垂死并不意味着马上消亡,而是接近死亡、必将死亡的趋势。②列宁的帝国主义论今天仍然具有时代价值,它揭露了帝国主义的产生、发展乃至趋于消亡的一般性规律,指出帝国主义的国际剥削仍然存在,且取得了新的发展。二战以后,特别是20世纪60年代殖民地国家纷纷取得独立后,帝国主义尽管改变了策略,不再公开对其原殖民地国家使用武力,然而,却继续以经济援助、外交胁迫、军事威慑、技术控制、文化输出等手段,加强对受援国的政治控制与操纵。由此可见,无论其具体面貌如何,它并没有改变资本主义生产关系的本质,也没有跳出资本主义制度的框架,马克思主义的科学方法论仍然具有生命力,对于认识和分析当今世界的现实问题仍然具有重要的指导意义和价值。

　　马克思主义关于帝国主义的结论对于法国对非军事合作仍然具有很强的解释力。回顾法国对非军事合作的发展历程,我们不难看出法国做出的一系列调整都是策略性的。戴高乐提出设立法国对非洲的"合作"体系,包括军事合作,正如前述,这是面对非洲独立大势难以扭转而做出的变通反应。如果没有军事合作,法国将会失去对非洲的传统影响力和控制,追求世界大国地位就更无从谈起。冷战结束后,公开对非洲国家使用武力将会面临国际社会的谴责和批判,法国意识到这一点并及时于1994年改变对非军事合作策略,做出"不漠视、不干涉"的军事政策调整,初步决定不再对非洲进行单边军事干预,转而把对非军事合作的重点放在培训和技术援助等软性领域。为此,法国倡议提出"加强非洲维和能力计划",在非洲设立大批地区学校,主导非洲的对外军事合作,用"非洲化"变通性地迎合"非洲问题非洲解决"的呼声,用"欧洲化"来规避对非洲单边主义干预可能带来的国内外谴责、经济负担重等政治经济代价,并以此实践法国的欧洲防务一体化主张。这类做法归根结底仍然是为维持法国对非洲的传统影响力,或者说维持其对前殖民地国家的帝国主义剥削和压迫。

---

① 中共中央马克思恩格斯列宁斯大林著作编译局编译:《列宁选集》(第2卷),人民出版社2012年版,第686页。
② 孙来斌、姚芳:《〈帝国主义论〉精学导读》,科学出版社2022年版,第110页。

第五章　法国对非洲军事合作效果评估

2008年以来，面对非洲国际关系格局的深刻变化，即大国在非洲的军事和安全博弈日益上升，美国设立非洲司令部统筹其在非洲安全事务、新兴大国在非洲的影响力持续上升、俄罗斯按步骤有序重返非洲等客观现实，再加上非洲国家对法国离心力趋势的上升，法国被迫再次调整其对非军事合作，将其与非洲的防务与军事合作协议更名为防务或军事伙伴关系协议，将联合国，特别是欧盟、非盟引入法非军事协议框架，做足法国对非军事合作"非洲化""欧洲化"和"多边化"的姿态。然而，事实上，非盟和非洲国家在何种情形下以何种形式介入法非军事合作仍然由法国说了算，因为协议中明确规定，法国和相关非洲国家可以"邀请"欧盟等行为体介入，可见非洲仍然是"法国的非洲"，仍由法国主导，这一点并没有从根本上发生改变，法国对非洲的帝国主义传统理念和做法仍在继续，非洲仍然是法国追求大国地位路径选择的基础性依托。

法国对非军事合作是法非关系发展到一定阶段的产物，是在法国对非殖民统治的废墟上形成的，它来源于法非殖民与被殖民的历史联系，又不断推动着法非关系的演变与发展。跟殖民时期相似，法国的大国地位与非洲息息相关。法国历来把非洲看作是其维护和实现其大国地位的基础性依托。失去非洲，法国将不能成为法国，以戴高乐为首的历任法国领导人都曾表达过类似的观点或想法。这种挥之不去的历史情愫与联系不断推动着法国对非军事政策的演变。为了不失去非洲，进而保住法国的国际地位，法国不断根据变化的国内外形势调整着其对非军事合作政策，可以说，每一次调整都是对变化的环境进行的策略性回应。法国对非洲的战略目标没有变化，变化的是策略。为实现法国从"中等强国"跻身世界大国地位的梦想，法国善于用发展的眼光看待法国本身，看待非洲国家、次地区与地区的国际关系格局与安全形势、国际形势的演变，并在综合分析的基础上，适时调整其对非军事合作政策与策略，在微调和纠偏的基础上，保证法国对非军事合作不偏离其大国战略目标的轨道，为稳步推进和实现本国对外战略目标作出贡献。要正确理解法国对非军事合作，应坚持马克思主义一分为二的观点和方法。一方面，法国对非军事合作的发展演变有利于本国战略目标的实现。从这方面讲，法国的做法是成功的。但另一方面，法国在调整其对非军事合作政策时，往往追求法国利益最大化，为了法国的利益而不惜牺牲非洲国家的利益和诉求，这会使法国的所谓成功难以持久。法国的做法已导致非洲国家的不满，非洲的反法情绪此起彼伏。马克龙上台以来，多次表示想要重塑与非洲关系，但这注定是一件不容易实现的事情。一方面，法国在非洲的惯常做法如同一根芒刺插在非洲民众心中，非洲对法国的不信任感已然根深蒂固，重新建立并赢得非洲的信任任重道远。另一方面，长期以来，法国谋求在非洲的排他性影响力，这与非洲国家的根本利益相冲突，也与西方列强的利益相冲突。非洲国家希望能够摆脱法国的控制与束缚，通过伙伴关系多样化来实现自身的安全与发展。法军之所以在萨赫勒地区的反恐陷入越反越乱的泥潭，主要是因为法国意图以反恐之名借机扩张势力，维系其对非洲的控制并为己所用。近年来，在马里、布基纳法索在内的萨赫勒地区，反法情绪一度高涨，导致法国被迫作出撤兵的决定。这些都是法非双方利益矛盾与冲突发展到一定阶段的产物，是法国对非军事合作过程中长期忽视非洲国家的现实关切与利益而造成的，也与法非在殖民历史废墟上建立的不平等合作制度本身有关。尽管法国在非洲的军事合作力求掩饰和淡化其殖民主义色彩，但从根本上讲，法国的"后院"意识没有变，不平等的法非关系性质没有变。只要这种不平等的制度继续存在，法非之间的固有矛盾就无法解决，非洲的反法情绪就不会消失，法国对非军事合作的固有矛盾就会一直存在，并有可能使法非关系最终难以调和。

第五节　法国对非洲军事合作的启示

法国在运用军事力量和外交手段实现国家利益方面有一些好的做法和经验，可以对中非军事合作提供很好的借鉴和启示。同时，法国对非军事合作本身也有一些不足之处，我们也可以从中吸取一些教训。

一、法非军事合作促进法国战略目标实现的成功经验

法国对非军事合作具有国际军事合作的普遍规律和共性，其中一些具体做法又彰显了法国特色，对我国开展国际军事合作提供了一些启示和思考。具体而言，主要表现在以下五个方面。

（一）**目标明确**

自 16 世纪以来，法国外交战略的实施主要有两大途径，"一是

'制衡性同盟',① 它是法国外交传统中最能体现法国大陆性战略特征的原则;二是构建或加入帝国主义集团"②。法国外交战略的实施始终基于三大原则,"一是捍卫国家'自然疆域'的意志,二是防止法国被他国外交孤立,三是坚持在全球,特别是在欧洲寻求均势"③。这彰显了法国外交战略的特色与根本目标。恢复世界大国地位的愿望历来是法国外交政策的核心,法国历届总统的非洲政策都是围绕着这一核心展开的,法国的这一战略目标至今从未改变,法兰西共和国历任总统都坚持不懈地推动着法国大国梦想的进程。戴高乐说过,"法国不能没有伟大,否则就不能成为法国","法国已经是二流国家,如果再没有强大的外交,法国连三流国家都不是了"。从法国对非军事合作实践来看,冷战期间和后冷战时期,法国适时调整策略,其根本目的都在于保住法国在非洲的影响力,进而维持和提高法国的国际地位。冷战期间,非洲的国际关系格局没能逃过美苏两极对立的魔爪。为牢牢把控法国在非洲的影响力,一方面,法国作为美国在非洲的"宪兵"来对抗社会主义阵营及其阵营内部国家对非洲的渗透和影响;另一方面,为寻求自身的独立,法国又通过发展核力量和积极寻求欧洲共同体建设来制衡美国在非霸权。冷战结束后,非洲的大国力量对比发生了很多变化,对法国在非影响力构成威胁的大国在不同阶段有不同表现,法国无不保持戒备之心并主动调整政策加以应对。这些调整都是为了保证法国的战略目标不偏离正确方向。

（二）与时俱进

法国对非军事合作的目标矢志不渝,就是坚定地推动法国大国战略目标的实现。从这一合作制度确立以来,无论是世界形势、非洲的国际关系格局还是法国的国内经济与政治都经历了复杂而深刻的变化,为保证法国对外政策不偏离国家的总体战略目标定位,法

---

① 制衡性同盟类似于我们现在所说的"均势联盟",即受威胁的国家通过创建或加入防御同盟来遏制潜在的敌国或对手。1536 年,为摆脱地缘政治上的孤立,法国不顾意识形态的巨大差异,毅然与奥斯曼帝国结成同盟对抗哈布斯堡家族。这成为欧洲历史上极少见的基督教国家与穆斯林国家同盟的外交范例,不仅维护了法国的国家利益,也奠定了法国的现实主义外交原则基础,还为后世欧洲军事观念和格局的形成埋下了伏笔。

② André Yché, "Quelle Défense Pour la France?", Paris, Ed. Economica, 2012, p. 36.

③ André Yché, "Quelle Défense Pour la France?", Paris, Ed. Economica, 2012, p. 35.

国在各大重要历史阶段都及时调整了其对非军事合作政策,策略性回应了各个时期的历史背景,体现出其与时俱进的特点。法国对非军事合作的发展历程,是一个从实践到认识到再实践和再认识的一个反复过程。戴高乐在"非殖民化"时期以合作体系代替了殖民体系,维系了法国在非洲的垄断性影响力。冷战期间,在美苏两极对立格局的国际背景下,法国审时度势,对非洲二次独立的诉求给予积极回应,策略性调整了法国对非军事合作。后冷战时期,法国意识到非洲民族国家独立的强烈愿望、美国对非洲日益上升的兴趣,以及国际社会对单边干预主权国家的排斥与否定,及时调整其对非军事合作策略,寻求将其单边军事干预"欧洲化""非洲化"和"多边化",并将这些理念付诸实践,进行了初步尝试。法国根据本国对"世界进入相对多极化时代"的战略判断,于2008年开始再次调整其对非军事合作实践,从萨科齐到马克龙,法国进一步夯实了法非军事合作的"欧洲化"进程,逐步将法非特殊关系嵌入欧非关系,同时成功塑造了法非军事合作的"非洲化"和"多边化"局面,不断将作为"中等强国"的法国推向全球性大国的行列。未来很长一段时间内,法国将不断总结经验教训,坚定地推动构建军事领域的欧非特殊关系,不断推动法非军事合作更好地服务于其追求大国地位的战略目标。

  与时俱进还表现在灵活结盟与合作方面。调整法国对非军事合作是由法国追求具有国际影响力的大国地位这一内因所决定的。每一个历史阶段都具有自身鲜明的时代特征,冷战时期两极对抗,后冷战时期先是美国一超独霸,接着是多个大国并存,这些特征对于法国对非军事合作具有支配性和主导性作用。两极对抗时期,这一合作要兼顾苏联和美国两大国家对非洲的渗透和影响。美国一超独霸时期,法国认为其在非利益的主要竞争对手是美国,故在策略上应拉拢和联合欧洲来助其一臂之力。在多个大国并存时期,法国认为其在非利益不仅面临着美国的觊觎,而且面临着中俄等大国的挑战,因此法国对非军事合作的调整方向为:既要继续拉拢欧洲防范美国,又要借力美国应对其他大国在非洲拓展影响力方面的挑战。欧盟是法国开展对非军事合作的主要踏板和平台,是法国世界大国地位的最重要依靠。此外,法国还依靠英国和德国,共同解决非洲问题。尽管法国与英德两国在涉非外交与防务理念上存在分歧,但法国仍以法非团结大局为重,先是拉英国加入,开展涉非三方军事行动合作,后又拉拢德国加入其在非反恐行动,争取德国对其在非行动的政治和财政支持。

第五章　法国对非洲军事合作效果评估

法国对非军事合作的与时俱进还体现在垄断性和排他性特点的演变方面。冷战后，苏联解体，美国一超独霸。美国意识到自身在非洲利益的下降，遂不断加强与非洲国家的军事合作。特别是"9·11"事件后，美国掀起全球反恐战争，其在非军事存在随之逐步增加。2008年，美国设立非洲司令部，统管在非防务与安全事务。美国在非洲的军事介入势必引发法国的关注和警惕，美国成为冷战后法国在非利益的主要竞争对手。尽管如此，受意识形态驱使，法国作为西方国家的一员，法美在非军事合作存在可能性。

（三）巧妙借力

巧妙借力非洲实现法国的独立自主是法国外交的一大特色。一是借力非洲维护法国的大国地位。法国历代领导人都注重维护法非特殊关系，维持法国与其前殖民地的关系，并把非洲作为法国大国地位的象征。法国希望通过维持与法语非洲国家的特殊关系，并通过法非峰会等机制，在联合国安理会事务中发挥出"远远超过一个二流大国本身所能发挥"的更大作用，[1] 坚决维护法国在联合国安理会常任理事国席位，使得法国"在联合国就某国际事务通过某项决议时能在非洲国家的支持下获取更多票数"，[2] 毕竟能够在这一领域帮助法国的只有非洲。

二是借力欧洲引领法国对非军事合作符合法国战略利益。首先，法国与非洲大陆在地缘位置上相近，为此，法国高度重视非洲国家的和平与稳定，并善于将其与欧洲联系在一起。巴拉迪尔曾经说过：法国决不允许在距离其本土如此近的地区发生社会、文化和军事危机。[3] 在推动欧盟国家支持法国对非军事合作的过程中，法国领导人不断强调法国—非洲和欧洲—非洲的地缘临近概念，无论是萨科齐、奥朗德还是马克龙，从而成功将危机描述为对欧洲安全的威胁，而不仅仅是对非洲安全的担忧。这对减少甚至打消欧洲国家对法国行为的担心和疑虑、促使各国参与和增加对非安全投入方面起到了推动作用。其次，法国在欧洲的地位直接关系到法国的全球性大国地位。法国是最早也是最有意愿倡导实现欧洲一体化的欧洲国家。罗

---

[1] Roland Marshal, "La France en Quête d'Une Politique Africaine?", Politique étrangère, IFRI, Paris, 4ᵉ semestre 1995, p. 904.

[2] Jean-François Bayart, "France-Afrique: Aider Moins Pour Aider Mieux", Politique Internationale, No. 56, Paris, été1992, p. 141.

[3] André Dumoulin, "La France Militaire et l'Afrique", Les Livres du GRIP No. 224-225, Coédition GRIP, Editions Complexe, 1997, p. 11.

伯特·弗兰克认为，"从1950年的罗伯特·舒曼和让·莫内再到1958年重返政坛的戴高乐，正在建设中的欧洲似乎都被视为恢复法国影响力的最佳跳板"①。特别是戴高乐，他将欧洲视为法国影响力的"力量倍增器"，大大弥补了殖民帝国崩塌给法国国际地位带来的损害。"要坐稳总统宝座，法国总统就必须要搞好法国的欧洲和全球政策。"② 正因为如此，戴高乐之后的历任总统，不论是蓬皮杜、德斯坦、密特朗还是马克龙，都懂得"打欧洲牌"的作用和重要性。

（四）注重资源运筹

法国在运筹外交资源实现国家对外战略目标方面的做法有很多可圈可点之处。一是综合多种外交形式为合作提供支持是法国的一大特色和优势。为维持法国在非洲的影响力、实现法国的大国地位，法国充分发挥了其在元首外交、个体外交、文化外交和国际组织外交等方面的优势，通过资源整合与运筹，发挥外交整体合力的作用。元首外交是双边外交的最高级别，法国对非洲的外交特别强调国家元首和政府首脑外交，尤其重视加强领导人之间的个人友谊，这是法国外交的一大特色。之前提到的福卡尔就是一个明证。国际组织外交为法国外交的另一大优势和特色，特别是在冷战后，法国高度重视国际组织外交，这一点前面论述很多，这里就不再赘述。在公共外交方面，法国《对外行动法》明确规定了公共外交在法国对包括非洲在内的海外行动中的作用，"为法国对外行动作出贡献的公共机构的使命是促进法国在海外的存在和影响，参与国家的对外行动，特别是通过在海外实施文化、合作和伙伴关系行动并管理此类行动所需的资源"③。

二是军事与外交相互配合，共同致力于维护国家利益。法国对非军事合作的两个层面，即结构合作和行动合作，分别对应着外交的军事层面与军事的外交层面，二者相辅相成，共同服务于法国的对外战略目标。在结构合作层面，从非洲国家取得政治独立伊始，法国就与非洲国家签署了一系列防务与军事合作协议，就军事合作

---

① Robert Frank, "Une Culture Française de la Puissance", "La France, Une Puissance Contrariée 2021", pp. 23 – 33, https://www.cairn.info/la – france – une – puissance – contrariee – – 9782348069871 – page – 23. htm.

② Robert Frank, "Une Culture Française de la Puissance", "La France, Une Puissance Contrariée 2021", pp. 23 – 33, https://www.cairn.info/la – france – une – puissance – contrariee – – 9782348069871 – page – 23. htm.

③ Michel Terrot, "Rapports No 3308, No 3309 et No 3310", Enregistré à la Présidence de l'Assemblée Nationale le 5 Avril 2011, p. 7.

的方方面面做出了详细安排。结构合作的集中体现之一就是法国对非洲的军事培训,包括成建制地开展军事培训以及武器装备使用方面的培训,培训的目的主要有两点考虑,一是帮助非洲国家培养军队,维护亲法政权的稳定,二是服务于法国对非洲的长远战略目标。结构合作在很大程度上是为行动合作打基础的。冷战时期,行动合作主要表现为法国对非洲的军事干预行动,如前所述,尽管当时行动主要由在非法军或者由法国本土远程投送的兵力实施,但法军已经开始通过军事培训与演练为今后干预形式的转型做准备了。后冷战时期,在对非洲的单边军事干预不能再肆意发动的背景下,法国开始倡导在非洲的维和行动和危机防范与管理行动,通过结构合作构设出一个庞大且复杂的外交网络,并创设"加强非洲维和能力计划"这一行动合作机制,赋予该计划以法非双边和多边军事合作使命,并赋予地区学校以新的培训与演练内容,同时通过相关结构合作为行动合作提供政治外交支持,是军事与外交相互配合共同实现法国对外战略目标的出色做法。

三是保留在非洲军事基地的做法也是法军的一大优势。一国在海外的军事基地,不仅是一国保护其海外利益的工具,而且是国家维持其军事影响力的重要手段。法国在非洲保留有多个军事基地,各个军事基地在不同历史时期承担的使命与任务不尽相同。冷战期间,法国在非洲军事基地的使命在于帮助非洲亲法政权维护国内统治秩序,在发生外来入侵时通过发动军事干预帮助非洲国家抵御外来侵略。冷战结束后,法国在非洲军事基地的主要任务不断调整,逐渐发展为减少单边军事干预的同时,增加法国参与非洲危机管理行动、联合国在非洲的维和行动、欧盟在非洲的安全介入行动等多种军事合作行为,以不同的方式维护法国在非洲的国家利益,并推动法国对非洲总体战略目标的实现。尽管在非洲保留军事基地存在一些弊端,例如经济负担过重,对本国经济发展带来不利影响,终会招致非洲的反感情绪,然而不能否认军事基地在法国维护国家海外利益和助推国家实现总体外交目标中的重要功能和作用。

(五)**善用人才**

能够胜任本职工作的外交机构与专业人才是法国对非军事合作成功实践的保障。法国历届领导人坚持追求法国大国地位,在法国的大国征途中发挥了引领性和指导性作用,但其成功与否则在很大程度上取决于法国强大的外交网络及其出色的外交人员,这对于实现国家外交战略目标具有非常关键的作用。安德烈·叶琪认为,"法国发挥全球作用的雄心不仅建立在过去的辉煌之上,而且因为它建立了一个强大的行政机构和一个称职的外交人员网络"。一国提出的外交方案与倡议要想成功落地并收到良好的外溢效应，必须倚重外交机构和人员的积极作为。一项重大的外交计划要指定专人负责、运筹、游说和跟踪，并适时调整现有政策。只有这样，才能确保本国方案被接受，从而创造良好的外溢效应，助力本国外交目标的实现。在这一方面，法国的外交官堪称楷模。居伊·阿扎伊思是法国外交部负责"加强非洲维和能力计划"的特使。如此重大的项目，法国政府必然给予高度重视。一开始，该计划实施难度非常大，在协调各行为体对该计划的态度方面，居伊做了大量的工作。首先是对非盟及其次地区组织进行游说。居伊表示，自己曾先后多次到亚的斯亚贝巴非盟总部去了解情况，也多次到访西非和中共体，以了解非洲对法国计划的反应、态度与立场。① 其次，为做好联合国方面的工作，他本人还多次访问联合国维和行动部，因为该部门是维和行动决策的关键部门，其立场和反应对法国非常重要。受限于参考文献，虽然我们无法知道具体的讨论细节等信息，但是这位特使及其相关人员的敬业精神令人钦佩。

二、法国对非洲军事合作存在的问题与教训

法国对非军事合作有力推动了法国总体外交战略目标不断向着理想的方向前进，从总体上看，合作是成功的。然而，由于存在固有的不平等属性，合作是以法国利益优先的不平等、不对称合作，追求法国利益的最大化，以及法国长期忽视非洲国家的现实安全与发展需求等弊端和不足，法国对非军事合作备受批判与质疑，主要表现在以下两个方面。

一是法国对非军事合作的不平等性必然会招致非洲国家的反感与反抗。恩格斯指出，"民族独立是一切国际合作的基础"②。在国际社会中，各个国家不论大小，一律平等。马克思认为，平等是国际合作的核心内容。存在民族压迫和掠夺的国际社会，是谈不上国际合作的。法国在非洲的军事合作是一种不平等的合作。沃尔特曾指出："军事工具仍然是将法国'后院'变成法国势力范围并以此

---

① Guy Azaïs, "La France et les Capacités Africaines en Matière de Maintien de la Paix", La Politique de Sécurité de la France en Afrique, sous dir. de Pierre Pascallon, Paris, L'Harmattan, 2004, pp. 137 – 138.

② 中共中央马克思恩格斯列宁斯大林著作编译局编译：《马克思恩格斯全集》（第35卷），人民出版社1971年版，第262页。

为基础向周边地区拓展法国影响的有力杠杆。"[1] 让－弗朗索瓦·梅达认为,（法非）这种关系是"一种统治方式,或者说是霸权,这种方式不是基于直接行使主权,而是基于法国'老板'和非洲'客户'国家之间不平衡的政治和经济往来"[2]。无独有偶,恩哥莫指出,"福卡尔时期形成的'后院'理念一直延续至今,可以被解释为一种政治客户主义。只要非洲在整个国际体系或地区体系中的影响力保持有限,非洲在国际格局中的活动就越是不平等的,其参与的行为体就越是多元的（域内国家、域外国家、政府、跨国力量等）。正是这种政治客户主义模式和依赖模式才更有利于凸显法国及其'后院'国家特权关系的重要性。虽然这种客户关系体现了一种社会交换的人际关系,但这种政治客户主义模式是建立在不对称相互依赖基础上的不平等关系"[3]。

二是安全与发展失衡,最终损害法国在非洲的利益。安全与发展相互依赖、相辅相成,安全是发展的前提、条件和保障,国家安全是国家生存发展的基本条件和重要保障。发展是安全的保障、前提、基础和目的,安全和发展要同步推进,实现动态平衡,不能顾此失彼。二战结束以来,在法非关系漫长的历史过程中,法国重视非洲的安全,特别是非洲友好国家政权的安全,但长期忽视非洲的发展问题,导致非洲国家抱怨和指责不断,成为影响法国与法语非洲国家关系的一个重要因素。此外,发展是解决一切问题的关键,法国对非军事合作可能在短时间内实现了非洲的脆弱安全,但从长远看,非洲各国的发展问题没有从根本上得到解决,暂时取得的安全终究是脆弱的和难以持久的,不安全进而导致经济的后退,这又反过来影响了国家安全,从而形成恶性循环。结果是,法国对非军事合作的负担虽然不断加重,但效果不佳。近年来,法国在萨赫勒地区的反恐行动备受批判,被指越反越恐,甚至导致法国与萨赫勒地区国家之间的外交交恶不断,法国被迫从马里等国家撤军。这必然有悖于法国对非军事合作的初衷,不利于法国维系其在非洲的影

---

[1] Walter Bruyère - Ostelle, "Outil Militaire et Politique Africaine de la France Depuis 1960: Tableau Histotiographique et Perspectives de Recherche", Relations Internationales, Presses Universitaires de France, No. 1652016, p. 6.

[2] Jean François Médard, "France - Africa: Within the Family", Donatella Della Portaand Yves Ménu (eds), Democracy and Corruption in Europe Pinter, 1997, pp. 22 - 34.

[3] Th. Ngomo, "Le Clientélisme Politique Dans les Relations Internationales Africaines", Cahier d'Histoire et Archélogie, No. 2, Libreville, 2000.

响力，有损法国战略目标的推进。

三、扬长避短积极推进中非军事合作

在发展对非洲的合作关系中，中国把倡导构建更加紧密的中非命运共同体作为对非洲的外交目标。2021年11月26日，国务院新闻办公室发表《新时代的中非合作》白皮书。白皮书提出了"四个坚持"①和"五不"原则②，是中非军事合作与美西方国家和非洲军事合作的本质区别。

中非关系源远流长，世代友好。在长期的对非合作实践中，中非军事安全合作取得了一些重大成就。中非军事关系是中非命运共同体的重要组成部分。历史上，中国军队与非洲各国军队真诚友好。中国历来是非洲和平与安全事务的建设性参与者，中国军队在人员培训、武器装备、海上护航、维和行动、医疗卫生、人道救援等诸多领域不断加强与非洲的合作，为非洲加强安全能力建设作出了重大贡献。新时代，中国军队继续加强与非洲国家的军事合作。2018年至今，中国先后举行四届中非和平安全论坛。中国还派出非洲事务特别代表积极斡旋非洲热点问题，为应对亚丁湾、几内亚湾、萨赫勒等地区的安全挑战提供了大量支持。中国支持并积极参加联合国在非洲的维和行动，是联合国安理会常任理事国中向非洲派遣维和人员数量最多的国家。

在开展中非军事合作的过程中，中国已经取得了许多伟大的成就，然而，法国对非军事合作的做法仍然能够给我们带来一些启示，我们应扬长避短，批判性吸收。一是开展对非军事合作要继续加强顶层设计，确立我国对非总体战略目标并坚决贯彻执行。法国对非军事合作从戴高乐时期就已有之，戴高乐总统的战略眼光，奠定了法国对非军事合作的战略目标。从1958年法兰西第五共和国至今历

---

① 即：坚持真诚友好、平等相待。中国人民始终同非洲人民同呼吸、共命运，始终尊重非洲、热爱非洲、支持非洲。坚持义利相兼、以义为先。中国在对非合作中主张多予少取、先予后取、只予不取，张开怀抱欢迎非洲搭乘中国发展快车。坚持发展为民、务实高效。中国坚持把中非人民利益放在首位，为中非人民福祉而推进合作，让合作成果惠及中非人民；凡是中国答应非洲兄弟的事，就尽心尽力办好。坚持开放包容、兼收并蓄。中国愿同国际合作伙伴一道，支持非洲和平与发展；凡是对非洲有利的事情，中国都欢迎和支持。

② 即：中国不干预非洲国家探索符合国情的发展道路，不干涉非洲内政，不把自己的意志强加于人，不在对非援助中附加任何政治条件，不在对非投资融资中谋取政治私利。

届总统和政府都基本保持了戴高乐总统的设计构想,不断推动法国对非军事合作朝着法国大国地位的方向笃定前行。二是开展对非军事合作在策略上要与时俱进。在不同的历史时期,法国对非军事合作面临的国内外形势和条件各不相同。为了保证对非军事合作在正确的轨道上前行,法国坚持与时俱进的理念,根据变化的形势及时调整对非军事合作策略,以保证法国对非军事合作朝着法国设定的总体战略目标不断前进。三是要将对非合作融入国家总体战略中。法国在实现大国地位的过程中,巧妙借力非洲推行其国际战略。法国借力非洲逐步实现了其在欧洲外交与防务一体化政策中的领导地位,进而在发挥非洲和欧洲合力的基础上努力拓展其在联合国为核心的国际体系中的地位和作用,不断提升其国际影响力。四是要继续坚持与非洲国家的平等友好关系。由于法国在对非军事合作中,力求实现在非洲利益最大化,且受殖民历史的影响,法国在合作中高高在上的"家长式"作风难以从根本上做出改变,从长远看,合作的不平等性仍然是引发法非矛盾的一大隐患。只有建立在平等、独立自主基础上的军事合作才能够持久,合作共赢才是正确道路。

中非军事安全合作是中非合作的重要领域,是中国国际军事合作的重要组成部分。中国开展对非洲的军事合作,必须坚决贯彻落实习近平外交思想。习近平外交思想是马克思主义基本原理同中国特色大国外交实践相结合的重大理论成果,是以习近平同志为核心的党中央治国理政经验在外交领域的集中体现。构建人类命运共同体是习近平外交思想的核心理念和中国外交的总目标。2021年2月,中央军委主席习近平签署命令,发布《国际军事合作工作条例》。这成为中国开展国际军事合作的根本指导原则。2022年10月16日,习近平总书记在党的二十大报告中再次重申,"中国始终坚持维护世界和平、促进共同发展的外交政策宗旨,致力于推动构建人类命运共同体"。人类命运共同体理念不仅被载入《中华人民共和国宪法》和《中国共产党章程》,而且多次被写入联合国等多边机制的重要文件。未来,中国对非洲的军事合作必须秉承上述精神,才能使中非军事合作长长久久。

本章小结

法国对非军事合作是一个复杂的体系,其根本动因是维护法国的国家利益。法国的大国身份地位是法国国家利益的核心,通过维护法国在非洲的切身利益、战略利益和国际责任，法国不断提升其在非洲、欧盟和国际社会的影响力，以一个"中等强国"资质维护和扮演着世界大国的地位和角色。有鉴于此，法国开展对非军事合作具有一些鲜明的特点。非洲历来是法国对非合作的核心区，在合作中法国高度重视合作的法理基础，合作呈现高度灵活性，不僵化、不固执，以变通求生机，始终围绕维护和提升法国国际影响力展开。尽管受到非洲和其他国家的批判与质疑，法国在非洲的军事合作对法国实现大国地位、提升国际影响力提供了有力支撑，并客观上对非洲国家和军队建设、非洲地区的稳定与发展产生了很大影响。法国对非军事合作为其他国家如何运用军事手段实现本国外交战略目标提供了诸多有益启示，但其存在的一些不足也为其他国家开展国际军事合作提供了可供吸取的教训。

结　　论

　　法国对非洲的军事合作源于戴高乐对非洲地缘战略价值的构想。该构想首先在于维持法国在非洲的影响力，其次以此为基础和筹码，维持和提高法国在欧盟的影响力，进而在上述两个基础之上，恢复、维持和提升法国在全球的影响力，最终实现维护其世界大国地位的战略目标。实现法国大国地位是一个动态的渐进式过程。在这个过程中，军事合作一直都是一个具有关键地位和作用的工具和手段。

　　法兰西第五共和国以来，法国历届政府都高度重视军队在维系法非特殊关系中的功能和作用，并根据国内外形势的变化适时调整其对非军事合作政策。很多研究表明，直到今天，法国对非洲的军事合作都基本维持了戴高乐时期的非洲观和军事合作理念，调整仅限于微调、纠偏和依据形势重新塑造，戴高乐对非洲的军事合作理念的精髓没有变，依然是助推法国的世界大国梦想。具体而言，法国对非军事合作政策的源头在撒哈拉以南法语非洲地区，且在历史长河中，无论世界风云如何变幻，该地区对于法国的地缘战略地位始终未减。2008年以来，在恐怖主义严重威胁法国内外安全环境等多重因素的作用下，无论是从"危机弧"理念还是从法国在非洲的反恐行动来看，法国依然十分重视对其的防务与安全合作。

　　法国对非洲军事合作政策的重点在于撒哈拉以南法语非洲地区，表现出多边合作特点的务实性、工具性和利己性。各种合作策略，无论合作对象、合作形式还是合作时机，其选择的首要考量就是法国的国家利益。在实现国家利益的战略途径选择上，法国不拘泥于某一流派的理论，表现出极大的灵活性。而社会建构主义理论似乎更受青睐，围绕着戴高乐的大国梦想这一外交战略目标，历届法国政府都付出了不懈努力，不断地建构着法国的国家身份与国际地位。

　　法国作为一个"中等强国"，在实现世界大国地位的过程中，选择了符合本国国情的有效外交路径，体现了其娴熟巧妙的外交艺术。综合来看，法国通往大国的路径选择是：首先，基于非洲在法国对外战略中的基础性地位和作用，牢牢掌握对非洲的绝对控制与影响；

其次，依托非洲搞好其在欧洲的周边外交以提升其在欧洲大陆的领导力；最后，在国际舞台上以多边主义为工具和舞台，争取法国在国际事务中的主导权和话语权。

尽管法非军事合作从根本上具有不平等性，但法国依托对非洲的军事合作逐步由"中等强国"跻身世界大国的努力是基本成功的，这一路径选择具有普遍性，能够为其他"中等强国"的大国梦提供一些借鉴和指导。"中等强国"在追求大国地位的过程中，由于总体实力和资源有限，往往选择间接路线，即避免像大国一样硬碰硬，而是选择迂回方式，在保证一定国家硬实力的条件下，通过调动本国外交资源提升本国软实力的方式，达到提升本国国际影响力，进而在国际事务中争取话语权、提高本国国际地位的战略目标。这与通过硬实力取得大国地位具有异曲同工之妙，且显得更胜一筹。在当今世界，使用武力对抗实现本国战略目标的做法具有重重限制，很不可行，而通过主导国际规则与规范的制定、潜移默化地塑造观念认同，不断提升本国国际影响力，对于提升一国国际地位具有更加显著的作用。通过本国强大的国际影响力构筑军事伙伴关系网络，能够在本国资源有限的情况下，以更小的政治和经济成本实现本国战略目标，这体现了一种巧妙的外交艺术。

当前，中美战略博弈加剧，俄乌冲突延宕，非洲国家政变频发，安全形势持续动荡。法国对非洲的军事合作不仅面临更高程度的大国竞争，而且面临非洲民众反法情绪的高涨状态。习近平总书记在党的二十大报告中指出，当前，世界之变、时代之变、历史之变正以前所未有的方式展开。世界又一次站在历史的十字路口。百年未有之大变局下，法国对非军事合作也将面临新的抉择。虽然说基于娴熟的外交技巧，法国对非军事合作是其作为"中等强国"追求大国地位的重要路径选择，为法国大国梦的实现作出了很大贡献，但合作摆脱不了殖民主义思维与"家长式"作风，合作的固有矛盾将是一个严重障碍，未来法国对非洲的军事合作将面临更多、更大的挑战。

附　录

法国与非洲国家签订的防务协定和军事合作协定

对象国	签约时间	条约性质
贝宁	1975.02.27	军事技术合作协定
布基纳法索	1961.04.24	军事技术援助协定
	1965.07.14	后勤援助条约
布隆迪	1969.10.07	关于布隆迪军队组织、训练和使用的军事人员合作特别协议
	1994.02.25	军事技术援助协定
喀麦隆	1974.02.21	防务协定、军事合作协定、武装力量后勤保障规则及模式协议
中非	1960.08.15	防务协定
	1966.10.08	军事技术援助协定
刚果	1974.01.01	关于国家人民军干部培训及装备的技术合作协定
科摩罗	1978.11.11	防务合作协定
	1979.08.04	军事技术援助协定
科特迪瓦	1961.04.24	防务协定、军事技术援助协定
	1962.02.09	关于维护秩序的协议（秘密）
吉布提	1977.06.27	关于法军在独立后的吉布提共和国领土驻扎及军事合作原则的暂行议定书
加蓬	1960.08.17	防务协定、军事技术援助协定
	1961.03.18	关于维护秩序的协议（秘密）

续表

对象国	签约时间	条约性质
赤道几内亚	1985.03.09	军事技术合作协定
几内亚	1985.04.07	军事技术合作协定
马达加斯加	1966.05.04	后勤保障协议
	1973.06.04	军事技术援助协定
	1998.06.12	军事合作协定
马里	1985.05.06	军事技术合作协定
毛里求斯	1979.09.25	军事合作特别协议
摩洛哥	1994.10.11	军事技术合作协定
毛里塔尼亚	1986.04.27	军事技术合作协定
尼日尔	1977.02.19	军事技术合作协定
刚果（金）/扎伊尔	1974.05.22	军事技术合作协定
卢旺达	1975.07.18	军事援助特别协定
塞内加尔	1974.03.29	防务合作协定
塞舌尔	1979.01.05	海上合作特别协议
乍得	1961.03.06	关于维护秩序的特别协议（秘密）
	1976.03.06	军事技术合作协定
多哥	1963.07.10	防务协定
	1976.03.23	军事技术合作协定

资料来源：张丽春：《冷战后法国对非军事援助研究》，中国人民大学硕士学位论文，2014年，第95—96页。

1960—1990年法国在非洲国家实施的主要军事行动

年份	国家	行动代号	行动概况
1957—1971	喀麦隆	不详	镇压"喀麦隆人民联盟"的独立运动
1960—1962	加蓬、刚果、乍得、毛里塔尼亚	不详	平定暴动
1962	塞内加尔	不详	1962年12月，马马杜·迪亚总理试图发动政变，推翻桑戈尔总统，法国发起军事行动维持秩序

续表

年份	国家	行动代号	行动概况
1963	尼日尔	不详	1963年12月，迪亚洛上尉发动武装叛乱，法国派兵帮助平叛，保护阿马尼·迪奥里政权
1964	加蓬	不详	1964年2月17日夜间，部分加蓬军人发动政变，推翻莱昂·姆巴总统。驻扎在布拉柴维尔等地的法国部队与驻加蓬法军于2月19日向叛军阵地发起突击，次日姆巴重新掌权
1967	中非共和国	不详	博卡萨担心发生政变，法国派出军队以防不测
1968—1972	乍得	利穆赞野牛	1968年3月，提贝斯提区发生叛乱。应托姆巴巴耶总统的要求，法国向乍得派出部队帮助击退叛军
1976—1977	吉布提	洛瓦达 蓝宝石	帮助吉布提应对与索马里的领土争端
1977—1980	乍得	鳕鱼	1977年夏，"乍得全国解放阵线"在利比亚的支持下向乍得北部发动进攻。1978年2月，叛军夺占乍得北部最大城市法亚-拉若，兵分多路向首都恩贾梅纳开进。费利克斯·马卢姆总统要求法国提供军事援助。法国发起"鳕鱼"行动，支援政府军镇压暴动
1977	扎伊尔	马鞭草	1977年，扎伊尔沙巴省发生反政府叛乱。蒙博托要求法国根据两国于1975年签署的军事合作议定书提供军事援助。法国空军派出"TransallC-160"运输机为扎伊尔军队提供后勤保障，支持蒙博托镇压叛乱

续表

年份	国家	行动代号	行动概况
1977	毛里塔尼亚	拉门汀	1977年末，"波利萨里奥阵线"频频向毛里塔尼亚发动袭击，当地法国侨民的人身安全受到严重威胁。应毛里塔尼亚的要求，法国出动空军部队，打击"波利萨里奥阵线"
1978	扎伊尔	金枪鱼 非洲豹	1978年5月，"刚果国家解放阵线"部队扫荡扎伊尔南部城市科卢韦齐，导致扎伊尔军队重大伤亡。应蒙博托的请求，法国向科卢韦齐空降600伞兵，清剿叛军，解救欧洲国家人质
1979—1981	中非共和国	披风 梭子鱼	1979年9月20日，法国向中非共和国首都班吉派遣伞兵部队，协助前总统大卫·达科发动政变推翻博卡萨皇帝，支持达科再次出任总统
1980	突尼斯	蝎子	支援突尼斯挫败萨拉赫·本·优素福支持者的叛乱企图
1983	乍得	魔鬼鱼	1983年6月，在利比亚军队的大力支持下，乍得前总统古库尼·韦戴领导的"全国团结过渡政府"跨过乍得边境，向首都恩贾梅纳进军。时任乍得总统侯赛因·哈布雷请求法国提供军事援助。法国发起"魔鬼鱼"行动，向恩贾梅纳派出300余名伞兵，阻止利比亚干涉乍得局势
1986	乍得	食雀鹰	1986年，乍得与利比亚军队在乍得北部和两国边境地区发生冲突。2月，法国发动"食雀鹰"行动，其目的与"魔鬼鱼"行动相同

续表

年份	国家	行动代号	行动概况
1986	多哥	不详	1986年9月23日，一群武装分子袭击首都洛美的总统府，企图刺杀埃亚德马总统，推翻政府。按照法国与多哥签署的防务协定，应埃亚德马的要求，法国向首都洛美派出150名伞兵和4架"美洲虎"战斗机
1989	科摩罗	糖贰	1989年11月26日，艾哈迈德·阿卜杜拉·阿卜杜拉曼总统被刺杀，国家被总统卫队司令鲍勃·德纳尔控制后，法国派出200余人登陆科摩罗
1990	加蓬	鲨鱼	1990年3月，加蓬爆发反对邦戈·翁丁巴总统的严重内乱，法国向利伯维尔和让蒂尔港派出军队，增强既有的法军部署，镇压叛乱

资料来源：张丽春：《冷战后法国对非军事援助研究》，中国人民大学硕士学位论文，2014年，第97—98页。

1990年以来法国在非洲国家实施的主要军事行动

时间	国家	行动代号	行动概况
1990—1993	卢旺达	西北风	1990年10月1日，侨居乌干达的图西族难民组织"卢旺达爱国阵线"进入卢旺达，与胡图族政府军爆发内战。哈比亚利马纳总统请求密特朗总统帮助其抵挡。法军随即以保护外国侨民的名义发起代号为"西北风"的军事行动
1990	加蓬	鲨鱼	加蓬发生大规模群众暴动，法国向利伯维尔和让蒂尔港派出部队，支援当地法国驻军，帮助奥马尔·邦戈镇压暴动；法军还撤离了1800余名外国侨民

续表

时间	国家	行动代号	行动概况
1991	吉布提	戈多利亚	1991年5月，"埃塞俄比亚人民革命民主阵线"推翻门格斯图政权，数万吉布提士兵和难民穿越边境进入吉布提境内，驻吉法军根据两国防务协定发起"戈多利亚"行动，帮助吉布提化解了危机
1991—1992	扎伊尔	芳香树	1991年9月22日，扎伊尔爆发反对蒙博托政权的游行示威，首都金沙萨发生了兵变，数月未领到军饷的士兵涌上街头抢劫商店，一些警察和市民也参与了抢劫，扎伊尔陷入全国性动乱。两天后，法国和比利时派兵平息了这场骚乱
1992—1993	索马里	大羚羊	1991年1月西亚德政权被推翻，索马里陷入内战，生灵涂炭。1992年，根据联合国安理会决议，法国以人道主义援助的名义发起"大羚羊"行动，向索马里派出2100人。该行动后来成为美国在索马里"恢复希望"行动的组成部分
1994	卢旺达	绿松石	1994年，卢旺达胡图族对图西族及胡图族温和派进行有组织的种族灭绝大屠杀，法国通过联合国安理会授权实施"绿松石"行动，向卢旺达派出约2500名士兵。然而，法军的介入未能阻止大屠杀的发生，大屠杀共造成80万至100万人死亡
1995—1996	科摩罗	杜鹃花	1995年9月，科摩罗前总统卫队长、雇佣军头目、法国人德纳尔发动军事政变，囚禁乔哈尔总统，卡阿比总理成立过渡政府。10月3日，法国向科摩罗派出1000余人的特种部队抓捕德纳尔及同伙。10月6日，德纳尔等人向法国国家宪兵特勤队缴械投降。然而，法国并没有把权力交换给乔哈尔总统。1996年，穆罕默德·塔基·阿卜杜勒卡里姆当选科摩罗总统

续表

时间	国家	行动代号	行动概况
1996	喀麦隆、尼日尔	阿拉米斯	1993年底至1994年初，尼日利亚和喀麦隆在巴卡西半岛发生武装摩擦。1996年，法国发起"阿拉米斯"行动，监视两国边境地区。但事实上，法国在行动指挥、后勤保障、情报搜集、作战训练等方面为喀麦隆提供了重要支援
1996—1998	中非共和国	铁铝榴石	1996年，中非共和国部分军人发动武装叛乱，反对帕塔塞专政。法军以保护侨民的名义发起"铁铝榴石"行动，实际上是为了拯救帕塔塞政权
1997	刚果（布）	鹈鹕	1997年，刚果爆发内战，法国以保护侨民的名义发起"鹈鹕"行动，实际上是为了帮助德尼·萨苏-恩格索恢复政权
1998	几内亚比绍	伊洛科	1998年，几内亚爆发内战，法国以撤离侨民的名义发起"伊洛科"行动，实际上是为了支持若昂·贝尔纳多·维埃拉
1998	吉布提	霍尔安加尔	1998年，埃塞俄比亚和厄立特里亚两国因边界争端发生战争，法国发起"霍尔安加尔"行动，加强吉布提的海上和空中防御
2002	科特迪瓦	独角兽	2002年9月，科特迪瓦发生未遂政变，并爆发内战。不久，法国便根据法科两国于1961年签订的防务协议，发起"独角兽"行动，向科增派军事力量，负责执行保护和撤离外国侨民、监督冲突双方停火等任务
2003	刚果（金）	阿尔忒弥斯	2003年，根据联合国安理会的决议，欧盟派出2200人的部队驻扎在刚果（金）东部，保障当地安全局势并改善人道状况。18个国家参与了此次行动，但法国提供了80%的兵力，发挥了主导作用。该行动后来由联合国刚果（金）特派团接管

续表

时间	国家	行动代号	行动概况
2002	中非共和国	博阿利	2002年10月，中部非洲国家经济与货币共同体成员国决定向中非共和国派遣一支多国部队，以协助保障中非境内以及中非与乍得边境地区的安全，并保障中非国家元首的个人安全。法国以保护侨民的名义发起"博阿利"行动，帮助成立共同体多国部队，并为其提供了后勤、行政、技术、作战等方面的援助
2005	刚果（金）	欧盟驻刚果（金）维和部队	2005年，为了确保刚果（金）选举进程的安全，应联合国要求，欧盟派出2500人的部队增援联合国驻刚果（金）维和部队，法国参与了此次行动
2008	吉布提	无	2008年6月，吉布提与厄立特里亚两国部队在边境地区爆发了武装冲突，法国向吉布提边境部署200余人以威慑厄立特里亚
2008—2009	乍得、中非共和国	欧盟驻乍得维和部队/欧盟驻中非共和国维和部队	震慑叛军，使伊德里斯·代比政权合法化
2011	科特迪瓦	无	2010年12月，科特迪瓦爆发选后危机。2011年4月初，法国决定派出大规模军队支持瓦塔拉，给了巴博政权致命一击；4月10日，法军轰炸了巴博的住所，次日巴博被捕
2011	利比亚	哈麦丹风	2011年3月17日，联合国安理会通过1973号决议，决定在利比亚设立禁飞区，以法、英、美为首的多国联军据此对利比亚进行军事打击，其中法国军事行动的代号为"哈麦丹风"
2013	马里	薮猫	2012年初，马里发生政变，反政府武装趁机占领北部多地。2013年1月10日，马里总统特拉奥雷致信法国总统奥朗德以及联合国安理会其他成员国，正式发出紧急军事援助的邀请。1月11日，法军发动了旨在帮助马里军队驱逐恐怖分子、恢复国家领土完整的"薮猫"行动

续表

时间	国家	行动代号	行动概况
2013	中非共和国	红蝴蝶	2013年3月，反博齐泽组织"塞雷卡"发动政变，推翻博齐泽政权。4月，多托贾被推选为临时总统，"塞雷卡"与地方自卫武装团体冲突升级，引发严重人道主义危机。获得联合国安理会授权后，法国于2013年12月6日正式启动了代号为"红蝴蝶"的军事行动
2014	马里	新月形沙丘	2013年在马里的"薮猫"行动中，法国虽然击溃了马里境内的恐怖组织，但未能将其消灭，许多恐怖分子流窜到乍得、尼日尔等国，伺机卷土重来。面对这一局势，2014年8月1日，法国在萨赫勒地区展开"新月形沙丘"行动，与马里、尼日尔、乍得、布基纳法索、毛里塔尼亚五国共同打击恐怖主义

资料来源：张丽春：《冷战后法国对非军事援助研究》，中国人民大学硕士学位论文，2014年，第101—103页。笔者进行了补充。

法兰西第五共和国时期的白皮书

白皮书	间隔时间	背景	行动
1972年《国防白皮书》	22年	冷战 威慑	核力量 退出北约
1994年《国防白皮书》	14年	冷战结束 左右共治 力量投送	威慑 法军调整
2008年《国防与国家安全白皮书》	5年	全球化 金融危机 干预	重返北约一体化
2013年《国防与国家安全白皮书》	5年	全球内战 金融危机	保护 威慑 干预

资料来源：根据 PatriceBuffotot, "Les Livres Blancs sur la Défense Sous la Ve République", Paix et Sécurité Européenneet Internationale, Université Côte d'Azur 2015. halshs - 03155156, p. 3，笔者自制。

1998—2012 年法国在非洲和全球的军事合作专员的数量（单位：个）

	1998 年	2002 年	2009 年	2012 年
非洲	614	353	293	222
撒哈拉以南法语非洲	570	314	262	199
北非	44	39	31	23
世界其他地区	23	53	35	29
合计	637	406	328	251

资料来源：Sources：Parliamentarian Reports, "French Ministry of Foreign Affairs and French Ministry of Defence"; Brisepierre, P., Avisno. 88, Vol. 3, Projet de loi de Finances pour 1998：Cooperation [Opinionno. 88, Vol. 3, draft budget law for 1998：cooperation], French Senate：Paris, 1997；Cazeneuve, B., "La Coopération Militaire et de Défense：Un outil de Politique Étrangère" [Military and Defence Cooperation：a Tool of Foreign Policy], No. 3394, French National Assembly：Paris, Nov. 2001；French Ministry of Foreign Affairs, "Répartition des Coopérants 'défense' dans le Monde en 2012" [Geographical Distribution of Military Coopérants in the world, 2012] < http：// www. diplomatie. gouv. fr/fr/IMG/png/Cooperants_defense_2012_cle8d9311. png >。转引自 Olawale Ismail and Elisabeth Skons (Edited), "Security activities of external actors in Africa", SIPRI, Oxford University press, 2014。笔者译制。

参考文献

一、中文著作

1. 李华：《国际组织公共外交研究》，时事出版社 2014 年版。
2. 张英利、蔡劲松：《军事外交学概论》，国防大学出版社 2009 年版。
3. 张宏明：《大国经略非洲研究》，社会科学文献出版社 2019 年版。
4. 郭新宁：《论军事外交与当代中国实践》，国防大学出版社 2011 年版。
5. 万发扬：《中国军事外交理论与实践》，时事出版社 2015 年版。
6. 张锡昌、周剑卿：《战后法国外交史（1944—1992）》，世界知识出版社 1993 年版。
7. 莫翔：《当代非洲安全机制》，浙江人民出版社 2013 年版。
8. 秦亚青：《权力·制度·文化：国际关系理论与方法研究文集》，北京大学出版社 2018 年版。
9. 张蕴岭：《西方新国际干预的理论与现实》，社会科学文献出版社 2012 年版。
10. 刘青建、赵晨光、王聪悦：《中国对非洲关系的国际环境研究》，社会科学文献出版社 2019 年版。
11. 李安山：《非洲现代史》，江苏人民出版社 2021 年版。
12. 张宏明：《多维视野中的非洲政治发展》，社会科学文献出版社 1999 年版。
13. 罗建波：《中非关系与中国的大国责任》，中国社会科学出版社 2016 年版。
14. 吴国庆：《法国政治史（1958—2017）》，社会科学文献出版社 2018 年版。
15. 顾关福：《战后国际关系（1945—2010）》，天津人民出版社

2010年版。

16. 尹继武：《战略心理与国际政治》，北京大学出版社2016年版。

17. 唐世平著，林民旺、刘丰、尹继武译：《我们时代的安全战略理论：防御性现实主义》，北京大学出版社2016年版。

18. 吴泓渺主编：《大国文化心态：法国卷》，武汉大学出版社2014年版。

19. 刘胜湘等：《国家安全：理论、体制与战略》，中国社会科学出版社2015年版。

20. 陈新丽：《"继承与决裂"——萨科齐的外交政策》，武汉大学出版社2016年版。

21. 冯亮：《法兰西战略文化》，社会科学文献出版社2014年版。

22. 毛泽东：《毛泽东选集》（第1卷），人民出版社1991年版。

23. 王建学主编：《1798年人权和公民权宣言的思想渊源之争》，法律出版社2013年版。

24. 中共中央马克思恩格斯列宁斯大林著作编译局编译：《列宁全集》（第55卷），人民出版社1990年版。

25. 中共中央马克思恩格斯列宁斯大林著作编译局编译：《列宁全集》（第39卷），人民出版社1986年版。

26. 斯大林：《斯大林选集》（上卷），人民出版社1979年版。

二、中文译著

1. ［日］金子将史、北野充主编，《公共外交》翻译组译：《公共外交："舆论时代"的外交战略》，外语教学与研究出版社2010年版。

2. ［美］朱迪斯·戈尔茨坦、罗伯特·O. 基欧汉编，刘东国、于军译：《观念与外交政策——信念、制度与政治变迁》，北京大学出版社2005年版。

3. ［法］雷蒙·阿隆著，朱孔彦译：《和平与战争：国际关系理论》，中央编译出版社2013年版。

4. ［美］乔尔·S. 米格代尔、阿图尔·柯里、维维恩·苏著，郭为桂、曹武龙、林娜译：《国家权力与社会势力：第三世界的统治与变革》，江苏人民出版社2017年版。

5. ［英］李德·哈特著，钮先钟译：《战略论——间接路线》，上海人民出版社2010年版。

6. [法] 夏尔-菲利普·戴维著，王忠菊译：《安全与战略：战争与和平的现时代解决方案》（增订第二版），社会科学文献出版社2011年版。

7. [美] 罗伯特·基欧汉著，苏长和、信强、何曜译：《霸权之后：世界政治经济中的合作与纷争》，上海人民出版社2012年版。

8. [美] 小约瑟夫·奈、[加拿大] 戴维·韦尔奇著，张小明译：《理解全球冲突与合作：理论与历史》（第十版），上海人民出版社2018年版。

9. [美] 玛莎·芬尼莫尔著，袁正清、李欣译：《干涉的目的武力使用信念的变化》，上海人民出版社2009年版

10. [美] 亨利·基辛格著，顾淑馨、林添贵译：《大外交》，海南出版社2012年版。

11. [美] 理查德·F.库索尔著，言予馨、付春光译：《法兰西道路：法国如何拥抱和拒绝美国的价值观与实力》，商务印书馆2013年版。

12. [塞内] 巴帕·易卜希马·谢克著，邓皓琛译，《法国在非洲的文化战略：从1817年到1969年的殖民教育》，商务印书馆2016年版。

三、中文论文

1. 孙德刚：《安全认知的变化与法国在非洲军事基地的战略调整》，《外交评论》2011年第5期。

2. 徐伟忠：《中国参与非洲的安全合作及其发展趋势》，《西亚非洲》2010年第11期。

3. 智宇琛：《法国对非军事政策演变对中法非和平安全合作的启示》，《国际展望》2016年第6期。

4. 徐伟忠：《冷战后非洲面临的挑战及其今后发展趋向》，《世界经济与政治》1995年第12期。

5. 徐伟忠：《非洲形势及新时代中非关系》，《领导科学论坛》2018年第22期。

6. 孙德刚：《法国非洲战略中的海外军事基地：一项历史的考察》，《同济大学学报》（社会科学版）2012年第2期。

7. 徐伟忠：《非洲需要中国，中国需要非洲》，《时事资料手册》2007年第2期。

8. 冯仲平：《欧洲需要公正的对华政策》，《世界博览》2012年第18期。

9. 彭姝祎：《从戴高乐到马克龙：法国的非洲政策变化轨迹和内在逻辑》，《西亚非洲》2019年第2期。

10. 贺文萍：《西方大国在非洲的新争夺》，《当代世界》2013年第4期。

11. 刘青建、方锦程：《恐怖主义的新发展及对中国的影响》，《国际问题研究》2015年第4期。

12. 卢东：《法国在非洲的军事干预政策和行动特点》，《现代军事》2013年第11期。

13. 宋德星、孔刚：《法国出兵马里意图及前景》，《国际研究参考》2013年第3期。

14. 沈志雄：《美国非洲政策的军事化趋势》，《美国研究》2014年第6期。

15. 门洪华：《霸权之翼：国际制度的战略价值》，《开放导报》2005年第5期。

16. 庞林立：《法国后现代主义国际关系理论对后冷战世界的认知分析》，《国际观察》2018年第1期。

17. 门洪华：《国际机制与美国霸权》，《美国研究》2001年第1期。

18. 苏长和：《解读〈霸权之后〉——基欧汉与国际关系理论中的新自由制度主义》，《美国研究》2001年第1期。

19. 陈志瑞、刘丰：《国际体系、国内政治与外交政策理论——新古典现实主义的理论构建与经验拓展》，《世界经济与政治》2014年第3期。

20. 王保华、田东：《法国海外军事战略调整的主要关注点》，《外国军事学术》2013年第10期。

21. 丁一凡：《法国为何要推翻卡扎菲政权》，《欧洲研究》2011年第3期。

22. 李洪峰：《萨科齐时期的法国对非政策：难以实现的决裂》，《国际论坛》2012年第7期。

23. 宋薇：《从漠视开发到全面关注：冷战后美国对撒哈拉以南非洲经济政策的调整》，《世界经济与政治》2012年第8期。

24. 赵慧杰：《法国对非洲政策的调整及其战略构想》，《西亚非洲》1999年第1期。

25. 江翔：《试析当前法国同非洲的关系》，《西亚非洲》1996年第3期。

26. 鲁仁：《"法非合作"源流浅探》，《西亚非洲》1984年第

4 期。

27. 蔡志云：《80 年代以来法国对非洲国家的政策变化》，《世界经济研究》1995 年第 6 期。

28. 曹德明：《从历史文化的视角看法国与非洲的特殊关系》，《国际观察》2010 年第 1 期。

29. 张宏明：《戴高乐与法属非洲殖民地》，《西亚非洲》1984 年第 5 期。

30. 孙德刚：《法国在吉布提军事基地的绩效分析》，《阿拉伯世界研究》2011 年第 9 期。

31. 齐建华：《冷战时期法国对非洲政策的演变分析》，《商丘师范学院学报》2008 年第 4 期。

32. 《历届法非首脑会议情况简介》，《国际问题研究》1992 年第 11 期。

33. ［法］多米尼克·马亚尔：《从历史角度看法国在非洲的军事存在》，《国际观察》2013 年第 3 期。

34. 李安山：《法国在非洲的殖民统治浅析》，《西亚非洲》1991 年第 1 期。

35. 马胜利：《大国的光荣与梦想——法国外交的文化传统》，《国际论坛》2004 年第 2 期。

36. 沈孝泉：《从法国介入非洲两场战争看其外交战略》，《当代世界》2011 年第 5 期。

37. 张永蓬：《欧盟对非洲援助评析》，《西亚非洲》2003 年第 6 期。

38. ［法］高敬文：《海外公民的保护、主权和不干涉内政》，《国际政治研究》（季刊）2013 年第 2 期。

39. 刘青建等：《当前西方大国对非洲干预的新变化：理论争鸣与实证分析》，《西亚非洲》2014 年第 4 期。

40. 刘天南：《法国对非关系的"变"与"不变"——2016—2017 年法国对非关系形势综述》，《法国发展报告（2017 2018）》2018 年 9 月。

41. 余南平：《法国在南部非洲国家的影响力塑造——以法国对非洲援助为视角》，《欧洲研究》2012 年第 4 期。

42. 张宏明：《论法国对非"合作"政策产生的背景》，《西亚非洲》1987 年第 3 期。

43. ［法］玛丽-阿尔巴纳·德叙尔曼，王吉会译：《法国在西非的合作："发展"与后殖民时期的连续性（1959—1998）》，《法语国家与地区研究（中法文）》2018年第1期。

44. 白琰媛等：《法国对喀军事外交政策演变析论》，《法国研究》2021年第4期。

45. 周国栋：《变"父子"为"兄弟"关系——析法国对非洲政策的变化》，《国际展望》2000年第4期。

46. 龙云：《马克龙政府的非洲政策：理念与实践》，《中国非洲学刊》2020年第2期。

47. 陈波：《减少干预决不退出——法国改革对非防务政策》，《世界知识》1997年第19期。

48. 杨勉等：《法国出兵马里的原因和马里危机的背景》，《哈尔滨学院学报》2014年第2期。

49. 杨娜：《欧洲大国的海外利益保护论析——以法国、英国和德国在非洲的利益保护为例》，《世界经济与政治》2019年第5期。

50. 贺刚：《欧盟对外干预政策研究——以利比亚剧变为例》，《国际政治与经济》2013年第6期。

51. 沈陈：《超越西方语境下的"中等强国"：模糊性、特征化与再定位》，《太平洋学报》2022年第4期。

四、外文著作

1. "La Politique Militaire de la France en Afrique", CHEM, Paris, 1984.

2. Francis Terry McNamara, "France in Black Africa", Washington D. C.：National Defence University Presse, 1989.

3. Agir ici Survie, "Sommet Franco – africain au Louvre：La Sécurité au Sommet, l'insécurité à la Base…", L'Harmattan, 1998.

4. DUMOULIN, "André. La France Militaire et l'Afrique. Coopération et Interventions：Un état des Lieux. Bruxelles", GRIP, Éditions Complexe, 1998, Bandeja Yamba.

5. Benedikt Erforth, "Contemporary French Security Policy in Africa：On Ideas and Wars", Palgrave 6. Macmillan, 2020.

6. Inger Osterdahl, "La France dans l'Afrique de l'après – Guerre – froide：Interventions et Justifications", Uppsala：Nordika Afrikainstitutet, 1997.

7. Anne Stamm, "L'Afrique, de la Colonisation à l'indépendance, Deuxième Edition, Que sait je？", Presses Universitaires de France, 1998.

8. John Chipman, "French Power in Africa", Oxford: Basil Blackwell, 1989.

9. Hilaire de Prince Pokam, "Le Multilatéralisme Franco – africain à l'épreuve des Puissances", L'Harmattan, Paris, 2013.

10. Jean Baptiste, "Jeangèene Vilmer, La Guerre au nom de l'humanité: Tuer ou Laisse Mourir", Presses Universitaires de France, Paris, 2012.

11. F. Roy Willis, "The French Paradox: Understanding Contemporary France", Stanford: Hoover Institution Press, 1982.

12. Louis Balmond, "Les Interventions Militaires Françaises en Afrique", Editions A. PEDONE, Paris, 1998.

13. Patrick Emery Bakong, "La Politique Militaire Africaine de la France: Forces Sociales et Changements Récents", L'Harmattan, 2012.

14. Pierre PASCALLON et Pascal CHAIGNEAU, "Conflictualités et Politiques de Sécurité et De défense en Afrique", L'Harmattan, 2012.

15. Jean Doise et Maurice Vaisse, "Diplomatie et Outil Militaire: Politique étrangère de la France 1871 – 2015", Paris, Editions du Seuil, 2015.

16. Michel Drain, Cécile Dubernet, "Relations Internationales" (23e édition), Bruxelles: Editions Bruylant, 2018.

17. Pierre DABEZIES, "La Politique Militaire de la France en Afrique Noire sous le général De Gaulle in La Politique Africaine du Général De Gaulle (1958 – 1969)", Paris, Editions A. PEDONE, p235.

18. Thierry Balz, Frédéric Chari, Frédéric Ra (sousladir.), "Manuel de Diplomate", Paris: Presses de Sciences Po, 2018.

19. Pierre Pascallon et Pascal Chaigneau (sous la dir.), "Conflictualités et Politiques de Sécurité et de Défense en Afrique", Paris: L'Harmattan, 2012.

20. Maurice Vaïsse (sous la dir.), "Diplomatie Française: Outils et Acteurs Depuis 1980", Paris: Odile Jacob, août 2018.

21. Samuel Sylvin Ndutumu, "Théorie Africaine de la Contre – insurrection: Sécuriser Autrement", Paris: L'Harmattan, 2016.

22. Pierre Pascallon (sous la dir.), "La Politique de Sécurité de la France en Afrique", Paris: L'Harmattan, 2004.

23. D. G. Lavroff (sous la dir.), "La Politique Africaine du Général De Gaulle (1958 – 1969)", Paris: Editions A. Pedone, 1980.

24. Albert Bourgi, "La Politique Française de Coopérationen Afrique: le Cas du Sénégal", Paris: Librairie Générale de Droit et de Jurisprudence, 1979.

25. Jean-Baptiste, Jeangèene Vilmer, "La Guerre au nom de l'humanité: Tuer ou laisser mourir", Presses Universitaires de France, 2012.

26. Frédéric Charillon (sous la dir.), "Politique étrangère: Nouveaux Regards", Paris: Presses de Sciences Po, 2002.

27. Frédéric Bozo, "La Politique étrangère de la France Depuis 1945)", Paris: Flammarion, 2012.

28. Agrir ici et Survie, "Sécurité au Sommet, Insécurité à la Base", Paris: L'Harmattan, 1998.

29. Raphaël Granvaud, "Que Fait l'armée Française en Afrique", Paris: Editions Agone, 2009.

30. Pernille Rieker, "French Foreign Policy in a Changing World: Practicing Grandeur", Palgrave Macmillan, 2017, DOI: 10.1007/978-3-319-55269-9.

31. Peer De Jong (sous la dir.), "Vers une Africanisation des Opérations de Maintien de la Paix", Paris: L'Harmattan, 2019.

32. Peer De Jong (sous la dir.), "G5 Sahel, Une Initiative Régionale Pour une Nouvelle Architecture de Paix", Paris: L'Harmattan, 2018.

33. Léonard Colomba-Petteng, "La Coopération Militaire Franco-africaine: une Réinvention Complexe (1960-2017)", Paris: L'Harmattan, 2019.

34. André Yché, "Quelle Défense Pour la France", Paris: Ed. Economica, 2012.

35. Jacques Myard, "Atout France: Manifeste Pour la France dans un Monde Multipolaire", Paris: L'Harmattan, 2010.

36. Robbin F. Larid, "French Security Policy: from Independence to Interdependence", Inc.: Westview Press, 1986.

37. J. F. Owaye, "Afrique, Continent Barrière", Cahier d'Histoire et Archéologie, No. 1, Libreville, 2000.

38. Abderrahmane M'ZALI, "La Coopération Franco-africaine en Matière de Défense", L'Harmattan, Paris, 2011.

39. Bruno Charbonneau, "France and the New Imperialism: Security Policy in Sub-sahran Africa", Ashgate Publishing Limited, 1988.

40. Djiby Sow, "La légalité de L'intervention Militaire Française au Mali", L'Harmattan, Paris, 2016.

41. Kwame Nkrumah, "Le Néocolonialisme: Dernier Stade de l'impérialisme", Editions Présence Africaine, Paris, 1973.

五、外文论文

1. Séraphin Moundounga, "L'Union Européenne et la Paix en Afrique Subsaharienne", Université de Grenoble, 2012, Franc,ais. NNT: 2012grendD010. tel -00871641.

2. Ingunn Eidhammer, "Partir Pour Mieux Rester? A Study of French Africa Policy from 1981 until Today", University of Oslo, 25 May, 2010.

3. Durand De Sanctis Julien, "Interprétation Critique du Rôle des Idées et des Représentations dans la Construction d'une Philosophie de la Stratégie Française en Afrique, sous la Direction de Davie Cumin", Lyon: Université Jean Moulin (Lyon 3), 2016.

4. HOUENOU Arnaud Seminakpon, "Les Nouveaux Accords de Défense Franco - africains et la Politique de Sécurité de France, sous la Direction de Brigitte Vassort - Rousset", Lyon: Université Jean Moulin (Lyon 3), 2014.

5. Antoine DULIN, "La Gestion par la France de la Crise en Côte d'ivoire de Septembre 2002 à avril 2005, Sous la Direction de Michèle Bacot - Décriaud", Lyon: Université Lyon 2, 2005.

6. Patrice Buffotot, "Les Livres Blancs sur la Défense Sous la Ve République. Paix et Sécurité Européenne et Internationale", Université Côte d'Azur 2015. halshs -03155156.

7. Paul Daniel Schmitt, "From Colonies to Client - states: the Origins of France's Postcolonial Relationship Aith Sub - Saharan Africa, 1940 - 1969", University of Maryland, 2011.

8. Pierre - Marie Faivre, "Les Traitements des Questions de Sécurité dans la Region Sahélo - saharienne: Etudes des Approches Malienne, Nigérienne et Burkinabè", Sous la Direction de Pascal Chaigneau, Paris: Université Paris Descartes, 2016.

9. Benedikt Erforth, "Thinking Security: A Reflectivist Approach to France's Security Policy - Making in Sub - Saharan Africa", Trento: University of Trento, 2015.

10. AL KAABI Juma, "La Gestion de la Menace Terroriste. Le Système Français de Prévention et de Répression", Lyon: Université Jean Moulin (Lyon 3), 2017.

11. David MANY – GIRARDOT, "L'Africanisation de la Réponse Sécuritaire en Afrique", thèse du master, Année 2013 – 2014, Université Panthéon – ASSAS – Paris II, p. 12.

12. Séraphin Moundounga, "L'Union Européenne et la Paix en Afrique Subsaharienne", Droit: Université de Grenoble, 2012.

13. Marie – Ange Schellekens – Gaiffe, "La Sécurité Environnementale dans les Relations Extérieures de l'Union Européenne: vers une Approche Intégrée de la Prévention des Conflits et Crises Externes", Droit. Université de La Rochelle, 2017.

14. Nicolas D. Kron, "Security Diplomacy: Beyond Defense", Maryland: Johns Hoptkins University, May, 2015.

15. Zhang Mengdi, "Les Politiques Africaines de Nicolas Sarkozy – une Rupture avec la Françafrique?", Beijing: Institut de Diplomatie, 2017.

16. SUN Shouqing, "Etudes de la Stratégie Diplomatique de Djibouti à Travers son Accueil des Bases Militaires étrangères", Beijing: Institut de Diplomatie, 2017.

17. Tobias Carlsson, "Multilateral Gaullism—Explaining French Polibcy Reorientation Toward Multilateralism in Africa", LUND University, 2007.

18. Michi Yamasaki, "A Study of Middle Power Diplomacy: As a Strategy of Leadership and Influence", thesis presented to the University of Waterloo for the degree of Master of Arts in Political Science, Waterloo, Ontario, Canada, 2009, p. 100.

六、外文期刊杂志

1. Abdurrahim Sıradag, "Understanding French Foreign and Security Policy towards Africa: Pragmatism or Altruism", "Afro Eurasian Studies", Journal Vol 3, Issue 1, Spring, 2014.

2. Alice Pannier and Olivier Schmitt, "To Fight Another Day: France between the Fight Against Terrorism and Future Warfare", "International Affairs", 95: 4, 2019, pp. 897 – 916; Oxford University Press, DOI: 10.1093/ia/iiz050.

3. Walter Bruyère – Ostelle, "Outil militaire et Politique Africaine de

la France Depuis 1960: Tableau Histotiographique et Perspectives de Recherche", "Relations Internationales", Presses Universitaires de France, No. 165, 2016.

4. Jean-François Guilhaudis, "Les Accords de 《défense》 de Deuxième Génération", entre la France et Divers Pays Africains (Inf. 8/1 -7), No. 4, mis en ligne le 25 juillet 2016, URL: http://revel.unice.fr/psei/index. html? id = 1132/.

5. Jean-Yves HAINE, "L'endiguement Renforcé Les Politiques de Sécurité de la France et des États-Unis en Afrique", https://www.ifri.org/sites/default/files/atoms/files/note_jyh_ocppc-ifri_fr.pdf.

6. Aline Lebœuf, "Coopérer avec les Armées Africaines", "Focus stratégique", No. 76, Ifri, Octobre 2017.

7. N. JREIGE, "Les Armées de Terre et de l'air et Coopération Militaire étrangère en Afrique", "Les Cahiers de l'analyse des Données", tome 10, No. 4, 1985, http://www.numdam.org/item? id = CAD_1985_ 10_4_381_0.

8. Bernard Adam, "Mali: de l'intervention Militaire Française à la Reconstruction de l'Etat", GRIP, 2013.

9. Christophe Courtin et François Boko, "Les Forces Armées en Afrique Francophone", "Note No. 284", Fondation Jean Jaurès, le 27 Octobre 2015.

10. Denis TULL, "La Coopération Franco-allemande au Sahel: Conséquences et Perspectives du 《Tournant Africain》 de l'Allemagne", "Note de recherche No. 45 de l'IRSEM", le 27 septembre 2017.

11. Flavien Bourrat, "Les Conséquences en Termes de Stabilité des Interventions Militaires étrangères dans le Monde Arabe", "études de l'IRSEM", 56, mars 2018.

12. Martine Cuttier, "Bilan de la Présence Militaire Européenne en Afrique Subsaharienne 2000-2010", "Res Militaris", Vol. 2, No. 2, Winter Spring/Hiver-Printemps 2012.

13. Myrto Hatzigeorgopoulos, "L'assistance Militaire: Quel Rôle dans la Prévention des Conflits en Afrique?", "Sécurité et Stratégie No. 123", IRSD, Mai 2016.

14. Stephen Burgess, "L'intervention Militaire en Afrique: Analyse Comparée de la France et des États-Unis", "ASPJ Afrique & Francophonie", 2e Trimestre 2018.

15. Julie d'ANDURAIN, "sous la Direction, 50 ans d'OPEX en Afrique: 1964 - 2014", "CDEF/DREX/B. RECH", 2015.

16. Maurice Vaisse, "La Puissance ou l'influence? La France dans le Monde Depuis 1958", "Politique étrangère", 2: 2009.

17. Michel Klein, "Les Forces de Présence Française: des Outils Stratégiques Majeures Adaptés à la Situation Internationale Africaine", "Note de la FRS No. 1", 2008.

18. Nils Andersson, "La Politique Militaire de la France: Entre Défense et Intervention", "Recherches Internationales", No 100, juillet - septembre 2014.

19. Thierry Irénée Yarafa, "La Refonte des Forces de Défense et de Sécurité, Condition d'une Paix et d'un Développement Durable en République Centrafricaine", "Science Politique", Université Clermont Auvergne, 2017.

20. Philippe Hugon et Naida Essiane Ango, "Les Armées Nationales Africaines Depuis les Indépendances: Essai de Périodisation et de Comparaison", "Les notes de l'IRIS", Avril 2018.

21. Pregnon Claude Nahi, "Les Défis Actuels de la Gouvernance de la Sécurité en Afrique, Revue Ivoirienne de Gouvernance et d'Etudes Strategiques (RIGES), 2016", "Gouvernance et Developpement Humain", 2 (1), pp. 17 - 54.

22. Bergamaschi, "I: 2013 French Military Intervention in Mali: Inevitable, Consensual ye Insufficient", "International Security and Development", 2 (2): 20, DOI: http://dx.doi.org/10.5334/sta.bb.

23. F. Roy Willis, "The French Paradox: Understanding Contemporary France", "Hoover Institution Press", Stanford University, 1982, Stanford, California.

24. Inger Osterdahl, "La France dans l'Afrique de l'après - guerre Froide: Interventions et Justifications", "Nordiska Afrikainstitutet", Uppsala, 1997.

25. Martine Cuttier, "Bilan de la Présence Militaire Européenne en Afrique Subsaharienne, 2000 - 2010", "Res Militaris", Vol. 2, No. 2, Winter - Spring/Hiver - Printemps 2012, http://resmilitaris.net/ressources/10155/82/res_militaris_article_cuttier_bilan_de_la_pr_sence_militaire_europ_enne_en_afrique_sub - saharienne__2000 - 2010.pdf.

26. Petiteville, F., "Quatre Décennies de 'Coopération Franco -

africaine': Usages et Usure d'un Clientélisme", "Études Internationales", 27 (3), pp. 571 – 601, https://doi.org/10.7202/703630ar.

27. Simond de Galbert, "The Hollande Doctrine: Your Guide to Today's French Foreign and Security Policy", Center for Strategic and International Studies, Washington, D. C., 8 September, 2015, https://www.csis.org/analysis/hollande – doctrine – your – guide – today's – french – foreign – and – security – policy, 2020.

28. Lt Gen Kamal Davar, "Military Diplomacy: A Vital Tool for Furthering National Interests", "Issue Vol. 33. 2 Apr – Jun 2018", Date: 17 April, 2018.

29. Chris Smith, "Defence, Diplomacy, and Development: Building a Safer, Fairer and Cleaner World", "Debate" on 30 January 2020 by House of Lords.

30. Lech Drab, "Defence Diplomacy—an Important Tool for the Implementation of Foreign Policy and Security of the State", "Security and Defence", Quarterly 2018, 20 (3), War Studies University, Poland.

31. DCAF (Geneva Centre for the Democratic Control of Armed Forces), "Backgrounder Series on Security Sector Governance and Reform: Defence Attachés", July, 2007, www.dcaf.ch/publications/backgrounders.

32. Daniel Keohane, "EU Military Cooperation and National Defense", "Policy Brief", 2018, No. 4, Security and Defense Policy, The German Fund of the United States, 2018.

33. Capt Mashudu Godfrey Ramuhala, "POST – COLD WAR MILITARY INTERVENTION IN AFRICA", "Scientia Militaria, South African Journal of Military Studies", Vol 39, No. 1, 2011, pp. 33 – 55, DOI: 10.5787/39 – 1 – 101.

34. Lindy Heinecken, "The Military, War and Society: the Need for Critical Sociological Engagement", "Scientia Militaria, South African Journal of Military Studies", Vol 43, No. 1, 2015, pp. 1 – 16, DOI: 10.5787/43 – 1 – 1107.

35. Avid Last, David Emelifeonwu, Louis Osemwegie, "Security Education in Africa: Patterns ans Prospects", "Scientia Militaria, South African Journal of Military Studies", Vol 43, No. 1, 2015, pp. 17 – 44, DOI: 10.5787/43 – 1 – 1108.

36. Robin M. Blake, Yolanda K. Spies, "Non – coercive Defence

Diplomacy for Conflict Prevention", "Scientia Militaria, South African Journal of Military Studies", Vol 47, No 1, 2019, DOI: 10.5787/47-1-1267.

37. Andrew Cottey, Anthony Forster, "Reshaping Defence Diplomacy: New Roles for Military Cooperation and Assistance", "ADELPHI Paper 365", Routledge, 2004.

38. Sorin Gabriel FETIC, "Fields of Classic Diplomacy with which Defence Diplomacy Interacts Horizontally", Prevention Diplomacy, Coercive Diplomacy, " REVISTA ACADEMIEI FORȚELOR TERESTRE NR. 1", 73, 2014.

39. Lieutenant General (Ret.) Peter Leahy, "Military diplomacy". Peter Leahy is the Director of the National Security Institute at the University of Canberra. He was Australia's Chief of Army from 2002 to 2008. This submission was originally part of the Centre Of Gravity paper #17 'Defence Diplomacy: Is the game worth the candle?' http://ips.cap.anu.edu.au/sdsc/publications/centre-gravity-series.

40. Cristina Barrios, "France in Africa: from Paternalism to Pragmatism", Policy Brief, No 58 – NOVEMBER 2010, FRIDE.

41. Nancy Snow, "Public Diplomacy", Online Publication Date: July, 2020, DOI: 10.1093/acrefore/9780190846626.013.518.

42. Jim Murphy MP, The Need for Defence Diplomacy Commentary, Defence Policy, "Global Security Issues", Europe, https://rusi.org/commentary/need-defence-diplomacy.

43. TIMOTHY C. SHEA, Transforming Military Diplomacy, "JFQ", Issue thirty-eight. 2005.

44. Ph Dr. Erik Pajtinka, Ph. D. Matej Bel, University in Banská Bystrica, Military Diplomacy and its Present Functions, SECURITY DIMENSIONS, "International & National Studies", No. 20, 2016, pp. 179 – 194, DOI: 10.24356/Sd/20/9.

45. Simon Sweeney, Neil Winn, "EU Security and Defence Cooperation in Times of Dissent: Analysing PESCO, the European Defence Fund and the European Intervention Initiative (EI2) in the Shadow of Brexit", "Defence Studies", 20: 3, pp. 224 – 249, DOI: 10.1080/14702436.2020.1778472., Published online: 16 Jun 2020.

46. Europe – Africa: A Special Partnership, "Report July 2019", Institut Montaigne, www.institutmontaigne.org.

47. Alice Pannier, "Le 'Minilatéralisme': une Nouvelle Forme de Coopération de Défense", "Politique Etrangère", 2015/1 Printemps, pp. 37 – 48, https: //cairn. info/revue – politique – etrangere – 2015 – 1 – page – 37. htm.

48. Philippe Hugon, "La Politique Africaine de la France, Entre Relations Complexes et Complexées", mardi 8 mars 2016, disponible sur: https: / / www diploweb com / La – politique – africaine – de – la html 2017 / 11 / 18.

49. Dele Ogunmola, "Redesigning Cooperation: The Eschatology of Franco – African Relations", "J Soc Sci", 19 (3), pp. 233 – 242, 2009.

50. Léon Koungou, "Quelles Appréciation des Partenariats Militaires Occidento – africains dans la Nouvelle Géopolitique des Crises Sub – sahariene?", "EUROSTUDIA — REVUE TRANSTLANTIQUE DE RECHERCHE SUR L'EUROPE", Vol. 3, No. 2 (dec. 2007): Europe – Afrique: Regards Croisés sur une "Europe spirituellement indéfendable".

51. Pondi Jean – Emmanuel, "La Coopération Franco – africaine vue d'Afrique", "Revue Internationale et Stratégique", 2002, 1 No. 45, p. 127 – 136, DOI: 10. 3917/ris. 045. 0127.

52. Chafer, Tony (2005), "Chirac andla Francafrique': no Longer a Family Affair", "Modern and Contemporary France", Vol. 13, No. 1, February 2005.

53. Franck Petiteville, "Quatre Décennies de 'Coopération Franco – africaine': Usages et Usure d'un Clientélisme", "Études internationales", Vol. 27, No. 3, 1996, pp. 571 – 601, URI: http: //id. erudit. org/iderudit/703630arDOI: 10. 7202/703630ar.

54. Yamba, B. (1999), DUMOULIN, André, "La France Militaire et l'Afrique, Coopération et Interventions: un état des Lieux, Bruxelles", CRIP, Éditions Complexe, 1998, p. 136, "Études Internationales", 30 (4), pp. 832 – 834, https: //doi. org/10. 7202/704102ar.

55. De Villepin Xavier, "La Politique Française en Afrique à l'aube du Nouveau Siècle", "Revue Internationale et Stratégique", 2002/2 No. 46, DOI: 10. 3917/ris. 046. 0143D.

56. Jean Touscoz, "La 'normalisation' de la Coopération Bilatérale de la France Avec les Pays Africains 'francophones' (aspects juridiques)", "Études Internationales", Vol. 5, No. 2, 1974, pp. 208 – 225, URI: ht-

tp：//id. erudit. org/iderudit/700441arDOI：10. 7202/700441ar.

57. Robert Cornevin, "La France et l'Afrique Noire", "Études Internationales", Vol. 1, No. 4, 1970, pp. 88 - 101, URI：http：// id. erudit. org/iderudit/700063ar DOI：10. 7202/700063ar.

58. Maurice Vaîsse, "Une Puissance Moyenne?", "Bertrand Badie et al. , La France, une Puissance Contrariée", La Découverte, Etat du monde, 2021.

59. Gaulme François, "Jean - Pierre Bat. Le Syndrome Foccart. La Politique Française en Afrique, de 1959 à nos Jours", "Afrique Contemporaine", 2013/1 No. 245, DOI：10. 3917/afco. 245. 0136.

60. Balleix Corinne, "La Politique Française de Coopération au Développement Cinquante ans d'histoire au Miroir de l'Europe", "Afrique Contemporaine", 2010/4 No. 236, DOI：10. 3917/afco. 236. 0095.

61. Feuer Guy, "La Révision des Accords de Coopération Franco - africains et Franco - malgaches", "Annuaire Français de Droit International", Vol. 19, 1973, DOI：https：//doi. org/10. 3406/afdi. 1973. 2234 https：//www. persee. fr/doc/afdi_0066 - 3085_1973_num_19_1_2234.

62. R. G. Riddell, "The Role of Middle Powers in the United Nations", "Statements and Speeches 48", 1948：40.

63. Pregnon Claude Nahi, Les Défis Actuels de la Gouvernance de la Sécurité en Afrique, "Revue Ivoirienne de Gouvernance et d' Etudes Strategiques (RIGES)", 2016, Gouvernance et Developpement Humain, 2 (1), hal - 01602121.

64. Thomas Gomart et Marc Hecker (dir.), "L'agenda Diplomatique du Nouveau Président", "Études de l'Ifri", Ifri, avril 2017.

65. Rempe, Martin, "2011：Decolonization by Europeanization? The Early EEC and the Transformation of French - African Rela - tions", "KFG Working Paper Series", No. 27, May 2011, Kolleg - Forschergruppe (KFG), "The Transformative Power of Europe" Freie UniversiUit Berlin.

66. Abourabi. Y, Durand de Sanctis J. , "L'émergence de Puissances Africaines de Sécurité：étude Comparative", "Études de l'IRSEM", avril 2016, No. 44.

67. Tristan Lecoq, "De la Défense des Frontières à la Défense sans Frontières", "Historiens et Géographes", No. 423, juillet 2013.

68. Claude Gérard, "Chirac 'l'Africain'" Dix ans de Politique Afr-

icaine de la France, 1996 - 2006, "Politique étrangère", 2007/4 Hiver, DOI: 10. 3917/pe. 074. 0905.

69. Tillinac Denis, "Rénover les Relations Franco - africaines", "Revue Internationale et Stratégique", 2002/2 No. 46, DOI: 10. 3917/ris. 046. 0137.

70. Philippe Hugon, "Comprendre les Afriques", Paris, Armand colin, sous presse, 2016.

71. Philippe Hugon, "Géopolitique de l'Afrique", "Coll. 128", Paris, Armand Colin, 4ème édtion, 2016.

72. Philippe Hugon, "La Politique Africaine de la France, Entre Relations Complexes et Complexées", mardi 8 mars 2016, disponible sur: https: / / / www. diploweb. com / La - politique - africaine - de - la. html 2017 / 11 / 18.

73. C. Evrard, "Retour sur la Construction des Relations Militaires Franco - africaines", "Relations Internationales", No. 165, 2016/1.

74. Etat de la Politique Militaire et Sécuritaire de la France en Afrique, "Note de synthèse", No. 7, Observatoire de la Vie Diplomatique en Afrique (OVIDA), mars 2011, www. ovida - afrido. org/fr.

75. Emeka Nwokedi, "France's Africa: A Struggle between Exclusivity and Interdependence", "R. I. Onwuka et al. (eds.), Africa in World Politics", Shaw 1989.

76. Halbraad, Middle Powers, "International Politics".

77. Jean - Félix Ongouya La Présence Militaire de la France en Afrique, "Présence Africaine", Editions Présence Africaine, 1980/4 No. 116.

78. R. Luckham, "Le Militarisme Français en Afrique", "Revue Politique Africaine", No 2, 1982.

79. B. Hibou, "Politique Économique de la France en Zone Franc", "Politique Africaine", No. 58, juin 1995.

80. Fabio Liberti, Camille Blain, "France's National Security Strategy (WP)", "Security and Defence Working Paper", 3/2011, Elcano Royal Institute, Madrid - Spain, http: //www. realinstitutoelcano. org/wps/portal/rielcano_eng. p2.

81. Owale Ismail, Elisabeth Skons, "Security Activities of External Actors in Africa", "SIPRI", Oxford University Press, 2014.

82. Martin, "Francophone Africa in the Context of Franco - African

relations", J. W. Harbeson and D. Rotschild (eds), "Africa in World Politics", Westview Press: Boulder, CO, 1995, p178, cited in N'Diaye (note 5).

83. Berouk Mesfin, "Only a Folie de Grandeur? Understanding French Policy in Africa", "African Security Studies", 17: 1, 2008.

84. International Crisis Group, "République centrafricaine: Anatomie d'un État fantôme", "Rapport Afrique", No. 136, 13 décembre 2007.

85. Maurice Vaisse, "Le tournant de 1973", "Revue internationale et stratégique", Armand Colin, 2013/3 No. 91.

86. J. Chipman, "Ve République et la Défense de l'Afrique", Paris, éd. Bosquet, Collection Politeia, 1986.

87. Victor-Manuel Vallin, "France as the Gendarme of Africa, 1960-2014", "Political science quarterly", Vol. 130, Number 1 2015.

88. Olamail Iamail, Elisabeth Skons, "Security Activities of External Actors in Africa", "SIPRI", Oxford University Press, 2014.

89. Stefano Recchia, "A Legitimate Sphere of Influence: Understanding France's turn to Multilateralism in Africa", "Journal of Strategic Studies", 43: 4, 2020, pp. 508-533, DOI: 10.1080/01402390.2020.1733985.

90. Camille Grand, "L'Europe de la Défense au Sommet de Saint Malo à la Présidence Française de l'Union Européenne: la Naissance d'un Acteur Stratégique", "Questions d'Europe", No. 122, Fondation Robert Schuman, le 22 décembre 2009.

91. Jean François Médard, "France-Africa: Within the Family", Donatella Della Porta and Yves Ménu (eds), "Democracy and Corruption in Europe Pinter", 1997.

92. Paul Chichlo et Laure Henicz, "La Force Africaine en Attente: Un Outil Adaptée aux Enjeux Sécuritaires Africains?", Paris, École militaire - 26 et 27 avril 2012.

93. Louis Balmond, "Les Fondements Juridiques des Interventions Militaires Françaises en Afrique", "Les Interventions Militaires Françaises en Afrique", Editions A. PEDONE, Paris, 1998.

94. Tristan Lecoq, La Défense Nationale des Années 1970 à nos Jours, "Une Lecture des Livres Blancs, de 1972 à la Revue Stratégique de 2021", "Revue Défense Nationale", 2021/10 No. 845.

95. Manuel Lafont – Rapnouil, "French UN Security Council Policy and Peacekeeping in Africa", www. chathamhouse. org/research/africa. This document is a summary of a meeting held at Chatham House on 15 November 2013. The meeting looked at France's policy priorities and involvement in UN peacekeeping operations in Africa.

96. Elisabeth du Réau, Saint – Malo, 4 décembre 1999, "un Tournant dans l'histoire des Relations Franco – britanniques? IRICE", "Bulletin de l'Institut Pierre Renouvin", 2009/2 No. 30.

97. Frédéric Turpin, "Du bon Usage des 'Pères Fondateurs': Jacques Chirac, un 'Père Fondateur' Oublié de la Francophonie Politique?", "Revue internationale des francophonies" [En ligne], 2, 2018, mis en ligne le 4 novembre 2019, consulté le 22 avril 2021, URL: https: //publications – prairial. fr/rif/index. php? id = 549.

98. Violaine Vincent – Genod, "Mémoire Intitulée Les Écoles Nationales à Vocation Régionale: Instrument Pour une Appropriation Française de la Sécurité en Afrique?", Université libre de Bruxelles, Université d'Europe, Faculté des sciences sociales et politiques, 2012 – 2013.

99. Programme d'Information Internationale, Département d'Etat, Washington, 26 mars 2004 in Léon Koungou, Quelle Appréciation des Partenariats Militaires Occidento – africains dans la Nouvelle Géopolique des Crises en Afrique sub – saharienne? "Eurostudia, Revue Transatlantique de Recherche sur l'Europe", Vol. 3, No. 2 (dec. 2007), Europe – Afrique: Regards croisés sur une "Europe spirituellement indéfendable".

100. Haastrup, "Toni (2010) EURORECAMP: An Alternative Model for EU Security Actorness", "Studia Diplomatica: The Brussels Journal of International Relations", LXIII (3/4).

101. Jean – Luc Stalon, "L'africanisation de la Diplomatie de la Paix", "Revue Internationale et Stratégique", IRIS éditions, 2007/2, No. 66.

102. Koenig, Michael, "Operation Artemis, The Efficiency of EU Peacekeeping in The Congo", 2012, http: //www. e – ir. info/2012/10/05/OPERATION – ARTEMIS – THE – EFFICIENCY – OF – EU – PEACEKEEPING – IN – THE – CONGO/.

103. Laura Särg, "An Insight to the EU Military Missions in Africa: French Leadership and Beyond", master thesis, Universityof Tartu,

2014.

104. Entretien avec François Fillon, Propos Recueillis par Pascal Boniface, La Grandeur est un Combat Inlassable, pas un Cadeau de l'histoire, "Revue Internationale et Stratégique", No. 100, 2015 /4, IRIS éditions.

105. Kees Homan, "Operation Artemis in the Democratic Republic of Congo", in European Commission, Faster and more united?: the Debate about Europe's Crisis Response Capacity (Luxembourg: EUR – OP 2006).

106. Kreps, Sarah E., "Multilateral Military Interventions: Theory and Practice", "Political Science", Quarterly 123/4, 2008, DOI: 10. 1002/j. 1538 – 165. 2008. tb00635. x'.

107. BOULAY, Mathilde, FRIEDLING, Bernard, "Les écoles Nationales à Vocation Régionales", "Partenaires Sécurité défense", No. 268, Hiver 2012.

108. Olivier Berger, "La France Toujours en Quête de Nouvelles Idées Pour Coopérer", "Les Champs de Mars", Presses de Sciences Po, 2019 /1 No. 32.

109. MACLEAN Ruth, " 'Non à la France' une Revendication qui Enfle en Afrique", https: //www. nytimes. com/fr/2022/04/14/world/africa/francafrique – mali – barkhane – senegal. html.

110. Alain Antil, Sina Schlimmer, "Les Relations Entre l'Europe et l'Afrique vues à Travers le Prisme Franco – allemand", "Allemagne d'Aujourd' hui", 2021 /2, No 236.

111. Ilan Garcia, "S'Allier Pour Durer: Nouvel Axiome de la Stratégie Française au Sahel", "Revue Défense Nationale", 2022/HS2 no Hors Série, https: //www. carin. info/revue – defense – nationale – 2022 – HS2 – page – 88. htm.

112. Vladimír Kmec, "The EU's Approach to Peacebuilding in Common Security and Defence Policy Missions and Operations", thesis for a Doctor degree, University of Cambridge, 2018.

113. Laurent Levitte, "L'opération Verveine en 1977: Maîtrise de la Projection de Force Etdiplomatie Aérienne", Penser les Ailes françaises, No. 24, décembre 2010.

114. Smith, S., Glaser A., "Ces Messieurs Afrique, Le Paris – Village du Continent Noir", Paris, Calman – Levy, 1992.

115. Pascal VENNESSON, "Idées, Politiques de Défense et Stratégie: Enjeux et Niveaux d'Analyse", "Revue française de Science Politique, Presses de Sciences Po, Vol. 54, No. 5, octobre 2004.

116. Michael C. Desch, "Culture Clash: Assessing the Importance of Ideas in Security Studies", "International Security", 23 (1), été 1998.

117. André Yché, "Quelle défense pour la France?", Ed. Economica, 2012.

118. Roland Marshal, "La France en Quête d'une Politique Africaine?", "Politique étrangère", IFRI, Paris, 4e semestre 1995.

119. Robert Frank, "Une Culture Française de la Puissance", Dans "La France, une Puissance Contrariée (2021)", https://www.cairn.info/la-france-une-puissance-contrariee--9782348069871-page-23.htm.

120. Aurélie Vittot, L'interventionnisme, Pour Maintenir la Place de la France dans le Monde Dans "La France, une Puissance Contrariée (2021)", Mis en ligne sur Cairn.info le 26/08/2021, https://doi.org/10.3917/dec.badie.2021.01.0244.

121. Queen, Erin McGarry, "Europeanization: 8e French Alternative to Americanization", 2002, "International Studies Masters".

122. Bernard de Monferrand, "L'évolution des Relations Franco-africaines", "Politique Etrangère", IFRI, Paris, 3e trimestre 1988.

123. Abbondanza Gabriele, "Australia the 'Good International Citizen'? The Limits of a Traditional Middle Power", "Australian Journal of International Affairs", Vol. 75, Issue 2, 2021.

124. Robert W. Cox, "Middle Powermanship, Japan and the Future World Order", "International Journal: Canada's Journal of Global Policy Analysis", Vol. 44, Issue 4, 1989.

125. Anne KAPPES-GRANGE, "Union Africaine: le Syndrome Malien", "Jeune Afrique", 9 juin 2013, Propos rapportés du chef de l'État guinéen Alpha Condé.

126. Bowen, Norman, "Multilateralism, Multipolarity, and Regionalism: The French Foreign Policy Discourse", "Mediterranean Quarterly", 16, Number 1, 2005, http://muse.jhu.edu/journals/med/summary/v016/16.1bowen.html.

127. Tobias Koepf, "The Problems of French-led Peace Operations in Francophone Sub-Saharan Africa", "International Peacekeeping", 19:3, 2012, DOI: 10.1080/13533312.2012.696383.

128. Major, Claudia, and Christian Mölling, "Show Us the Way Forward, Asterix Europe Needs the French Involvement in ESDP", "CERI", March, 2007, http://www.sciencespo.fr/ceri/sites/sciencespo.fr.ceri/files/art_cmcm.pdf.

129. Irondelle, Bastien, Sophie Besancenot, "France: a Departure from Exeptionalism?", "National Security Cultures: Patterns of Global Governance", eds. Emil J. Kirchner and James Sperling. London; New York: Routledge, 2010.

130. Biava, Alessia, Margriet Drent, Graeme P. Herd, Characterizing the European Unions Strategic Culture: An Analytical Framework, "Journal of Common Market Studies", 49, Number 6, 2011.

131. Zafrane Farid, "Les Avatars de la Présence Militaire Française en Afrique: de la Tutelle Postcoloniale aux Missions Internationales du Maintien de la Paix", Saint-Esteve: Editions les Presses littéraires, 2017.

132. Tibault Stéphane Possio, "Les Évolutions Récentes de la Coopération Militaire Française en Afrique", EPU, Paris, 2007.

133. Tibault Stéphène POSSIO, "La France et la Sécurité Collective en l'Afrique Sub-saharienne: de l'interventionnisme Militaire Systématique au Renforcement des Capacités Africaines de Maintien de la Paix", présenté 2002-2003, http://doc.sciencespo-lyon.fr/Ressources/Documents/Etudiants/Memoires/Cyberdocs/DEASPMMRR/possio_t/pdf/possio_t.pdf.

134. ZAFRANE Farid, "Les Avatars de la Présence Militaire Française en Afrique: de la Tutelle Postcoloniale aux Missions Internationales du Maintien de la Paix", Sous la direction de Pierre-André LECOCQ. Lille: Université Lille 2, 2015.

135. Omar DRAME, "Le Rôle Historique et Actuel de la Francophonie dans le Règlement des Conflits", Sous la direction d'André CABANIS, Toulouse: Université de Toulouse, 2017.

136. Djiby Sow, "Force Conjointe Du g5 Sahel: Perspective Stratégique Sur l'Appropriation Securitaire Par Les Etats Saheliens", https://www.diploweb.com/IMG/pdf/2018-sow-force-conjointe-du-g5-sahel-diploweb.com.pdf

137. Bagayoko-Penone Niagalé, "Approches Française et Américaine de la Sécurité en Afrique Subsaharienne", "Revue Internationale et Stratégique", 2001/2, No. 42, DOI: 10.3917/ris.042.0161

138. Général Babacar Gaye, "Sécurité et Défense en Afrique Subsaharienne: Quel Partenariat Avec Europe?", "Revue Internationale et Stratégique", IRIS Editions, Paris, No. 49, printemps 2003.

139. Charbonneau, B., "What is so Special about the European Union EU UN Cooperation in Crisis Management in Africa?", 16: 4, pp. 546 – 561, DOI: 10. 1080/13533310903249110, https://doi.org/10.1080/135333 10903249110.

140. Th. Ngomo, "Le Clientélisme Politique dans les Relations Internationales Africaines", "Cahier d'Histoire et Archélogie", No. 2, Libreville, 200.

141. Oswald Padonou, "La Coopération De défense et de Sécurité Française en Afrique de l'ouest. Une Géopolitique Postcolonial Francophone", Thèse, Université de Rennes1, 2016.

142. BAROTTE Nicolas, "Sahel: l'avenir de Barkhane en Suspens", www.lefigaro.fr/.

143. MACLEAN Ruth, "'Non à la France' une Revendication qui Enfle en Afrique", https://www.nytimes.com/fr/2022/04/14/world/africa/francafrique-mali-barkhane-senegal.html.

144. Tribune de Jean – Yves Le Drian et Heiko Maas, Ministres des Affaires Étrangères Français et Allemand, Clairefond. Publiée le 12 novembre 2019 – Le Figaro.

145. Idriss Zackaria, "Foreign Military Interventions in Africa: Does One Plus One Equal Fifty Four?", 3 mars 2017, https://www.young-diplomats.com/foreign-military-interventions-africa-one-plus-one-equal-fifty-four/.

146. Patrice Gourdin, La volonté de puissance, "Manuel de géopolitique", diploweb.com.

147. "Mauritanie 1977: Lamentin une Intervention Extérieure à Dominante air", www.cesa.air.defense.gouv.fr/IMG/pdf/RHA1_1992.pdf, site consulté le 2 janvier 2019.

七、主要参考网站

1. https://www.afrique-francophone.com/afrique-noire.html.

2. https://fr.statista.com/statistiques/1047526/distribution-francophones-afrique-subsaharienne-pays/.

3. https://www.cairn.info/.

4. https://www.sfdi.org/internationalistes/boutros-ghali/.
5. http://news.xinhuanet.com/mil/2003-12/10/content_1222841.htm.
6. https://www.assemblee.gouv.fr.
7. https://www.senat.fr.
8. https://www.eefense.fr.
9. https://www.def.gouv.fr.
10. https://www.diplomatie.gouv.fr.

后　　记

在完成这部关于法国对撒哈拉以南法语非洲国家军事合作的专著后，我不禁感慨万分，百感交集。这段研究过程对我来说，不仅是一次知识的探索与积累过程，更是一次次不断挑战自我的艰难历程。

法国对非军事合作这一课题涉及领域广泛，为了尽可能全面、客观地呈现法非在军事领域的合作，我阅读了大量的文献资料，进行了实地调研，并与相关领域的专家进行了深入交流。通过研究，我深刻体会到法国对撒哈拉以南法语非洲国家军事合作的历史演变规律和诉求。从殖民时期到现代，法国对这一地区非洲国家的军事合作始终存在一些争议：一是法国对这些国家军事合作发展演变的内在逻辑是什么，这是本书试图探讨的问题；二是法国对这些国家军事合作的成效是什么，是否真正达到了法国的预期目标，即恢复和保持法国的世界大国地位及其国际影响力？这不失为一个值得深思的问题。有一点不容置疑，即未来不论国内外环境如何变化，法国都将继续坚定地朝着世界大国的战略目标稳步前进。

本书的完成并不意味着我对这一课题研究的终结。相反，这是一个新的起点。随着国际形势的不断变化，法国对非军事合作将继续发展，对此我将保持密切关注，争取为相关研究贡献自己的绵薄之力。

本书是以我博士论文为基础增删完善而来。在此，我要衷心感谢所有为本书的撰写和出版付出辛勤努力的人们。没有你们的大力支持与帮助，这本书的完成将是无法想象的。首先，我要感谢为我传道授业解惑的老师们，特别是我的博士导师徐伟忠先生，您严谨的治学态度和悉心教诲为我指明了研究方向。衷心感谢您帮助我实现了学术研究从无到有的跨越，并鼓励我在学术道路上不断成长，使我终身受益匪浅。

其次，感谢所有参与本书讨论、提供意见和建议的专家和学者，特别是参加我博士论文开题、预答辩和答辩的各位专家老师，各位的真知灼见使本书的理论和内容更加完善，分析更加深入。非常感谢从事该领域的同行们，你们提供的宝贵资料和独特见解为本研究增色不少。特别是我的好友张丽春女士，不仅与我慷慨分享了许多宝贵的研究资料，而且她的研究成果也为我的研究提供了很多启发和参考。

  再次，感谢我的家人，尤其是我的父母、先生和孩子，你们一直是我强大坚实的后盾。在我读博过程中，你们给予了我无尽的关爱、理解和支持，让我能够心无旁骛地投入到研究工作中。

  最后，感谢我的朋友们，你们的鼓励和陪伴让我在研究过程中始终保持乐观和积极的心态。特别是我工作单位的领导和同事们，感谢你们对我的包容和对我工作的分担，感激不尽。

  当然，还要感谢所有阅读本书的读者们，希望本书能为您们了解法国对非军事合作提供一个新的视角，也期待您的批评和指正！

图书在版编目（CIP）数据

法国对撒哈拉以南法语非洲国家的军事合作研究／刘夫香著. -- 北京：时事出版社，2025.3. -- ISBN 978-7-5195-0645-2

Ⅰ. E565.9；E459

中国国家版本馆 CIP 数据核字第 2024D56G55 号

出 版 发 行：时事出版社
地　　　址：北京市海淀区彰化路 138 号西荣阁 B 座 G2 层
邮　　　编：100097
发 行 热 线：(010) 88869831　88869832
传　　　真：(010) 88869875
电 子 邮 箱：shishichubanshe@sina.com
印　　　刷：北京良义印刷科技有限公司

开本：787×1092　1/16　印张：14.75　字数：248 千字
2025 年 3 月第 1 版　2025 年 3 月第 1 次印刷
定价：140.00 元

（如有印装质量问题，请与本社发行部联系调换）